28

CB031940

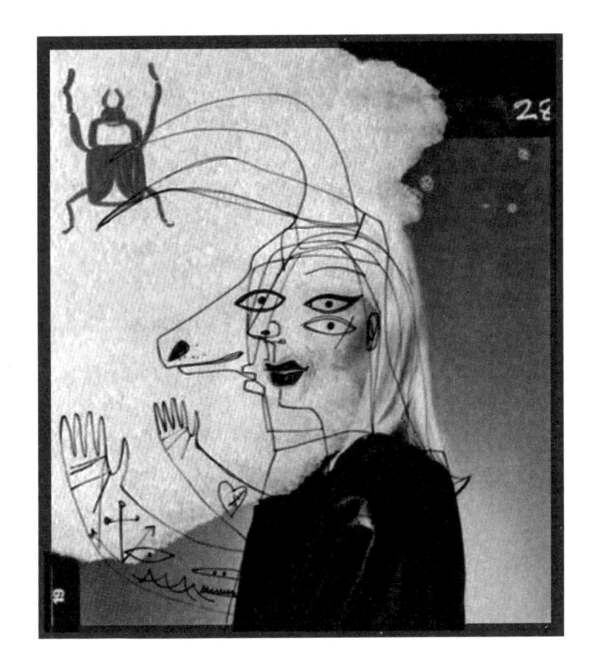

FACE A FACE

DEBBIE HARRY

Com a colaboração de

SYLVIE SIMMONS

e baseado em uma série de entrevistas exclusivas recentes

Direção artística de

ROB ROTH

Rio de Janeiro, 2022

DEDICADO ÀS
GAROTAS DO
UNDERGROUND

Face a Face

Copyright © 2022 da Starlin Alta Editora e Consultoria Eireli.
ISBN: 978-85-5081-401-8

Translated from original Face It. Copyright © 2019 by Deborah Harry. ISBN 978-0-06-074958-3. This translation is published and sold by permission of HarperCollins Publishers, the owner of all rights to publish and sell the same. PORTUGUESE language edition published by Starlin Alta Editora e Consultoria Eireli, Copyright © 2021 by Starlin Alta Editora e Consultoria Eireli.

Impresso no Brasil – 1a Edição, 2022 – Edição revisada conforme o Acordo Ortográfico da Língua Portuguesa de 2009.

Dados Internacionais de Catalogação na Publicação (CIP) de acordo com ISBD

H323f Harry, Debbie

Face a Face / Debbie Harry ; traduzido por Jana Araujo. - Rio de Janeiro : Alta Books, 2021.
368 p. ; il. ; 16cm x 23cm.

Tradução de: Face It
Inclui bibliografia e índice.
ISBN: 978-65-5520-401-8

1. Biografia. I. Araujo, Jana. II. Título.

2021-3028 CDD 920
CDU 929

Elaborado por Vagner Rodolfo da Silva - CRB-8/9410

Produção Editorial
Editora Alta Books

Diretor Editorial
Anderson Vieira
anderson.vieira@altabooks.com.br

Editor
José Ruggeri
j.ruggeri@altabooks.com.br

Gerência Comercial
Claudio Lima
claudio@altabooks.com.br

Gerência Marketing
Andrea Guatiello
andrea@altabooks.com.br

Coordenação Comercial
Thiago Biaggi

Coordenação de Eventos
Viviane Paiva
comercial@altabooks.com.br

Coordenação ADM/Finc.
Solange Souza

Direitos Autorais
Raquel Porto
rights@altabooks.com.br

Produtor da Obra
Thiê Alves

Produtores Editoriais
Illysabelle Trajano
Maria de Lourdes Borges
Paulo Gomes
Thales Silva

Equipe Comercial
Adriana Baricelli
Ana Carolina Marinho
Daiana Costa
Fillipe Amorim
Heber Garcia
Kaique Luiz
Maira Conceição

Equipe Editorial
Beatriz de Assis
Betânia Santos
Brenda Rodrigues
Caroline David
Gabriela Paiva
Henrique Waldez
Kelry Oliveira
Marcelli Ferreira
Mariana Portugal
Matheus Mello

Marketing Editorial
Jessica Nogueira
Livia Carvalho
Marcelo Santos
Pedro Guimarães
Thiago Brito

Atuaram na edição desta obra:

Tradução
Jana Araujo

Copidesque
Hellen Suzuki

Revisão Gramatical
Ana Gabriela Dutra
Thaís Pol

Diagramação
Joyce Matos

Editora **afiliada à:**

Rua Viúva Cláudio, 291 – Bairro Industrial do Jacaré
CEP: 20.970-031 – Rio de Janeiro (RJ)
Tels.: (21) 3278-8069 / 3278-8419
www.altabooks.com.br – altabooks@altabooks.com.br
Ouvidoria: ouvidoria@altabooks.com.br

SUMÁRIO

INTRODUÇÃO

POR CHRIS STEIN

Não sei se já contei essa história a Debbie, ou a qualquer outra pessoa. Em 1969, depois de viajar por aí e atravessar os Estados Unidos de carro duas vezes, eu estava morando com a minha mãe, em seu apartamento no Brooklyn. Aquele foi um ano tumultuado para mim. Drogas psicodélicas — e minha reação tardia à morte do meu pai — causaram colapsos e dissociações na minha já fragilizada psique.

No meio de uma viagem muito louca, tive um sonho que nunca esqueci. O apartamento ficava na Ocean Avenue, uma longa avenida urbana. No sonho, em uma cena que fazia referência ao filme *A Primeira Noite de um Homem*, eu corria atrás de um ônibus que se afastava do nosso grande e antigo prédio na Ocean Avenue. Eu perseguia o ônibus — mas, ao mesmo tempo, estava dentro dele. Lá, havia uma garota loira que disse: "Vejo você na cidade." O ônibus se afastou e fiquei sozinho na rua...

Em 1977, Debbie e eu estávamos em uma longa turnê com o Blondie. Nossa parada mais exótica, de longe, foi Bangkok, na Tailândia. Na época, a cidade ainda não era coberta de cimento e metal; era bastante bucólica, com parques por todos os lados e até mesmo estradas de terra perto de nosso hotel luxuoso. Tudo cheirava a jasmim e decadência.

Uma noite, Debbie teve um leve episódio de "la turista" (em outras palavras, uma diarreia do viajante) e ficou no hotel, enquanto eu e outros caras da banda fomos à casa de um britânico expatriado que conhecemos em algum bar. Sua velha criada tailandesa preparou para nós um bolo de banana, no qual havia picotado cinquenta thai sticks — o equivalente dos anos 1970 ao "kush" moderno e superforte, ou a qualquer outra variação intensa de maconha. Havíamos acabado de chegar de uma longa viagem pela Austrália, onde a erva era estritamente fiscalizada e proibida na época. Ficamos todos muito chapados e, de alguma forma, guiamos uns aos outros de volta ao hotel.

Nosso quarto era bastante exótico, com decoração de vime e duas camas dobráveis com travesseiros duros em formato de rolo. Debbie dormia um sono agitado e eu, por fim, apaguei, confuso. Em algum momento, quase de manhã, meu eu sonolento e inconsciente ficou mais lúcido e começou um diálogo interno. "Onde nós estamos?", perguntou essa voz interna, ao que Debbie, ainda meio dormindo em sua cama, respondeu em voz alta: "Estamos na cama, não é?" Sentei-me, repentinamente muito desperto.

Eu realmente falei e obtive uma resposta dela, mesmo que nós dois estivéssemos em estado de semissonolência? Até hoje, todos esses anos depois, estou convencido de que só imaginei aquela pergunta.

E tenho outra história, que é ainda mais sutil, estranha e difícil de contar... Ficar chapado era só uma parte da cultura musical e das bandas das quais surgimos. Não parecia nada extraordinário. *Todo mundo*, em todos os bares, bebia e ficava chapado, quase sem exceção. Desperdicei uma quantidade enorme de tempo e energia lidando com abuso de substâncias e automedicação. É impossível dizer se o que eu gosto de interpretar como eventos sensitivos não foram apenas alucinações induzidas. Talvez seja como qualquer fé religiosa — a gente acredita no que quer acreditar. Com certeza a consciência vai além da pessoa, do seu corpo.

De qualquer forma, Debbie e eu estávamos, de novo, em algum estado avançado de ebriedade, em uma festa muito elegante em Downtown. As situações corriqueiras e o que víamos eram muito bem-definidos. Lembro-me de uma escada em espiral e lustres chiques. Alguém nos mostrou seu relógio de pulso da Cartier modelo Salvador Dalí — e aquele vislumbre passageiro ficou na minha cabeça para sempre. Era um objeto incrível, o design em formato de lágrima, padrão da Cartier, mas com uma dobra que imitava os relógios derretendo, da pintura *A Persistência da Memória*. O mostrador de cristal estava quebrado, e o dono reclamava de ter que gastar milhares de dólares para consertá-lo. Para mim, no entanto, o vidro quebrado era a referência dadaísta perfeita ao original. Adorei.

O evento — o que quer que fosse — estava muito cheio. Lembro-me de estarmos em uma varanda quando fomos abordados por um homem mais velho usando um terno chique. Ele tinha um leve sotaque, talvez de alguma língua crioula. Apresentou-se como Tiger. E minhas lembranças específicas acabam por aí, exceto pela estranha conexão que Debbie e eu sentimos em relação àquele cara. Parecia que nós o conhecíamos desde sempre — um conhecido de vidas passadas. Acredito nessas coisas? Talvez. Não lembro o quanto Debbie e eu falamos daquele encontro depois, mas foi o suficiente para comparar impressões e reações parecidas.

Muito antes, talvez em 1975, Debbie descobriu Ethel Myers, que era uma vidente, uma sensitiva. Pode ter sido uma recomendação, ou talvez a tenhamos encontrado em algum anúncio no *Village Voice* ou no *Soho News*. Ela trabalhava em um maravilhoso apartamento térreo que ficava em uma rua lateral em Uptown, bem próximo ao Beacon Theatre. O espaço de Ethel era lindo. Provavelmente estava do mesmo jeito que era quando o prédio foi construído, perto da virada do século. A área de espera era um átrio que parecia uma estufa que foi mobiliada. Havia plantas e ervas decorativas penduradas por todos os lados. Livros amarelados sobre ectoplasma e tarô jaziam em mesas de canto empoeiradas. Todo o lugar estava deteriorado e lembrava o apartamento de *O Bebê de Rosemary*, quando os personagens de Mia Farrow e John Cassavetes visitam o imóvel pela primeira vez.

Sentamos com Ethel e ela nos encorajou a registrar a sessão usando um gravador de cassete que levamos. Ela não tinha ideia de quem éramos, mas fez uma ótima leitura a frio. Disse a Debbie que a via em um palco e que ela seria realizada e viajaria bastante. Em algum momento, disse que um homem, supostamente meu pai, estava assistindo e que ele, de forma sarcástica, falou sobre mim: "Eu não chegaria perto desse cara nem amarrado." Muito do meu senso de humor veio do meu pai — e a parte do "nem amarrado" era algo que ele realmente dizia o tempo todo. Ela estava apenas conectada com a linguagem usada pelos idosos nos anos 1950 ou tinha mais ali?

Debbie ainda tem essa fita em seus arquivos, mas me lembro de a ouvirmos anos depois e a voz de Ethel estar bastante fraca, como se, de alguma forma, tivesse esmaecido, como um fantasma, desaparecendo com o tempo.

Agora há pouco, liguei para Debbie para perguntar o que ela lembrava daquilo, se é que lembrava de alguma coisa. Ela disse: "Sabe, Chris, era diferente naquela época, tinha muito mais ácido no ar."

Ainda temos uma conexão.

CHRIS STEIN
Nova York, junho de 2018

GALÃ #1
PAL – O GALÃ DA CIDADE

1

FILHA DE UM AMOR IMPOSSÍVEL

Imagino que eles devem ter se conhecido por volta de 1930, no colegial. Namoradinhos de infância. Ela era uma garota escocês-irlandesa de classe média, e ele, um garoto francês do campo; ambos viviam em algum lugar próximo a Neptune e Lakewood, Nova Jersey. A família dela era musical. Ela e as irmãs tocavam juntas o dia inteiro. As irmãs cantavam enquanto ela tocava um velho piano surrado. A família dele também era artística e musical. No entanto, a mãe dele estava em uma enfermaria psiquiátrica por causa de uma depressão — ou de alguma condição nervosa recorrente. Invisível, mas cuja presença era poderosa. Para mim, soa forçado, mas foi o que me disseram na agência de adoção.

A mãe dela decidiu que ele era o tipo errado para sua filha. Proibiu a relação, e o amor deles foi destruído. Para eliminar de vez qualquer contato, ela a mandou para uma escola de música e, depois disso, a garota aparentemente começou a tocar em salas de concerto pela Europa e pela América do Norte.

Muitos anos se passaram. Ele se casou e teve muitos filhos. Agora, trabalhava em uma empresa consertando queimadores a óleo.

Um dia, foi atender a um chamado e bum! Lá estava ela: apoiada na soleira da porta, com os cabelos soltos e lançando-lhe aquele olhar. O aquecedor dela quebrara... É uma imagem e tanto, não é? Tenho certeza de que ficaram felizes em se ver.

Talvez eles nunca tenham deixado de se amar durante todos aqueles anos. Deve ter sido um reencontro maravilhoso. Ela engravidou; ele finalmente lhe contou que era casado e tinha filhos. Ela ficou com raiva e, com o coração partido, terminou tudo, mas queria ter o bebê. Ela levou a gravidez até o fim e, no hospital Miami-Dade, em 1° de julho de 1945, a pequena Angela Trimble impôs sua presença ao mundo.

Ela voltou para Nova Jersey com o bebê, onde sua mãe padecia de câncer de mama. Cuidava das duas; no entanto, sua mãe a convenceu a colocar a criança para adoção, e ela o fez — abriu mão de Angela. Seis meses depois, sua mãe morreu e sua filhinha estava morando com um casal sem filhos também de Nova Jersey. Richard e Cathy Harry, de Paterson, se conheceram em algum evento social depois do colegial. Os novos pais de Angela, também conhecidos como Dick e Caggie, lhe deram um novo nome: Deborah.

E é isso. Eu sou filha de um amor impossível.

Dizem que não é comum ter memórias do começo da vida, mas tenho várias. Minha primeira é de quando eu tinha 3 meses de idade, do mesmo dia que meus pais me buscaram na agência de adoção. Para comemorar, eles decidiram dar um passeio em um pequeno resort com uma fazendinha. Lembro-me de ser carregada para cima e para baixo, e tenho uma vívida memória visual de criaturas gigantes me espreitando do pasto. Uma vez, contei à minha mãe dessa lembrança e ela ficou chocada. "Meu Deus, foi no dia em que buscamos você, não é possível que se lembre disso." Ela contou que havia apenas patos, gansos, uma cabra e talvez um pônei. Mas, aos 3 meses, eu não tinha como filtrar aquilo muito bem. Bom, já tinha vivido com duas mães diferentes, em duas casas diferentes e tido dois nomes diferentes. Pensando agora, eu provavelmente estava em um estado de pânico extremo. O mundo não era um lugar seguro, e eu deveria manter os olhos bem abertos.

Nos meus primeiros cinco anos de vida, morávamos em uma casinha na Cedar Avenue, em Hawthorne, Nova Jersey, perto do Goffle Brook Park. O parque circundava toda a cidadezinha. Quando abriram a floresta para construí-lo, fizeram aquelas casas temporárias para trabalhadores migrantes — imagine dois casebres de beira de estrada cujo único aquecimento era um fogão salamandra. Morávamos na casa do patrão, que, na época, tinha seu próprio sistema de aquecimento e ficava à beira da maior área arborizada do parque.

Hoje em dia, existem várias atividades para as crianças. No entanto, tudo o que eu ouvia era "Vá brincar lá fora"; e ia. Eu não tinha

Casa de carvalho.

muitos amiguinhos lá, então, muitas vezes, brincava com a minha imaginação. Eu era daquelas crianças que sonham acordadas, mas também era moleca. Meu pai pendurou um balanço e um trapézio na enorme árvore no quintal, e eu brincava neles, fingindo que estava no circo. Ou então brincava com alguns gravetos, cavava um buraco, cutucava um formigueiro, construía alguma coisa ou andava de patins.

O que eu mais gostava era de perambular pelo bosque. Para mim, aquela era uma floresta mágica e encantada da vida real. Meus pais sempre me repreendiam: "Não entre no bosque, você não sabe quem está lá ou o que pode acontecer", como se faz nos contos de fadas. E contos de fadas — todas as grandiosas histórias aterrorizantes dos Irmãos Grimm — foram uma parte muito importante da minha infância.

Tenho que admitir, havia algumas pessoas assustadoras andando por aqueles cantos, provavelmente migrantes. Eram verdadeiros errantes, que viajavam de trem e se instalavam nos bosques. Talvez conseguissem algum trabalho na administração de parques, cortando grama ou algo do tipo, e depois pegariam o trem e iriam para outro lugar. Havia raposas e guaxinins, às vezes alguma cobra, e um pequeno fluxo de rios afluentes, com sapos e rãs.

Ao longo dos córregos, aonde ninguém ia, havia apenas as estruturas abandonadas do que um dia foram barracões. Eu costumava andar por ali, em meio às pilhas de tijolos lamacentas, velhas, bolorentas e cheias de mato que se destacavam no chão. Eu me sentava ali por um longo tempo e sonhava acordada, com aquele sentimento assustador e infantil que todos têm. Sentada, com os quadris contra o mato baixo, eu fantasiava sobre fugir com um índio selvagem e comer os frutos do sumagre. Meu pai apontava o dedo para mim e dizia: "Fique longe dos sumagres, são venenosos", e eu ia direto mastigar aquelas frutinhas incrivelmente amargas e ardidas pensando, de forma dramática, *Vou morrer!* Fui muito sortuda por ter tido todo esse tipo de esquisitice infantil — uma grande vida fantasiosa que me levou a ter um pensamento criativo — junto com a TV e os agressores sexuais.

Eu tinha um cachorro chamado Pal. Ele era uma espécie de terrier marrom avermelhado, completamente desgrenhado, com pelos duros, orelhas caídas, bigodes, uma barbicha e um corpinho horroroso. Na realidade, ele era do meu pai, mas era muito independente. E era rebelde — um verdadeiro macho que não tinha sido castrado. Pal era um galã. Ele escapulia e voltava depois de uma semana, completamente exausto de todas as aventuras que tivera.

Havia também centenas de ratos infestando o bosque. À medida que a cidade se tornava menos rural e mais populosa, os ratos começaram a se espalhar pelos quintais e a roer o lixo. Então, as autoridades locais colocaram veneno em algumas áreas do parque. Era uma mentalidade muito suburbana — e, vamos encarar os fatos, eles envenenavam tudo naquela época. Bem, Pal comeu o veneno. Ele ficou tão mal que meu pai precisou sacrificá-lo. Foi horrível.

Mas, de verdade, foi o melhor lugar para se crescer: uma autêntica vida de cidade pequena norte-americana. Graças a Deus, foi antes de existirem os centros comerciais. Tudo o que havia era uma ruazinha principal e um cinema, no qual a matinê no sábado custava US$0,25. Todas as crianças iam lá. Eu amava filmes. Naquela época, ainda havia muitas terras cultiváveis — pequenos morros que serviam de pastos e pequenos sítios férteis; tudo fresco e barato. Mas, enfim, esses pequenos sítios desapareceram e, no lugar deles, surgiram construções habitacionais.

A cidade estava em transição, mas eu era muito nova para saber o que "transição" significava, ter um panorama ou mesmo me importar. Para nós, era uma cidade-dormitório, pois meu pai não trabalhava lá; ele viajava para Nova York, que não era tão longe, mas, nossa, parecia muito distante na época. Nova York era um local mágico: um outro tipo de floresta encantada, cheia de pessoas, barulhos e prédios altos, em vez de árvores. Era muito diferente.

Meu pai ia lá para trabalhar, mas eu ia para me divertir. Uma vez por ano, minha avó materna me levava a Nova York para comprar um casaco de inverno na Best & Co., uma famosa loja de departamento conservadora e fora de moda. Depois, íamos ao Schrafft's, na Fifth-Third Street com a Fifth Avenue. Esse restaurante antiquado era quase como uma casa de chá britânica, em que senhoras bem vestidas se sentavam de forma afetada e bebericavam em xícaras de porcelana. Era muito respeitável — e um refúgio da correria da cidade.

Na época do Natal, minha família ia ver a árvore no Rockfeller Center. Assistíamos aos patinadores no rinque e olhávamos as vitrines das lojas de departamento. Não éramos visitantes sofisticados indo ver um espetáculo na Broadway; éramos suburbanos. Se fôssemos assistir a um espetáculo, seria no Radio City Music Hall, embora tenhamos ido ao balé algumas vezes. Provavelmente foi isso que despertou meu sonho de ser bailarina, que não durou muito. O que durou foi minha empolgação e meu fascínio com as performances e toda a coisa de estar no palco. Apesar de adorar cinema, minha reação àquelas apresentações ao vivo era física — muito sensorial. Tive a mesma reação à cidade de Nova York, a seus cheiros, paisagens e sons.

Uma das minhas coisas favoritas na infância era viajar até Paterson, onde minhas duas avós moravam. Meu pai gostava de pegar as estradas secundárias, percorrendo todas as ruazinhas nas áreas de gueto. E naqueles dias, antes da gentrificação, grande parte de Paterson era muito velha e negligenciada, cheia de trabalhadores migrantes que iam procurar emprego nas fábricas e usinas de tecelagem de seda. Paterson havia conquistado o título de "Cidade da Seda". As Grandes Cataratas do Rio Passaic acionavam as turbinas, que acionavam os teares. Aquelas cataratas me encararam ao longo de minha infância, graças ao jornal *Morning Call*: no cabeçalho, no topo da primeira página, havia um desenho daquelas águas ondeantes feito à caneta e tinta.

Meu pai sempre dirigia muito devagar pela River Street, pois ela era cheia de gente e atividades. Havia os ciganos, que viviam na frente das lojas; havia as pessoas negras, que vinham do sul. Elas usavam roupas brilhantes e enrolavam os cabelos em turbantes. Para uma garotinha branca dos subúrbios de classe média baixa, era um deleite para os olhos. Incrível. Eu me pendurava na janela do carro, louca de curiosidade, e minha mãe ralhava: "Volte para o carro! Vão arrancar sua cabeça desse jeito!" Ela preferia não passar pela River Street, mas meu pai era uma dessas pessoas que gostam de fazer o que querem. Viva o papai!

Até hoje, acho enigmático o quão pouco se revelava sobre o lado do meu pai em nossa família. Ninguém falava deles, do que faziam ou de como foram parar em Paterson. Eu me lembro, quando já era bem mais velha, de interrogar meu pai sobre o que o avô dele fazia para ganhar a vida. Ele contou que o avô fabricava sapatos, ou talvez os consertasse, e era de Morristown, Nova Jersey. Suponho que era de uma classe baixa demais para que qualquer um da família, meu pai inclusive, quisesse estar relacionado a ele, o que eu achava lastimável. Mas papai sempre comentava o quanto o pai dele tinha sido sortudo por manter o emprego durante toda a Grande Depressão, vendendo sapatos na Broadway, em Paterson. Ele conseguiu ganhar dinheiro em uma época em que inúmeras pessoas não tinham emprego.

A família da minha mãe na Cidade da Seda era muito mais elitizada. O pai dela era membro da Bolsa de Valores antes da quebra e dono de um banco em Ridgewood, Nova Jersey; então, eles devem ter sido muito ricos em algum momento. Quando mamãe era criança, eles iam de navio para a Europa e visitavam as capitais em um *grand tour*, como diziam na época. Ela e todos os irmãos tinham ensino superior.

Vovó era uma senhora vitoriana, elegante e com aspirações de ser uma grande dama. Minha mãe era a filha caçula. Ela nasceu quando minha avó já era mais velha, o que causou muitos cenhos franzidos e insinuações sussurradas dentro de seu círculo educadamente escandalizado. Portanto, quando a conheci, ela já era bem idosa. Tinha longos cabelos brancos que chegavam à cintura. Todos os dias, Tilly, a criada holandesa, a amarrava em um espartilho cor-de-rosa completo. Eu adorava Tilly. Ela trabalhava para vovó desde quando emigrou para os Estados Unidos — primeiro como babá da minha mãe e depois como faxineira, cozinheira e jardineira da minha avó. Ela morava na casa na Carol Street, em um pequeno sótão cujas janelas abriam para o céu. Do outro lado do corredor, na parte usada como depósito, havia baús empoeirados cheios de coisas curiosas. Passei horas incríveis mexendo e remexendo em vestidos desgastados, papéis amarelados, fotos rasgadas, livros empoeirados, colheres esquisitas, rendas desbotadas, flores secas, vidros de perfume vazios e velhas bonecas com cabeças de porcelana. Então, enfim, um grito preocupado vinha de baixo, tirando-me dos devaneios. Eu fechava a porta com cuidado e saía de fininho... Até a próxima vez.

O primeiro emprego de verdade do meu pai após o colegial foi na Wright Aeronautical, uma fabricante de aviões, durante a Segunda Guerra Mundial. Depois disso, ele trabalhou na Alkan Silk Woven Labels, que tinha uma fábrica em Paterson. Quando eu era pequena e ele tinha que visitar essa fábrica, me levava junto. Fiz a visita guiada por lá muitas vezes, mas nunca consegui ouvir o que o guia falava, porque os teares eram muito potentes e barulhentos.

Os teares teciam mesmo. Eles eram do tamanho de nossa casa e suspendiam milhares de fios coloridos, enquanto as lançadeiras na parte inferior zuniam para lá e para cá. Na confluência de todos os fios, apareciam fitas que se enrolavam, metros e metros de etiquetas de seda. Meu pai as levava para Nova York e, assim como seu pai fizera, contribuía para as margens mais distantes do mundo da moda.

Quanto a mim, adoro moda desde que me entendo por gente. Não tínhamos muito dinheiro quando eu era criança e muitas das minhas roupas eram usadas. Nos dias chuvosos, quando não podia sair de casa, eu abria o baú de madeira da minha mãe. Ele era cheio de roupas que ela pegava de amigas ou que tinham sido doadas. Eu me vestia e desfilava pela casa usando sapatos, vestidos e qualquer coisa em que pudesse colocar minhas mãozinhas encardidas.

E a televisão, ah, a televisão. Uma tela fantasmagórica de sete polegadas, redonda como um aquário, posicionada em cima de uma gigantesca caixa de algo que faria uma casinha de cachorro parecer minúscula. Tinha um zumbido eletrônico irritante. O sinal vinha por meio de uma antena torta; em alguns dias era bom, em outros, péssimo — chegava tremido, falho, cheio de chuviscos e fraco.

Não havia muito ao que assistir, mas eu assistia. Nas manhãs de sábado, às 5h, eu me sentava no chão, hipnotizada, com os olhos grudados no teste de padrões, preto, branco e cinza, esperando os desenhos começarem. Então, começava a luta livre e eu também assistia, socando o chão e gritando, meus níveis de ansiedade disparando com aquela batalha bíblica do bem contra o mal. Minha mãe bradava, ameaçando jogar aquela porcaria fora se eu continuasse agitada daquele jeito. Mas não era esse o ponto, ficar toda agitada?

Eu era uma devota precoce e genuína daquela caixa mágica. Gostava até mesmo de ver a imagem se reduzir a um pontinho branco e depois desaparecer quando a TV era desligada.

Quando começava a temporada de beisebol, mamãe me trancava para fora de casa. Por mais estranho que pareça, ela era uma fã fervorosa do esporte — fervorosa mesmo. Ela adorava os Brooklyn Dodgers. Meus pais costumavam ir ao Ebbets Field, no Brooklyn, assistir aos jogos quando eu era pequena. Eu sempre ficava frustrada quando me trancavam para fora durante os jogos de beisebol. Mas acho que eu era uma peste — e falava mais que a boca.

Minha mãe também gostava de ópera, que ouvia no rádio fora das temporadas de beisebol. Mas, quanto à música, não tínhamos muitos discos — alguns discos de comédia e Bing Crosby interpretando canções de Natal. O meu favorito era a compilação *I Like Jazz!*, que tinha Billie Holiday, Fats Waller e vários grupos diferentes. Quando Judy Garland cantava "Swanee", eu sempre me acabava em soluços...

Eu também tinha um radinho, um lindo Bakelite Emerson marrom que precisava ser ligado na tomada, com uma luz no topo e um velho mostrador curioso, com números em estilo *art déco* sobre um fundo reluzente que lembrava raios de sol. Eu grudava o ouvido na minúscula caixa de som, escutando os cantores românticos, as big bands e qualquer música que fosse popular na época. Blues, jazz e rock ainda surgiriam em minha vida...

Nas noites de verão, uma banda marcial ensaiava na área de desfile logo depois do bosque. Os Caballeros, como se denominavam, se reuniam após o trabalho. Eles estavam começando e não tinham dinheiro para os uniformes, então usavam enormes calças boca de sino da Marinha, camisetas brancas e chapéus andaluz. Eles só sabiam tocar uma música, "Valencia". Marchavam de um lado para o outro até tarde da noite e às vezes dançavam; dava para ouvir a música flutuando pelo bosque. Meu quarto ficava no beiral da casa e tinha pequenas janelas venezianas. Eu me sentava no chão com as janelas abertas e ouvia. Minha mãe dizia: "Se eu escutar essa música mais uma vez, vou gritar!" Mas tinha metais e tambores, era barulhenta, e eu adorava.

Antes de entrar na escola, havia pouquíssimas distrações, então eu tinha muito tempo para sonhar acordada. Lembro-me de ter experiências sobrenaturais quando era pequena também. Eu ouvia uma voz vinda da lareira falando comigo, me passando algum tipo de informação matemática, acredito, mas não tinha ideia do que aquilo significava. Eu tinha vários tipos de devaneios naquela época. Fantasiava ser sequestrada, amarrada e depois resgatada pelo... não, eu não queria ser salva pelo herói, queria ser amarrada e queria que o vilão se apaixonasse loucamente por mim.

E eu fantasiava sobre ser uma estrela. Em uma tarde ensolarada, me sentei na cozinha com minha tia Helen enquanto ela bebericava um café. Eu sentia a luz quente do sol tocando meu cabelo. Ela parou com a xícara a meio caminho dos lábios e me lançou um olhar admirado: "Querida, você parece uma estrela de cinema!" Fiquei extasiada. Estrela de cinema. Nossa!

Quando eu tinha 4 anos, minha mãe e meu pai foram até meu quarto e me contaram uma história para dormir. Era sobre uma família que escolheu o filho, disseram, assim como eles me escolheram.

Às vezes, me pego olhando no espelho e pensando: esta é exatamente a mesma expressão que minha mãe ou meu pai tinham, mesmo que não fôssemos nada parecidos e tivéssemos genes diferentes. Acho que isso fica marcado de alguma forma, pela intimidade e pela experiência compartilhada ao longo do tempo — coisas que nunca tive com meus pais biológicos. Não tenho ideia de como eles são. Depois de muitos anos, já adulta, tentei encontrá-los; descobri algumas coisas, mas nunca nos vimos.

A história que meus pais me contavam sobre como fui adotada fazia parecer que eu era especial. Ainda assim, acho que ter sido separada da minha mãe biológica depois de três meses e colocada em outro ambiente doméstico criou um medo intrincado real e inexplicável em mim.

Felizmente não fui deixada ao deus-dará — tive uma vida muito, muito afortunada. Mas acredito que era uma resposta química, que hoje consigo racionalizar e enfrentar: todos estavam tentando fazer o melhor que podiam por mim. Mas acho que nunca me senti confortável de verdade; me sentia diferente, estava sempre tentando me encaixar.

E houve uma época... houve uma época em que eu sentia medo o tempo todo.

2

"PRETTY BABY, YOU LOOK SO HEAVENLY"[1]

Quando eu era bebê, durante uma consulta, o médico me lançou um olhar demorado. Depois, virou-se em seu jaleco branco, sorriu para os meus pais e disse: "Cuidado com essa aí, ela tem olhos sedutores."

As amigas da minha mãe estavam sempre insistindo para que ela enviasse uma foto minha para a Gerber, uma empresa de papinhas para bebês, porque eu, com meus "olhos sedutores", certamente seria escolhida como um bebê Gerber. Minha mãe respondia que não, não exploraria sua filhinha — acho que ela queria me proteger. Mas sempre atraí atenção sexual, desde muito cedo.

Corta para 1978 e para o lançamento de *Pretty Baby – Menina Bonita*, de Louis Malle. Depois de assistir ao filme, escrevi "Pretty Baby" para o disco *Parallel Lines*, do Blondie. A estrela de Malle era uma Brooke Shields de 12 anos de idade, que interpretava uma menina que vivia em um bordel. Cenas de nudez para todos os lados. O filme criou uma controvérsia enorme em relação à pornografia infantil na época. Conheci Brooke naquele ano; ela esteve em frente

[1] "Menina bonita, você é tão celestial."

às câmeras desde os 11 meses, quando sua mãe lhe conseguiu um comercial do Ivory Soap. Aos 10 anos, com o consentimento materno, ela posou nua e besuntada em óleo em uma banheira para a *Sugar and Spice*, publicação da Playboy Press.

Uma vez, quando eu tinha por volta de 8 anos, fiquei responsável por Nancy, uma garotinha de 4 ou 5 anos de quem minha mãe estava cuidando naquela tarde para sua amiga, Lucille. Era para eu levar Nancy até a piscina pública, que ficava mais ou menos a duas quadras da minha casa. Acompanhei Nancy pela estrada principal movimentada que contornava o fim da cidade, segurando sua mãozinha, por segurança. Era um dia muito quente, o sol forte batia na calçada e o calor refletia em nós. Viramos uma esquina e estávamos prestes a passar por um carro estacionado, com a janela do passageiro completamente abaixada. De dentro dele veio uma voz dizendo: "Ei, menina, você sabe onde fica tal e tal lugar?" Um homem velho, muito sem graça, com aparência desleixada e cabelos embotados e pálidos... Ele tinha um mapa no colo, ou talvez fosse um jornal, fazia muitas perguntas e pedia direções, enquanto uma das mãos se mexia debaixo dos papéis. Então, os papéis escorregaram e o pênis dele apareceu. Ele estava se masturbando. Eu me senti como uma mosca na beirada de uma teia de aranha. Uma onda de pânico invadiu meu corpo...

Eu me apavorei e corri para a piscina, arrastando Nancy comigo, seus minúsculos pezinhos tentando acompanhar. Fui até minha professora, a Srta. Fahey, que estava na entrada garantindo que todos tivessem seus passes para a piscina. Eu estava muito transtornada, mas não consegui contar para ela que aquele estranho tinha me mostrado o pênis. Disse: "Srta. Fahey, por favor, cuida da Nancy, preciso ir para casa" e corri de volta. Minha mãe ficou fora de si. Ela ligou para a polícia e eles vieram com as sirenes estrondando, e nós rodamos pela cidade no banco de trás da viatura, tentando encontrar o pervertido. Eu era muito pequena, não conseguia ver nada do banco de trás. Fiquei apenas sentada lá enquanto andávamos para cima e para baixo, espiando do banco o melhor que eu conseguia, com o coração disparado.

Bem, aquele foi um despertar. Minha primeira exposição à indecência, embora minha mãe tenha dito que houve outras. Uma vez, fomos perseguidas no Central Park Zoo por um homem que não parava de abrir o casaco. Por causa da frequência, com o tempo, esse tipo de incidente começou a parecer quase normal.

Tive namorados desde que me entendo por gente. Ganhei meu primeiro beijo de Billy Hart. Que fofo, meu primeiro beijo ter sido com um garoto com um nome desses. Fiquei atordoada, assustada, irritada, encantada, animada e iluminada. Talvez não tenha me dado conta de tudo isso na época e provavelmente não conseguiria expressar em palavras; ainda assim, fiquei confusa e desorientada. Corri para casa para contar para minha mãe o que tinha acontecido. Ela deu um sorriso misterioso e disse que era porque ele gostava de mim. Bem, até ali eu tinha gostado de Billy também, mas agora ficava toda envergonhada e tímida perto dele. Éramos muito pequenos, talvez 5 ou 6 anos.

E depois houve Blair. Blair morava rua acima e nossas mães eram amigas, então às vezes brincávamos juntos. Em uma ocasião, fomos para o meu quarto e acabamos nos sentando no chão, de frente um para o outro, com as pernas cruzadas como índios e dando uma boa olhada nas "coisas" um do outro. Isso também foi inocente. Eu tinha uns 7 anos; ele, uns 8, e estávamos curiosos. Bom, devemos ter ficado quietos por tempo demais, porque nossas mães apareceram e fomos pegos. Elas ficaram mais constrangidas do que zangadas, por serem amigas há muito tempo, e Blair e eu fomos desencorajados a brincar juntos novamente.

Meus pais tinham valores tradicionais de família. Eles ficaram casados por sessenta anos, suportando os bons e os maus momentos, e cuidavam da casa com pulso firme. Frequentávamos a igreja episcopal todo domingo, e minha família era muito envolvida nas atividades e na vida social por lá — talvez tenha sido por isso que fui escoteira e com certeza foi o motivo para eu entrar no coral da igreja. Felizmente, eu gostava muito de cantar; gostava tanto que ganhei uma cruz prateada aos 8 anos por "frequência perfeita".

Acho que só começamos a ter questões e dúvidas sobre religião quando nos aproximamos da adolescência. Eu devia ter uns 12 anos quando parei de frequentar a igreja. Meu pai tinha tido uma terrível discussão com o pároco ou com o clérigo. De qualquer forma, naquela época, eu já estava no colegial e provavelmente ocupada demais para ir para o ensaio do coral.

Eu detestava todo o processo de ir para uma escola nova. Não era a escola em si: era apenas uma instituição local, com quinze ou vinte crianças em cada série; e eu não tinha medo de estudar, aprendi o alfabeto antes do jardim de infância. Primeiro, por alguma razão, eu ficava incrivelmente ansiosa com me atrasar (talvez precisasse demais de aprovação). Porém, meu maior problema era a separação — estar separada dos meus pais. Abandono. Era traumático, eu ficava uma pilha de nervos. Minhas pernas tremiam e eu lutava para subir as escadas. Acho que, em alguma parte do meu subconsciente, a cena de um dos meus pais me deixando em algum lugar e nunca mais voltando se repetia sem parar. Essa sensação nunca foi embora de verdade. Até hoje, quando a banda se separa no aeroporto e cada um segue seu caminho, ainda tenho essa reação instintiva. Separação. Detesto me separar das pessoas e detesto despedidas.

Em casa, as coisas estavam mudando. Quando eu tinha 6 anos e meio, ganhei uma irmãzinha. Martha não foi adotada; minha mãe deu à luz depois de uma gravidez muito difícil. Uns cinco anos antes de me adotar, ela teve outra menininha, Carolyn, que acredito ter nascido prematura e morreu de pneumonia. Também houve um menino, mas ela teve um aborto natural. Então, surgiu um remédio que a ajudou a manter a gravidez. Martha nasceu prematura, mas sobreviveu. Meu pai contou que a cabeça dela era menor que a palma de sua mão.

ZAP!

Você pode achar que a chegada de outro bebê fofo na casa — e um que realmente nasceu da minha mãe — talvez tenha desencadeado minhas inseguranças e meu medo do abandono. Bem, no começo, provavelmente fiquei um pouco incomodada por não ser o centro das atenções da minha mãe, mas, acima de qualquer coisa, eu amava minha irmã. Sempre fui muito protetora com ela por ser muito mais nova que eu. Meu pai me chamava de "minha beleza" e a chamava de "minha sorte", pois, quando ela nasceu, a sorte dele mudou.

Certa manhã, assustei meus pais. Provavelmente era um fim de semana e eles estavam dormindo um pouco mais. Martha havia acordado e estava chorando de fome. Então, escapuli escada abaixo até a cozinha, esquentei a mamadeira, como tinha visto minha mãe fazer inúmeras vezes, subi de novo e a dei para minha irmã. Meus pais ficaram loucos quando viram que eu também estava acordada, convencidos de que a queimaria com a mamadeira quente demais. Mas lá estava Martha, feliz da vida chupando aquele bico... Logo me vi com uma nova tarefa, que se tornou minha contribuição matinal para as várias atividades de nossa casa em Hawthorne.

Naquela época, a cidade era o centro do meu universo. Nunca saíamos de lá. Eu não entendia de finanças quando criança e não percebia que não tínhamos muito dinheiro, e que meus pais estavam tentando economizar para comprar uma casa. Tudo o que sabia era que eu tinha um desejo ardente de viajar. Eu era muito curiosa e inquieta o tempo todo. Adorava quando nos enfiávamos no carro e íamos à praia nas viagens de férias, o que quase sempre significava visitar a família.

Em uma dessas viagens — eu devia ter 11 ou 12 anos —, fomos de férias para Cape Cod. Estávamos hospedados em uma pensão com tia Alma e tio Tom, irmão do meu pai. Jane, minha prima, era um ano mais velha que eu e nós ríamos, nos divertíamos e brincávamos juntas. Certo dia, quando nossos pais estavam no andar de baixo, nos sentamos em frente ao espelho e arrumamos os cabelos, como gostávamos de fazer. Mas, dessa vez, descemos e dissemos que daríamos uma volta.

Assim que chegamos longe o suficiente, pegamos o monte de batons e sombras que surrupiamos e, cuidadosamente, nos transformamos em duas garotas atraentes. Provavelmente estávamos parecendo duas lolitas saídas direto do musical *The Rocky Horror Picture Show*. Paramos em uma barraca para comprar sanduíches de lagosta e passeamos rua abaixo, admirando nossos reflexos nas vitrines. Mas não éramos as únicas fazendo isso: dois homens se aproximaram e começaram a dar em cima de nós. Eles eram muito, mas muito mais velhos. Ambos com 30 e tantos — descobriríamos depois. Fingindo não ter ideia de que éramos, na verdade, pré-adolescentes, eles nos convidaram para sair naquela noite e falaram que nos encontrariam em nossa casa. É claro que não lhes diríamos nosso endereço, mas seguimos o jogo e dissemos que voltaríamos e os encontraríamos em outro lugar.

Naquela noite, ouvimos uma batida na porta. Estávamos jogando cartas na cama, com os rostos lavados e de pijamas. Devia ser por volta das 23h. Sem que notássemos, os dois caras nos seguiram até em casa e estavam lá para nos buscar. Acho que, naquela hora, nossos pais já deviam ter bebidos alguns drinques e acharam hilário. Então, eles abriram a porta do quarto e lá estávamos nós, duas crianças. Acabou que não tivemos muito problema. No fim, um de nossos pretendentes era um baterista muito famoso, Buddy Rich. Descobri depois que, além de ser amigo próximo de Frank Sinatra, Buddy também era casado com uma dançarina chamada Marie Allison. Permaneceram casados até a morte dele, em decorrência de um tumor no cérebro aos 69 anos, em 1987. Pouco depois da visita dele, um enorme envelope chegou na caixa de correio da minha família. Dentro, havia uma brilhante fotografia autografada de meu Buddy, que uma vez foi aclamado como "o melhor baterista que já respirou".

Curiosamente, Buddy Rich voltou a aparecer em minha vida décadas depois, quando alguns de meus colegas próximos da cena de rock britânico — como Phil Collins, John Bonham, Roger Taylor e Bill Ward — o mencionaram como sua maior influência... Minha vida muitas vezes dá essas voltas intricadamente misteriosas.

Agora, olhando para trás, muita coisa aconteceu naquele ano. Fiz minha estreia nos palcos. Foi em uma produção da sexta série de *O Casamento de Cinderela*. Não fiquei com o papel de Cinderela, mas fui a solista que cantou em seu casamento com o príncipe. A música era "I Love You Truly", uma balada que aparece no filme *A Felicidade Não Se Compra*. Tive um terrível medo de palco naquele momento — todos aqueles olhos me encarando, crianças, professores, pais, minha mãe e meu pai ali com minha irmã, Martha. Mas me recompus. Eu não era uma artista inata e nem tinha uma grande personalidade. Acho que tinha uma grande personalidade por dentro, mas não por fora; eu era muito tímida. Sempre que uma professora me dizia "Você foi muito bem!", minha mente desajustada respondia em silêncio: "Nem tanto assim, você está louca?"

Minha experiência com balé não foi muito melhor. Como muitas meninas, eu queria ser bailarina. Minha mãe me apresentou Margot Fonteyn e muitas outras dançarinas maravilhosas; ela teve uma infância cheia de cultura e queria que eu tivesse um pouco daquela experiência. Mas eu sempre ficava muito inibida nas aulas, porque estava convencida de que era gorda demais — o que não era o caso de jeito nenhum: eu tinha um corpo atlético. Mas não era graciosa e delicada como todas as outras meninas, tão fofas e perfeitas com seus tutus. Eu achava que estragava tudo me destacando por ser tão gordinha.

A coisa mais importante que aconteceu naquele ano foi que minha família finalmente comprou uma casinha e nós nos mudamos. Nossa nova vizinhança não era muito diferente da antiga, e não ficava tão longe. Mas estava em outro distrito escolar, então precisei mudar de escola. Não era fácil ser a aluna nova na sexta série. Eu não conhecia ninguém ali, além de duas meninas do grupo de escoteiras. Eu não tinha amigos.

Martha e eu.

E o pior, a Lincoln School tinha um currículo completamente diferente, muito mais focado em matérias acadêmicas do que minha outra escola, então eu tinha muito para correr atrás. Mas havia um lado bom em toda aquela mudança, eu disse a mim mesma: não havia mais Robert.

Robert era um garoto novo em minha antiga escola, que era diferente, meio rebelde e vestia roupas geralmente grandes demais para ele. As roupas eram uma bagunça, o cabelo era uma bagunça também, até os traços em seu rosto eram uma bagunça. Ele também tinha um problema com molhar as calças. Por outro lado, sua irmã, Jean, era um modelo de perfeição, com cabelos perfeitamente encaracolados, bem vestida e inteligente, talvez a melhor de sua turma. As notas de Robert eram tão baixas que não podiam ser calculadas. Ele era o esquisito da turma. Na maior parte do tempo, o evitavam ou tiravam sarro dele.

Talvez porque eu fosse menos cruel com ele do que as outras crianças, Robert criou uma fixação por mim. Ele começou a me seguir até em casa; às vezes, deixava presentinhos. E isso continuou. Como eu havia me mudado de casa e de escola, achei que estaria livre daquela assombração, mas não foi assim. Estávamos na casa há apenas alguns dias e eu estava de pé na porta da frente. Martha, minha irmã, me fez uma pergunta sobre Robert e soltei o verbo, falei exatamente como me sentia em relação àquela atenção indesejada. Eu não sabia que Robert estava lá fora, escondido atrás de uma árvore, e ele ouviu tudo. Nunca vou esquecer a expressão de perplexidade e dor em seu rosto quando fugiu; me senti péssima. Nunca mais o vi, mas depois soube que ele continuou sendo uma catástrofe social e que, no colegial, andava com outro esquisitão. Eles saíam para caçar. Alguns anos depois, estavam se divertindo com armas no porão de Robert quando o amigo lhe deu um tiro fatal, que foi considerado disparo acidental; crianças brincando com armas.

Os verões serviam para perambular debaixo do sol, com a imaginação correndo solta. Os dias eram tão abafados que parecia que estávamos enrolados em uma compressa quente. Eu nadava, fazia todas aquelas coisas de verão e lia muito — tudo em que pudesse pôr minhas mãozinhas ávidas. A literatura era meu grande escape e minha viagem para outros mundos. Eu ansiava por aprender sobre todas as coisas e todos os lugares além de Hawthorne. E havia os passeios de família, quando íamos visitar meus avós, tios e tias. Coisas típicas de criança, tudo meio embaçado agora, exceto pela sensação profunda e crescente no estômago, de pavor com o pensamento de voltar para escola.

A Hawthorne High foi minha terceira escola. Não posso dizer que gostava mais dela do que das outras. Eu ainda ficava nervosa, mas me agradava a sensação de liberdade e independência que acompanhava a ida para o colegial, quando éramos tratados mais como adultos. Meus pais deixaram bem claro que queriam que eu alcançasse conquistas grandiosas. E, se não tivessem me empurrado nessa direção, acho que eu teria apenas me perdido no mundo dos sonhos. Eu ainda estava tentando descobrir quem era, mas já sabia desde então que queria ser algum tipo de artista ou ter uma vida boêmia.

Minha mãe costumava tirar sarro de artistas. Ela fazia uma voz empolada, deixava a mão mole e exclamava: "Ah, você é muito *artiste!*" Isso me deixava ainda mais nervosa e aborrecida, e nada pior do que uma adolescente raivosa e irritada. Minha vida não era horrível; fui abençoada. Meus pais me davam muito amor. Mas eu sentia que havia uma divisão em minha personalidade, e metade dela estava perdida, submersa, não expressa, inacessível e oculta.

Não dei trabalho no colegial e minhas notas, embora não fossem 10, eram boas. Eu gostava de verdade das aulas em que líamos e fiquei boa em geometria, porque era como desvendar um enigma. Uma das primeiras coisas que notei sobre o colegial foi o quanto as garotas eram mais maduras, especialmente as roupas que elas usavam. Criei consciência imediata das minhas roupas, que eram sem graça demais, incômodas demais, ou ambos. Minha mãe me vestia como uma patricinha, uma "moça bem-comportada", e com sapatos pesadões. O que eu queria vestir era uma calça preta apertada e uma camisa folgada, suéteres de trás para frente, como os beatniks, ou alguma coisa arrojada e ousada. Ou pelo menos alguma coisa mais chamativa, com cores fortes ou franjas. Mas, quando minha mãe me levava às compras, ela ia direto nas blusas brancas com gola redonda e nas saias azul-marinho. Em outras palavras, minha mãe e eu estávamos sempre em polos opostos em termos de escolhas de vestimenta.

Conforme fui crescendo, a vida melhorou. Comecei a fazer minhas próprias roupas. Eu brincava com as coisas, algumas de segunda mão, cortando as mangas de uma camisa e costurando em outra. Lembro-me de mostrar esse projeto para talvez minha primeira amiga, Melanie, que comentou: "Ficou horrível." Não faço ideia de onde aquela coisa horrível foi parar.

Mas, por muito tempo, guardei um dos vestidos que herdei das filhas das amigas da minha mãe. Consigo visualizá-lo com clareza: um vestido de verão rosa de algodão, com uma saia rodada cheia de movimento. Depois, meu pai me levaria à Tudor Square, uma de suas clientes da indústria de vestuário. E me lembro de ganhar duas roupas xadrez de cores fortes, muito legais, que tive por muito tempo.

Aos 14 anos, eu já pintava o cabelo. Queria ser loira platinada. Na nossa velha televisão em preto e branco e no cinema, quando passavam filmes em Technicolor, havia algo muito luminoso e empolgante nos cabelos platinados. Na minha época, Marilyn Monroe era a maior platinada das telas. Ela era muito carismática e irradiava uma aura enorme. Eu me identificava demais com ela, de maneiras que não conseguia explicar facilmente. Quanto mais eu crescia, mais ficava fisicamente diferente da minha família, e mais era atraída por pessoas pelas quais sentia alguma forma de conexão significativa. Em Marilyn, eu via uma vulnerabilidade e um tipo particular de feminilidade que sentia que compartilhávamos. Marilyn me dava a impressão de ser alguém que precisava de muito amor. Isso foi muito antes de eu descobrir que ela tinha sido adotada.

Minha mãe pintava o cabelo, então sempre havia água oxigenada no banheiro. Em minha primeira tentativa, errei na mistura e acabei com o cabelo laranja berrante. Devo ter tido pelo menos uma dúzia de cores diferentes depois disso. Também experimentava muito com maquiagem. Passei pela fase das pintas falsas; eu aparecia na escola com o rosto parecendo um daqueles jogos de ligue os pontos. Minhas habilidades melhoraram, mas eu ainda gostava de experimentar.

Também aos 14 anos, eu era líder da banda marcial. Usava botas com franjas, um chapéu alto e uma saia que não cobria muita coisa, e marchava ou girava o bastão. Eu era melhor marchando do que girando o bastão; sempre o derrubava, ou seja, tinha que me abaixar para pegá-lo, o que obviamente acrescentava algo a mais à apresentação.

Além disso, entrei em uma irmandade — porque era isso que esperavam de você e era o que as pessoas descoladas faziam. Essas irmandades do colegial eram grupos curiosos — sociólogos e antropólogos com certeza deveriam fazer uma visita de campo. Cada grupo tinha uma identidade forte e era muito competitivo. Mas também havia muitas coisas boas. Quando você é uma aluna de colegial buscando identidade, uma irmandade lhe dá algo ao qual pertencer. As idades das garotas variavam de calouras a veteranas, e todas chamavam umas às outras de irmãs, então havia muito carinho e camaradagem. As mais jovens só precisavam aguentar as brincadeiras das "irmãs" na noite da iniciação.

Depois de um tempo, saí. Não me lembro exatamente de como aconteceu, mas eu tinha alguns amigos que elas não achavam adequados. Fiquei ofendida com elas me dizendo de quem eu podia ou não ser amiga e saí.

Embora não me metesse em problemas, às vezes ia para a detenção — não por aprontar nada de mais, só matava aula. Eu ia ao

Stewart's Drive-In tomar refrigerante e não voltava mais. A pior parte da detenção era ter que sentar lá e escrever a mesma frase idiota inúmeras vezes. Percebi que uma garota, K, escrevia "JMJ" no topo de todas as páginas. Quando lhe perguntei por que fazia aquilo, um pouco surpresa com minha ignorância, ela me respondeu alto e bom som que as letras significavam "Jesus, Maria e José".

K havia sido expulsa da escola católica; logo, sentar perto dela era a melhor coisa da detenção. Ela era uma irlandesa grande e durona, que mascava chiclete e tinha cabelos vermelhos e a pele cheia de espinhas. Ela sempre ia para a detenção por brigar. Merecesse ou não, ganhou o rótulo de a rodada da cidade, a rainha do boquete. Em cidades pequenas como a nossa, sempre era possível cair em armadilhas cruéis. Estigmas de cidade pequena. No entanto, K e eu viramos amigas. Sempre me interessei por qualquer pessoa que se impusesse daquela maneira; eu ficava fascinada por seu perigo. Também queria ser perigosa, mas ainda queria me proteger. Logo, eu não era perigosa — ainda.

Eu tinha outra amiga cuja mãe era enfermeira. Um dia, ela disse que estava indo de férias para a Flórida. Respondi: "Nossa, você é muito sortuda!" Eu estava morrendo de vontade de sair daquela cidade, e a ideia de ir para Flórida de férias era muito incomum — em especial porque nasci lá, mas nunca tinha voltado desde então. Porém, na realidade, ela foi a Porto Rico fazer um aborto. Quando voltou, olhei para ela e disparei: "Minha nossa, mas você não está bronzeada." Ela só me olhou de cara feia. Eu não sabia que ela estava grávida. Ninguém disse nada.

Tive muitos namorados — em geral, um de cada vez, porque era assim que funcionava naquele tipo de cidade minúscula e careta, onde reputações eram construídas e destruídas em segundos. Eu saía com um cara por um mês ou dois e depois saía com outro. Eu adorava sexo. Acho que eu talvez tivesse um apetite sexual exacerbado, mas não via nenhum problema nisso; era totalmente natural. No entanto, na minha cidade, naqueles dias, a energia sexual era reprimida ou, no mínimo, clandestina. A expectativa para uma moça era que namorasse, ficasse noiva, permanecesse virgem, se casasse e tivesse filhos. A ideia de estar amarrada àquele tipo de vida suburbana me deixava apavorada.

Algumas noites, eu pegava carona com uma amiga e nós íamos ao bairro de Totowa, próximo a Paterson, onde meus avós moravam. Totowa tinha uma péssima reputação naquela época e sua rua principal era muitas vezes chamada de "Rua da Pegação". Era a via principal aonde todos os jovens iam para curtir. Todas as garotas andavam o mais sexy e vulgar possível, e os caras dirigiam pela rua olhando para elas. Eu encontrava um cara de quem gostava e ficava com ele. Também havia ótimos lugares para dançar por lá. A cidade de onde eu vinha só tinha jovens brancos, mas aquelas danças realmente uniam multidões. E a música era ótima, porque tocava muita black music e todos dançavam até cair. Eu adorava dançar. Ainda adoro.

Eu ia passear em Nova York já há algum tempo. A passagem de ônibus era menos de US$1 na época. Meu lugar favorito para perambular era Greenwich Village. Eu chegava por volta das 10h, quando os boêmios e os beatniks ainda dormiam e tudo estava fechado. Eu apenas caminhava, sem procurar nada em particular e olhando tudo; ingerindo e digerindo tudo: arte, música, teatro, poesia e a sensação de que tudo estava ao alcance da mão, só era preciso ver o que encaixava. Estava desesperada para morar em Nova York e ser artista. Mal podia esperar para terminar o colegial.

Bem, finalmente acabou, em meados de 1963. Houve uma cerimônia externa, no campo de futebol nos fundos da escola. O clima estava escaldante aquele dia, ridiculamente quente, e eu estava derretendo com aquela beca e aquele capelo. Acho que me senti meio como um peixe fora d'água durante todo o colegial; logo, pareceu apropriado que a cerimônia de graduação terminasse daquele jeito.

Então é agora que eu faço as malas, me despeço das pessoas, entro em um ônibus e olho pela janela enquanto Nova Jersey desa-

Natal em família.

parece e a paisagem urbana de Nova York surge? Bem, na verdade, não. Fui para a faculdade.

A Centenary College, em Hackettstown, Nova Jersey, era uma faculdade metodista para mulheres, dirigida por senhoras sulistas muito velhas. Basicamente, era um programa para preparar mulheres para uma vida respeitável de casada. Uma vez me referi à instituição como "reformatório para debutantes", e era exatamente isso que representava para mim — só que eu não era debutante e nem queria ser reformada. Minha reforma seria muito, muito diferente.

Sempre esteve nos planos que eu iria para a faculdade. Disse aos meus pais que queria ir para uma faculdade de artes, de preferência para a Escola de Design de Rhode Island, mas ela tinha um programa de quatro anos e estava fora de nosso orçamento. Assim, ir para uma faculdade de dois anos de duração foi um meio-termo encontrado pela minha família, e isso significava a Centenary.

Eu não tinha certeza de que queria ir para a faculdade; só queria sair pelo mundo e ser artista. Acho que minha mãe queria que eu fosse para a Centenary porque sentia que, como eu era tímida demais, não me sairia bem em nenhum outro lugar, e, se ficasse com saudades de casa, seria uma viagem de apenas uma hora e meia. Logo, no fim do ano, parti para Hackettstown. Mudei-me para um dormitório, que dividi primeiro com uma moça chamada Jan e depois com Karen — quando elas trocaram entre si. No segundo ano, dividi com uma moça muito fofa e inteligente chamada Carol Boblitz.

A faculdade tinha alguns bons professores. Dr. Terry Smith ensinava literatura norte-americana, que eu amava de coração — adorava Mark Twain e Emily Dickinson. E gostava dos professores de arte, Nicholas Orsini e sua esposa, Claudia. Desenhei e pintei um pouco enquanto estudei lá. Não era o tipo de faculdade em que você precisa se esforçar muito. Era possível fazer disciplinas muito fáceis se quisesse, e ainda ir a todos os eventos sociais nas outras faculdades — o que era basicamente um serviço de encontros.

Em meu segundo ano, saí com um rapaz chamado Kenny Winarick. O avô dele construiu o enorme Concord Resort Hotel no Borscht Belt, em Catskills. O entretenimento lá era de primeira linha — Judy Garland, Barbra Streisand —, e muitas famílias judias o frequentavam. Um dia, Kenny me perguntou: "Quer ir para as montanhas?", que era como chamavam Catskills, mas eu era tão ingênua que achei que iríamos fazer trilha. Ele me levou a esse hotel maravilhoso, onde todos estavam vestidos nos trinques, e eu usava uma calça jeans ruim e tentava parecer legal.

Depois de sairmos por um tempo, Kenny me levou para visitar sua mãe na casa dela em Nova York. Enquanto admirava a vista do terraço daquele apartamento maravilhoso, meu sonho de viver na cidade grande ganhou asas. Era apenas certo, perfeitamente certo. Os cômodos espaçosos não eram decorados demais ou organizados demais. Um ambiente real onde viviam pessoas reais. Pessoas que amavam ser nova-iorquinas. Seu prédio pré-guerra se chamava Eldorado, na Central Park West, nº 300.

Na época, essa referência mitológica não significava quase nada para mim, exceto que era lindo, empolgante e algo além dos meus sonhos mais loucos. Era cedo demais para que eu criasse paralelos entre minha própria busca por identidade e a busca dos conquistadores pela cidade de ouro. Mas, olhando para trás, era o paralelo ideal: eu me rendendo à sedução de Nova York, atravessando os portões de ouro do Eldorado. Era meu acontecimento pessoal da década de 1960, pois eu me juntava aos conquistadores modernos em busca de um tesouro especial naquela nova cidade de promessas sedutoras.

Tudo isso soa muito sério. E, de certa forma, era. Eu era intensa e determinada, mas também flutuava em um mar, muitas vezes, turbulento de emoções confusas. Não acho que eu fosse bipolar, esquizofrênica, estivesse deprimida ou qualquer coisa do tipo. Acho que eu era bem normal, mas em uma época de expansão de consciência, em que enxergávamos o mundo de formas novas e diferentes.

Depois também houve a experiência psicodélica. Gladys, a mãe de Kenny, era psicanalista. Ela tinha uma força, uma curiosidade e uma vitalidade que eu adorava. Os filhos dela tinham uma segurança e um senso de humor sobre si mesmos que estavam muito além da maioria das pessoas em minha cidade. Em suma, era sofisticação. Como analista, Gladys sabia de todos os últimos simpósios, palestras e debates relacionados à sua área. Ela foi convidada para uma sessão com Timothy Leary. Como não podia ir, Kenny e eu fomos em seu lugar. Acho que Leary ainda ensinava em Harvard ou estava prestes a ser demitido — e Alan Watts também estava lá. *The Psychedelic Experience: A manual based on the tibetan book of the dead* ["A Experiência Psicodélica: Um manual baseado no livro dos mortos tibetano", em tradução livre], livro de Leary, havia acabado de ser publicado, e acredito que a ideia por trás daquelas "experiências" simuladas era legitimar ainda mais sua paixão pelo LSD e o potencial terapêutico da droga.

O dia de nossa "viagem" chegou, e fomos a uma das casas mais bonitas que eu já vira. Era no Upper East Side, em Manhattan, entre a Fifth e a Madison Avenue. A construção muito elegante tinha uma entrada esculpida e grades de ferro forjado com um portal. Fomos levados a uma sala no térreo, onde um pequeno círculo de pessoas estava sentado no carpete. Leary explicava os chakras e os estágios do experimento, e nos encorajou a relaxar e seguir o fluxo. Não havia drogas, nem bebidas, nem comida, apenas sugestões e orientações sobre como seria aquela viagem de LSD. Na verdade, ela era baseada em uma jornada espiritual através de diferentes estágios de consciência, conhecida como o bardo.

Naquela época, as ideias de Leary eram incrivelmente novas, e seus ensinamentos e uso de drogas haviam recebido alguma publicidade duvidosa. Nós nos sentamos no círculo com os outros e ouvimos Timothy cantar e falar, guiando-nos ao longo do que talvez fosse uma expansão da mente — se nos deixássemos levar. Bom, Kenny e eu estávamos curiosos e queríamos aprender algo, então permanecemos ali. Aquilo parecia durar para sempre, e eu esperava que houvesse um lanche em algum momento, mas não tive sorte. Ficamos horas sentados, enquanto o professor Leary e Alan Watts falavam sobre os níveis da mente. Por fim, nos pediram para entrevistar uns aos outros.

Havia todo tipo de gente ali naquele dia, não apenas hippies ou estudantes. Todo tipo de pessoas de negócios, médicos, nativos e estrangeiros, algumas pessoas bem vestidas de Uptown, algumas pessoas do mundo das artes ali do bairro e, obviamente, analistas. Havia um homem que me deixou nervosa, pois irradiava relutância. Ele ficava afastado como se estivesse apenas observando. Usava uma camisa branca e calças cinza; era careca e bem-apessoado. É claro que fui colocada com ele para as entrevistas — a parte de "conheçam um ao outro" da tarde. Eu estava irritada, nem um pouco simpática e morrendo de fome naquele momento. Logo, descontei tudo nesse pobre homem desde o início e o interroguei de uma forma que ele não esperava. Acontece que ele estava ali em alguma missão oficial para a CIA ou o FBI, o que foi um choque para Leary...

O pai de Kenny também era interessante. Ele tinha uma empresa chamada Dura-Gloss, que fabricava esmaltes. Era uma marca que minha mãe usava, e eu adorava os vidrinhos. Parecia um pouco sincrônico que eu estivesse saindo com aquele rapaz. Minha mãe também deve ter achado, porque estava pressionando-o para que as coisas ficassem sérias. Eu o achava ótimo, mas queria experimentar o mundo e descobrir quem eu era antes de sossegar, e acho que ele também. Kenny foi fazer mestrado e, em algum momento, eu também, de certa forma.

Eu me formei em artes. Consegui um emprego em Nova York, mas não tinha dinheiro para morar lá, então tinha que viajar todos os dias, o que eu detestava. Passei horas procurando apartamentos na cidade, mas não conseguia achar nada nem próximo do que poderia pagar. Acho que estava reclamando disso no trabalho com minha chefe, Maria Keffore. Maria, que era uma bela ucraniana, disse: "Ah, não precisa se preocupar. Venha ver meu apartamento, o aluguel é só US$70 por mês." Pensei *MEU DEUS, como pode ser tão barato? Como ele deve ser?* Bom, ele era fantástico. Ficava no Lower East Side, que na época era um bairro ucraniano e italiano, e tinha os aluguéis regulados pelo governo.

Com a ajuda de Maria, encontrei um apartamento com quatro cômodos por apenas US$67 na St. Mark's Place. Naquela primeira noite em meu novo lar, deitada na cama ouvindo os sons da rua chegando pela janela, senti que finalmente estava, aos 20 anos, no lugar onde minha próxima vida começaria.

Diziam que eu parecia europeia.

3

CLIQUE, CLIQUE

Eu detestava minha aparência quando era criança, mas não conseguia parar de me olhar. Talvez houvesse uma ou duas fotos que eu tenha gostado, mas era tudo. Para mim, registrar aquela aparência em filme era uma experiência horrível. Em algum momento, o aspecto curioso, secreto e malicioso disso tornou tranquilo ser fotografada, mas, até então, voyeurismo não era parte do meu vocabulário. Como eu poderia saber na época que este rosto ajudaria a tornar o Blondie uma banda de rock tão reconhecível?

A fotografia pode roubar nossa alma? Os aborígines estavam certos? As fotografias são parte de algum banco de imagens místico, um tipo de registro akáshico visual? Uma fonte de evidências forenses para examinar os segredos ocultos e obscuros de nossas almas, talvez? Posso dizer que fui fotografada milhares de vezes. É muito roubo e muita ciência forense. Às vezes, leio coisas nessas imagens que ninguém mais parece enxergar. Talvez apenas um pequeno vislumbre da minha alma, um reflexo passageiro em um espelho... Se você fosse eu, agora poderia se perguntar se ainda tem alguma alma sobrando. Certa vez, em uma feira New Age, tiraram uma fotografia Kirlian de mim — e supostamente ali estava a minha alma, minha aura, me olhando de volta. Sim, talvez ainda haja um pouco da minha alma para gastar.

Eu trabalhava em um lugar quase cruel: um mercado por atacado na Fifth Avenue, 225, um prédio enorme cheio de tudo o que você puder imaginar de artigos para casa. Meu trabalho era vender velas e canecas para compradores de butiques e lojas de departamento. Isso não fazia parte do sonho. Comecei a pensar que, como era bonita — bem, eu recebera o título de Garota Mais Bonita no anuário do colegial —, talvez conseguisse algum trabalho como modelo. Conheci dois fotógrafos, Paul Weller e Steve Schlesinger, que faziam catálogos e capas para livros, e decidi que faria um portfólio. Meu portfólio de modelo tinha fotos que iam de estilos de cabelo diferentes a poses de yoga em collants pretos. O que eu tinha na cabeça? Que tipo de trabalho eu conseguiria com aquelas fotos esquisitas? Resposta: um só, e bastou.

Então, vi um anúncio anônimo no *New York Times* para uma vaga de secretária. Acontece que era na British Broadcasting Corporation, a BBC. Essa foi a minha primeira conexão para o que se tornaria uma relação longa e adorável com a Grã-Bretanha. Eles me deram o emprego por causa da carta sensacional que meu tio me ajudou a escrever. Uma vez contratada, perceberam que eu não era muito boa no que deveria fazer, mas me mantiveram mesmo assim e me desenvolvi na função. Aprendi a operar máquinas telex. Também conheci algumas pessoas interessantes — Alistair Cooke, Malcolm Muggeridge, Susannah York — que iam ao escritório/estúdio dar entrevistas para a rádio.

Além disso, conheci Muhammad Ali. Bem, não exatamente conheci. Disseram: "Cassius Clay está chegando para dar uma entrevista", e me esgueirei em um canto e *uau*, vi aquele homem lindo e enorme entrando no estúdio de TV e fechando a porta. Era uma sala à prova de som com uma janelinha no alto, então decidi que, como era magrinha, me penduraria no parapeito e assistiria à gravação. Mas, quando pulei para alcançar a janela, meu pé bateu na parede com um baque. Instantaneamente, Ali virou a cabeça e olhou direto para mim. Ele me atingiu em cheio e fiquei fascinada: ele respondera com o instinto animal e os reflexos rápidos de campeão supremo que era... Pulei no chão depressa, em choque e nervosa pela troca selvagem. Eu poderia ter me dado mal, em especial se já tivessem começado a gravação, mas felizmente ninguém na sala notou.

Os escritórios da BBC em Nova York eram no International Building, no Rockefeller Center, logo em frente à monumental St. Patrick's Cathedral. Na época em que eu trabalhava lá, acredito que a Fifth Avenue era uma via de mão dupla, e o tráfego era intenso. A Saks da Fifth Avenue ficava a um quarteirão ao sul da catedral. Em frente ao International Building havia, e ainda há, uma enorme estátua de bronze de Atlas segurando o mundo. Atrás dela está o Rockefeller Plaza, onde ficam o rinque de patinação e a grande árvore de Natal na época das festas. Durante o verão, o rinque se torna um café a céu aberto. Logo atrás dele, está o prédio da NBC, próximo também aos escritórios da Warner Bros.

Era sempre interessante caminhar olhando as vitrines e os desfiladeiros de prédios, e eu fazia questão de visitar um de meus personagens favoritos, "Moondog". Aquele senhor alto e barbudo usando um elmo viking com chifres era uma bela aparição. Ele ficava na esquina da Sixth Avenue com a Fifty-Third, com uma longa capa avermelhada e um bastão que parecia uma lança, e vendia livretos com sua poesia. Hoje em dia, Moondog tem sua própria página na Wikipédia, mas naquela época poucas pessoas que passavam por ali tinham ideia de quem era ele. A maioria ficava longe ou nem o notava — só mais um doido "esquisitão" para evitar ou ignorar.

Algumas pessoas achavam que ele era um sem-teto excêntrico e cego, mas era muito mais. Moondog também era músico. Ele tinha um apartamento em Uptown, mas mantinha sua imagem e privacidade cuidadosamente protegidas. Criava instrumentos e também gravava, e se tornou adorado pela maior parte dos nova-iorquinos. Uma figura amada, um verdadeiro personagem de Nova York, que às vezes recitava seus poemas para empresários e turistas que passavam apressados por ali. Ele era esquisito, mas ganhou o apelido carinhoso de "o cara viking" — mesmo sem ninguém conhecer todas as suas façanhas artísticas.

E havia os tipos mais sinistros: homens calados de preto que vendiam pequenos jornais ou livretos. Eram sérios, intensos e um pouco assustadores, o que os tornava mais intrigantes, é claro. Eles se autointitulavam "the Process" — a abreviatura de "The Process Church of the Final Judgement", movimento religioso britânico que se espalhou pelos Estados Unidos no final da década de 1960 e início de 1970 — e eram assustadores, mas sua intensidade era cativante. Estavam sempre em grupo nas esquinas do centro, usando uniformes pretos quase militares.

A cientologia não era tão conhecida na época, mas cultos, comunidades e movimentos religiosos apareciam e desapareciam o tempo todo. Eu não conhecia a fundo a cientologia ou a Process Church, mas respeitava o comprometimento necessário para aqueles caras ficarem parados no meio do centro da cidade pregando para um monte de "irmãos". Eles perambulavam por Downtown também, entre os públicos muito mais simpáticos de West e East Village.

Era um negócio, era uma religião, era um culto; talvez ainda seja, mas acho que não se chama mais The Process.

Eu tinha me mudado para a cidade a fim de ser artista, mas não estava pintando muito; não pintava nada, na verdade. De várias formas, eu ainda era uma turista, apenas experimentando o lugar, me aventurando e conhecendo gente. Experimentei tudo o que se possa imaginar, tentando descobrir quem eu era como artista — ou mesmo se era uma artista. Busquei tudo o que Nova York tinha para oferecer, tudo o que era clandestino e proibido, e tudo o que era legítimo, e me joguei. Admito que nem sempre fiz escolhas sensatas, mas aprendi muito no processo e continuei experimentando.

Cada vez mais atraída pela música, eu não precisava ir longe para ouvi-la. A Balloon Farm, que depois passou a se chamar Electric

Tentando manter o ritmo no Mudd Club.

Circus, ficava na minha rua, a St. Mark's Place, entre a Second e a Third Avenue. O antigo prédio onde os shows aconteciam tinha uma longa história: já fora ponto de encontro da ralé, asilo ucraniano, centro comunitário polonês e o restaurante Dom. Todo o bairro era italiano, polonês e ucraniano. Todas as manhãs, no caminho para o trabalho, eu via mulheres usando babushkas, com baldes de água e vassouras, lavando as calçadas do que quer que tenha acontecido na noite anterior. Um ritual trazido do antigo país.

Em uma noite, passei pela Balloon Farm, e o Velvet Underground estava tocando; então, entrei naquela brilhante explosão de cores e luzes. Era tudo muito lindo e selvagem, o palco projetado por Andy Warhol, que também fizera a iluminação. Os Velvets foram fantásticos: o excelente John Cale, com sua viola elétrica aguda e estridente; o protopunk Lou Reed, com sua fala arrastada, superdescolado e com uma sexualidade presunçosa; Gerard Malanga, rodopiando todo vestido de couro e com seu chicote; e Nico, aquela deusa nórdica perturbadora e misteriosa, com sua voz grave...

Em outra ocasião, vi Janis Joplin tocar no Anderson Theater. Eu adorava a fisicalidade e a sensualidade da performance dela — como todo seu corpo estava na música, como ela pegava a garrafa de Southern Comfort no piano, dava um longo gole e cantava suas letras a plenos pulmões com aquela louca alma texana. Eu nunca tinha visto nada como ela no palco. Nico tinha uma abordagem performática muito diferente; ela ficava lá, imóvel como uma estátua enquanto cantava suas músicas sombrias — muito parecida com a famosa cantora de jazz Keely Smith; a mesma imobilidade, mas um estilo musical diferente.

Eu ia a musicais e ao teatro underground. Comprava a revista *Backstage*, marcava todas as audições e depois me juntava às intermináveis filas de aspirantes que, junto comigo, nunca passavam da primeira fase. Havia também uma forte cena de jazz no Lower East Side, com refúgios como o Dom, o renomado Five Spot Café e o Slugs'. Particularmente neste último, era possível ouvir artistas prestigiados, como Sun Ra, Sonny Rollins, Albert Ayler e Ornette Coleman — e se ver sentada em uma mesa próxima a Salvador Dalí. Conheci alguns desses músicos. Lembro-me de aparecer e participar de alguns encontros improvisados e espontâneos, como o Uni Trio e o Tri-Angels — era música livre e abstrata, em que eu cantava um pouco ou cantarolava e batucava em um ou outro instrumento de percussão. Era a mesma coisa que fazíamos na banda First National Uniphrenic Church and Bank. O líder era um cara de Nova Jersey chamado Charlie Simon, que depois se autonomeou Charlie Nothing. Ele fazia esculturas a partir de carros, as quais chamou de "dingulators", que podiam ser tocadas como guitarras. Ele também escreveu um livro, *The Adventures of Dickless Traci* [sem publicação no Brasil], um romance policial com um senso de humor esquisito, mas isso foi depois. Ele era multidimensional, na música, na arte e na literatura — um espírito livre que era mais beat do que hippie. E me deixava curiosa. Eu gostava dessa curiosidade, porque eu mesma era curiosa. Se qualquer outro cara chegasse e tocasse para mim uma música de um templo tibetano, com homens rindo e resmungando ao fundo, eu teria gostado dele também.

A década de 1960 foi uma época cheia de acontecimentos. Também foi o período de uma importante cena loft em Nova York, em que aconteceram muitas dessas festas e desses encontros espontâneos incríveis. Na Canal Street e no Soho, lofts que eram antigas fábricas (e onde quase sempre era proibido morar) custavam muito pouco, US$75 ou US$100 por mês, então todos os artistas alugavam aqueles enormes espaços de quase 200 metros quadrados. Era ali que tocávamos nossa música antimúsica. Charlie tocava saxofone; Sujan Souri, um indiano roliço e divertido que estudava filosofia, batucava tablas; e Fusai, conterrânea de Yoko Ono, meio que cantava em uma voz muito aguda. Não sei se eu batia baquetas ou gritava; provavelmente os dois. Nosso baterista, Tox Drohar, era procurado por alguma coisa em algum lugar — deduzi que ele estava se escondendo, o que o forçou a mudar de nome e desaparecer. Ele foi morar com a namorada em um casebre nas montanhas Smoky, na grande reserva indígena Cherokee.

Meu chefe na BBC me avisou que eu tinha duas semanas de férias. Não era possível escolher as datas e eles me deram duas semanas em agosto. Era a pior época, a mais quente do verão norte-americano. Phil Orestein, um artista que trabalhava com plástico, fazendo travesseiros, móveis e sacolas com estampas em silkscreen, precisava de ajuda para colocar alças em algumas bolsas; então, lá estava eu, naquela pequena fábrica de plástico, fazendo nós e cortando as pontas com uma lâmina quente. Os vapores do plástico naquele calor eram inacreditáveis; eu via manchas. Acho que perdi um pouco do juízo fazendo aquilo.

Mas eu tinha aquelas duas semanas de folga, então Charlie Nothing e eu decidimos pegar os US$300 que economizei e visitar Tox e Doris, sua namorada já no final da gravidez, em Cherokee, Carolina do Norte. Dirigimos até lá, ficamos uma semana e conseguimos gastar todo o dinheiro. Voltei para a BBC coberta de picadas de mosquitos e ainda enxergando manchas por causa dos vapores do plástico e de muita maconha. Mas foi uma troca justa: as montanhas Smoky eram magníficas e eu nunca teria ido a Cherokee sozinha e me sentado com velhos índios enquanto eles mascavam tabaco e cuspiam o sumo em latas de tinta.

Em 1967, a First National Uniphrenic Church and Bank lançou um disco, *The Psychedelic Saxophone of Charlie Nothing*, pela Takoma, gravadora de John Fahey, mas eu já tinha saído na época. Também saí da BBC, pois achava que me tomava tempo demais. Consegui um emprego na Head Shop, de Jeff Glick e Ben Schawinsk, na East Ninth Street — a primeiríssima *head shop*[1] da cidade de Nova York. Cachimbos, pôsteres, bongs, lâmpadas de luz negra, camisetas com

[1] Lojas que vendem produtos relacionados, principalmente, ao uso de cannabis e de outras substâncias psicoativas permitidas por lei. (N. da T.)

estampa em tie-dye, incensos, o básico, mas que naquela época não era tão comum. Logo ao lado havia uma loja peculiar, com vitrines imundas cobertas de cartelas de botões amareladas pelo tempo. A dona morava nos fundos; enrolada em seu xale, ela parecia saída de um conto de fadas. O Veselka, que significa "arco-íris", é um restaurante ucraniano 24 horas e sem frescuras que ficava ao lado dessa loja. Quando a coroa morreu, o local foi incorporado, aumentando o espaço do restaurante. A Head Shop ficava na esquina do meu prédio na St. Mark's Place, então não precisava pegar transporte, e era divertido. Vinha gente de Uptown e de Downtown — na verdade, de todo lugar —, e a cena era muito boa. A Head Shop era o lugar ideal para conhecer pessoas que queriam quebrar algumas regras.

O pai de Ben era pintor da Bauhaus, e Ben era escultor, designer de móveis e construtor, tranquilo, muito bonito e um cavalheiro. Começamos a sair e estávamos muito interessados um no outro. Depois de algum tempo, ele conheceu alguns caras da Califórnia que tinham uma comunidade em Laguna Beach, se não me engano. Ele fez vários planos de se mudar para lá, a fim de ficar com aquelas pessoas, e queria que eu fosse junto. Gostava muito dele, mas não podia largar tudo e segui-lo cegamente. Eu ainda trabalhava com música e fiquei muito chateada por ele querer que eu jogasse tudo para o alto e o acompanhasse. Por um tempo, eu não soube se tinha cometido um erro ou não. Bom, alguns anos depois, ele acabou voltando. Ben tinha uma Kombi muito pomposa que equipara admiravelmente — mas, assim que voltou, ele a perdeu em um deslizamento, infelizmente.

Um dia, dois rapazes bonitos, com cabelos longos e roupas de couro, chegaram até mim — eram rebeldes sem causa. Os dois bobinhos se debruçaram no balcão, pedindo seda para enrolar e flertando loucamente. Gostei do mais velho, cujo nome não lembro agora, porque ele era naturalmente doce, mais tímido e de conversa fácil. O outro, o intenso, ficou apenas me encarando, jogando gracejos ocasionais e tentando ser engraçado. O nome deste era Joey Skaggs. Joey voltou alguns dias depois, sem o amigo. Era Valentine's Day, e ele tinha vindo ver a moça com os lábios em formato de coração.

Ele me convidou para ir ao seu moderno loft na Forsyth Street, abaixo da Houston. Joey realmente fazia de tudo. Ele tinha três motos que ficavam no andar de cima, motocicletas muito robustas — uma delas era uma Moto Guzzi, a outra, uma inglesa; não faço ideia de como as colocou ali. Ele também era um fanfarrão da arte performática. Uma de suas exibições mais famosas foi no domingo de Páscoa no Sheep Meadow, no Central Park, quando ele levou uma gigantesca cruz nas costas e a carregou parque afora durante uma manifestação pacifista. Ele tinha uma aparência meio de Jesus Cristo, com cabelos longos e corpo longilíneo, embora as calças de couro e os coturnos fossem um pouco exagerados. Virou notícia ao posar em cima de uma grande rocha no canto do campo, amarrado à sua cruz, como Cristo no Calvário.

Joey tinha um amigo que fazia filmes. Também não me lembro do nome dele, mas era muito bonito. Um dia, Joey me convidou para ir à sua casa e, quando entrei, me agarrou e começou a tirar minhas roupas, me beijar, acariciar meus seios e tocar minha boceta. Aí, ele me jogou na cama. Fiquei com muito tesão e me estiquei para arrancar suas calças, mas ele não permitiu. Afastou-se, ficou de pé, e um cara se esgueirou dentre as sombras com uma filmadora nas mãos. Lá estava eu, nua, jogada na cama e muito molhada — e de repente aquela coisa, aquele olho que tudo vê, veio serpenteando em minha direção, com um voyeur grudado nela. Foi um caos. Fiquei chocada, furiosa, me senti traída e desrespeitada, mas também muito excitada. Queria quebrar os dentes dele e fodê-lo ao mesmo tempo. Gritar, chorar, me vestir ou me jogar? Eu, boba, tentei parecer descolada. Por fim, subi em um pequeno pedestal e posei, como uma estátua. Tudo isso está em um filme em algum lugar. Não me pergunte o que houve com a gravação; acredito que tenha sido absorvida pela atmosfera cósmica dos anos 1960.

Na verdade, tudo isso era muito típico de Joey, que se manteve pregando peças profissionalmente desde então. Ri bastante de suas artimanhas ao longo dos anos: a propaganda falsa de um bordel canino, que ganhou cobertura da ABC e garantiu um Emmy à emissora; sua empresa Hair Today, que anunciou um novo tipo de implante capilar — usando couros cabeludos inteiros de cadáveres; a SEXONIC, uma máquina sexual falsa, que ele jurou ter sido barrada na fronteira com o Canadá; o Bullshit Detector Watch (um relógio de pulso detector de mentiras que piscava, mugia e cagava); e muitas outras coisas...

Ainda me lembro do loft de Joey. Aquela parte do Lower East Side não era nada gentrificada na década de 1960; ele morava no bairro de Alphabet City, perigoso e dominado por gangues. Sempre que ia até lá, depois de virar a esquina bem iluminada da Houston em direção à escura e estreita Forsyth, eu corria rua abaixo até o prédio e disparava escada acima, naquela escadaria de madeira mais escura e assustadora que já vi, e chegava ao loft sem fôlego. Ele provavelmente achava que eu só estava com muito tesão e não conseguia esperar — o que também era verdade.

Então, Paul Klein, marido de uma amiga do colegial muito próxima, Wendy Weiner, me convidou para me juntar a eles em um projeto musical. Nós nos sentávamos e cantávamos juntos, e eu fazia as harmonizações. Começou por acaso, mas logo evoluiu para uma banda, a Wind in the Willows, nomeada em homenagem a um livro infantil clássico de Kenneth Grahame.[2] Fiquei com a função de vocalista de apoio, seja lá o que isso fosse. Wendy e Paul eram Viajantes da Liberdade[3] e iriam ao Mississippi registrar pessoas negras para votar. Stokely Carmichael, organizador do Student Nonviolent Coordinating Committee [Comitê Coordenador Estudantil Não Violento, em tradução livre], lhes disse: "Vocês não podem dividir

[2] No Brasil, o livro foi publicado como *O Vento nos Salgueiros*. (N. da T.)

[3] Ativistas pelos direitos civis, que cruzavam os EUA de ônibus, para que a população negra pudesse viajar sem ser segregada. (N. da T.)

Pintura de Robert Williams
Os Mistérios, Medos e Experiências Assustadoras Intencionais de Debbie Harry
Título corretivo: A Loura de Jersey que Viaja em Doces Detalhes

THEO. BUNDY
ROBT. WMS.

um quarto no Mississippi sem serem casados e esperarem que não os prendam"; então, eles se casaram. Ao voltar, se mudaram para o Lower East Side, e retomamos a amizade. Eu sabia que queria ser artista — ainda não tinha certeza de que tipo, mas sabia que era isso que queria ser.

Paul era um homem barbudo, meio folk e parecia um urso. Ele cantava e tocava um pequeno violão, e era outro fanfarrão adorável. Era uma época em que todos buscavam uma oportunidade de ouro e, em meados dos anos 1960, as gravadoras estavam no auge: elas tinham tanta grana que alocavam bandas em casas e lhes davam dinheiro para viver e gravar, como em um sistema de mecenato. E, se a música não vendesse, tudo bem, elas tinham uma desculpa para dispensar a banda.

Em algum momento, chegamos a oito ou nove pessoas na Willows, depois de Paul incluir gente sem parar. Peter Brittain, que também tocava violão e cantava, era casado com outra de minhas amigas de infância mais próximas, Melanie. Havia um contrabaixista, Wayne Kirby, que era de Paterson, onde minhas duas avós moravam, e saíra de lá para estudar na escola de música Juilliard. Havia uma moça chamada Ida Andrews, também da Juilliard, que era muito habilidosa e tocava oboé, flauta e fagote. Tínhamos teclados, um vibrafone e cordas; éramos uma espécie de pequena orquestra, um tipo de música folk barroca, mas misturada com elementos de percussão. Eu tocava pratos de dedo, tambura e pandeiro. Artie Kornfield, nosso produtor, também tocava bongôs. Ele é conhecido por ter criado o Festival de Woodstock junto com Michael Lang. Tínhamos dois bateristas, Anton Carysforth e Gil Fields. Havia também um rapaz muito amável e gentil chamado Freddy Ravola, a quem chamávamos de nosso "conselheiro espiritual", por causa de toda sua positividade. Ele era o nosso roadie. Não que fizéssemos muitos shows...

Em meados de 1968, no verão, lançamos nosso disco de estreia, *Wind in the Willows*. Foi a primeira vez que apareci em um disco. Cantei o vocal principal em uma música, "Djini Judy", mas, fora essa, eu era como papel de parede: algo bonito para ficar ao fundo, com minhas roupas hippies, longos cabelos castanhos divididos ao meio e fazendo "Uuuuuuu". Artie Kornfeld, que produziu o disco, trabalhava na Capitol Records como "vice-presidente de rock" e parecia ter muita grana da empresa para gastar conosco. Fazer esse disco não foi rápido. Aparentemente, a Capitol ia investir muito em nós. Tudo o que me lembro é de fazer um grande show em Toronto, abrindo para uma banda cover do Platters, a Great Pretenders, ou algo do tipo. E me lembro claramente de Paul encorajando todos os membros da banda a "se aproximarem mais uns dos outros", com algumas convenientes doses de ácido e amor livre. Ah! Bela manobra. Mas eu não bebi daquele suco.

Fui ao Festival de Woodstock com minha amiga Melanie e seu marido, Peter, e tudo era um imenso lamaçal. Chuvas *torrenciais*. Pessoas cobertas de lama pulando em meio ao aguaceiro para se lavar. Então, caímos fora e movemos nossa barraca para um terreno mais alto, o que foi ótimo, até sermos forçados a nos mudar de novo no meio da noite, a fim de abrir espaço para um campo de aterrissagem de helicópteros.

Lembro-me de um grupo chamado Hog Farm, de São Francisco, que organizou um sopão e alimentou todo mundo — todo mundo mesmo, centenas de milhares de pessoas. Incrível. Eu apenas andava sozinha, vendo todas as pessoas, conhecendo algumas delas, assistindo a bandas e esperando Jimi Hendrix tocar.

Saí da Wind in the Willows. Eu gostava de tocar, até escrevi algumas coisas para o segundo disco, que se chamaria "Buried Treasure". Ele nunca foi lançado e, aparentemente, as gravações foram perdidas; nunca me dei ao trabalho de procurá-las. Saí por causa das grandes diferenças musicais e das ainda maiores diferenças pessoais, e porque nunca fazíamos shows. Além disso, eu não estava no controle de nada, era apenas um adereço na banda, o que me cansou. Eu sabia que queria fazer alguma coisa mais relacionada ao rock.

Quando a Wind in the Willows e eu nos separamos, fui morar com o último baterista que tivemos na banda, Gil Fields. Ele tinha uma aparência peculiar, com um enorme cabelo afro e extraordinários olhos azuis. Ele era completamente louco, mas um baterista incrível, um prodígio que tocava desde os 4 anos. Abri mão de meu apartamento na St. Mark's Place e decidi me livrar de tudo; mantive apenas uma mala com meus pertences, uma tambura e uma TV minúscula que fora presente da minha mãe. Mudei-me para o apartamento de Gil no número 52 da East First Street. Eu precisava de trabalho, e foi ele quem sugeriu que eu tentasse um emprego no Max's Kansas City. Ele falou: "Ah, é aquele lugar aonde todo mundo vai, o Max's, já ouviu falar?" "Não." "Bom, fica na Park Avenue South, perto da Union Square." Eu nunca tinha trabalhado como garçonete antes, a não ser em uma lanchonete em Nova Jersey durante o colegial. Mas Mickey Ruskin, o dono, me deu o emprego.

A primeira vez que usei heroína foi com Gil. Ele era agitado, tenso e tinha hipertireoidismo — uma bagunça. Se tinha alguém que precisava de heroína, era Gil. Lembro-me de ele bater uma minúscula carreira de pó cinza, e nós a cheiramos. Senti uma adrenalina que nunca havia sentido antes e pensei *Nossa, isso é tão bom, tão relaxante, ahh, não preciso pensar em nada*, e foi muito agradável e prazeroso. Não havia nada melhor do que heroína para aqueles momentos em que eu queria apagar partes da minha vida ou para quando estava deprimida — nada.

O Max's Kansas City era o lugar para ser visto. Era uma época fabulosa em Nova York, com criatividade e personagens intermináveis, e parecia que a maior parte de Downtown ia parar no Max's. Eu trabalhava no turno das 16h à meia-noite e, outras vezes, das 19h30 até fechar. James Rado e Gerome Ragni ficavam todas as tardes no salão dos fundos escrevendo o musical *Hair*. Pouco a pouco, conforme o dia virava noite, o público ficava mais agitado e mais louco. Andy Warhol sempre aparecia com seu pessoal e dominava o salão dos fundos. Vi Gerard Malanga e Ultra Violet, que fora amante de Salvador Dalí e agora era a superestrela de Warhol; Viva, outra superestrela de Warhol; Candy

Darling, uma deslumbrante atriz transgênero; Jackie Curtis e suas extravagâncias; Taylor Mead; Eric Emerson; Holly Woodlawn; e muitos outros. Não importava o que estivesse fazendo, era impossível não parar e admirar Candy. Edie Sedgwick e Jane Forth, outras das "It Girls" da Factory, apareciam de vez em quando.

Também havia as estrelas de Hollywood — James Coburn, Jane Fonda. E as estrelas do rock — Steve Winwood, Jimi Hendrix, Janis Joplin (que era um amor e dava ótimas gorjetas) —, muitas delas. Servi o jantar para o pessoal do Jefferson Airplane dois dias antes de eles irem para Woodstock.

E havia o Sr. Miles Davis. Ele se sentou em uma baqueta na parte externa no andar de cima, como um rei negro. De jeito nenhum ele saberia que aquela garçonetezinha branca também fazia música — e, naquele momento, talvez nem ela soubesse ainda...

Por que colocaram ele justo na minha seção — que não era apenas distante, mas muito distante? Daquele lugar não dava para ver o que, tarde da noite, costumava virar um palco. As mesas encostadas na parede eram ligeiramente erguidas, formando uma plataforma baixa. Ele estava acompanhado de uma deslumbrante mulher branca, loira, se não me engano.

Cheguei à mesa deles usando minissaia e avental pretos, camiseta e longos cabelos hippies ao natural, mancando por causa de um terrível ferimento infeccionado no pé. A bolha e o talho no calcanhar eram tão dolorosos que precisei usar tamancos bregas, que eram péssimos para trabalhar — mas eu era jovem, então isso não importava.

Eles queriam bebidas? Ela falou; ele ficou calado, parado, com uma calma absoluta, estatuesco, com aquela pele de ébano brilhando levemente sob a diminuta luz vermelha do salão dos fundos do andar superior. Ele tinha luz própria, irradiava, reluzia, vivaz com seus pensamentos. Eles queriam comer? Ele permaneceu calado, enquanto ela fez o pedido para os dois. Não sei se ele jantou, não tive coragem de vê-lo mastigar, mas o vi se inclinar como se fosse dar uma mordida em seu bife.

Mais ou menos nesse momento, o lugar começou a ficar cheio e precisei continuar mancando pelo restaurante — e não pude desfrutar da cena de Miles jantando em uma mesa para dois no andar superior do Max's. Por que diabos o colocaram ali, eu nunca vou saber.

Todas aquelas pessoas faziam, à sua própria maneira, o que eu sonhava e tinha ido fazer ali — e eu estava servindo-lhes. Era frustrante, mas oportuno, de certa forma, porque eu era frágil naquela época, provavelmente hipersensível a críticas, e acho que isso ajudou a me fortalecer. Era um trabalho fisicamente pesado, e alguns dias eram mais difíceis que outros, mas acho que, de forma geral, foi uma das melhores épocas da minha vida. Era muito empolgante.

Mas o Max's era muito mais do que apenas servir comida ou drinques; havia muito flerte, era uma cena incrível. Todo mundo que frequentava estava de olho em alguém. Em uma noite, dei uns amassos em Eric Emerson na cabine telefônica do andar superior. Meu encontro de uma hora com o mestre do jogo. Eric era uma das superestrelas de Warhol, e ele era impressionante: um músico no corpo musculoso de um dançarino. Depois de vê-lo dançar e saltar no palco do Electric Circus, Warhol o escalou para o filme *Chelsea Girls*. Eu era uma das várias pessoas que tinham um caso com Eric. Ele era uma obra de arte humana; tinha uma energia muito intensa, era destemido e teve mais filhos do que ele próprio conseguia acompanhar. E vivia chapado.

Todo mundo na cena usava drogas. As coisas eram assim naquele período; fazia parte da vida social, parte do processo criativo, era chique, divertido, e as drogas estavam *disponíveis*. Ninguém pensava nas consequências; não lembro se algum de nós até mesmo as conhecia. Pode soar estranho, afinal, estou falando sobre drogas, mas era uma época mais ingênua. Ninguém fazia estudos científicos e nem abria clínicas de reabilitação; se você quisesse usar drogas, usava, e se as usasse e entrasse em paranoia ou passasse mal, estava por conta própria. A curiosidade também era um fator importante — as drogas eram uma outra coisa nova para experimentar.

Houve um cara, Jerry Dorf, que veio uma vez ao Max's — era fim de tarde. Ele era mais velho, muito bonitão, e havia várias garotas lindas em torno dele. Ele flertou feito louco comigo. Acho que reclamei de trabalhar no Max's quando conseguimos conversar, então ele disse: "Por que você não vem comigo para a Califórnia? Você pode ficar na minha casa em Bel Air." Rá! Outro homem querendo que eu largasse tudo e fosse com ele para a Califórnia. "Ah, não", respondi, "Acho que não". Naquela época, eu tinha uma cítara e estava estudando um pouco com meu professor, Dr. Singh. Mas Jerry e eu começamos a ter um caso. Ele tinha grana e me comprou algumas roupas da Gucci. "Você precisa se vestir bem para viajar", argumentou.

Larguei meu emprego no Max's repentinamente — algo pelo qual Mickey Ruskin nunca me perdoou; ele ficou muito puto comigo porque eu havia me tornado uma de suas melhores garçonetes — e fui com Jerry. Fiquei na casa dele, mas nunca me senti confortável. Durou menos de um mês, mas pareceu uma eternidade. Então, a namorada de Jerry descobriu que eu estava morando lá. Ela havia fugido com uma banda de rock, a Flying Burrito Brothers, e estava morando com eles no deserto, mas voltou correndo para casa. Então, fui levada para o Hotel Bel-Air. Era bom, mas solitário. Hoje em dia, conheço muitas pessoas em Los Angeles, mas, naquela época, não conhecia ninguém. Eu disse para Jerry: "Me ponha em um avião, quero voltar para casa." Em Nova York, voltei com Gil e fui ao Max's pedir um emprego para Mickey. "De jeito nenhum", respondeu ele. Foi quando me tornei uma coelhinha da Playboy.

Anos antes, meus pais tinham um amigo, o Sr. Whipple, um empresário bonitão que viajava muito e nos entretinha com histórias loucas sobre os lugares onde havia estado. Ele falou dos Playboy Clubs e pintou essa maravilhosa imagem das coelhinhas e do quanto tudo aquilo era exótico. Parecia muito glamouroso. Aí é que a ideia foi plantada na minha cabeça. Decidi tentar ser uma coelhinha. Havia todo um ritual. Primeiro, você conhecia a Coelhinha Mãe — era uma chinesa chamada J. D., muito pragmática; ela estava ali há muito tempo. Depois da entrevista, você voltava para outra entrevista com os executivos e participava de uma série de reuniões. Não era necessário vestir a fantasia; eles a olhavam e decidiam imediatamente se você servia ou não. Depois, havia um período de treinamento de algumas semanas — e tinha muito treinamento envolvido. Você precisava aprender sobre todas as bebidas, todos os drinques, como carregar a bandeja, como servir com precisão. Tudo era muito complicado.

Ser coelhinha não era nada parecido com o que você está pensando. Era trabalho pesado, mais pesado do que no Max's, e os clientes eram majoritariamente empresários engravatados. Os membros do clube tinham que se comportar e sempre havia uma equipe para dar um basta em qualquer coisa inapropriada. Éramos muito bem tratadas, mas era só mais um trabalho, e nem era tão divertido quanto o anterior. Conheci apenas uma pessoa famosa: estava trabalhando no bar, no andar inferior — ainda não tinha sido promovida para os salões, onde o entretenimento de fato acontecia. Dois homens chegaram e se sentaram em uma mesa na minha seção. Eu não parava de olhar para um deles, pensando: *De onde o conheço?* Por fim, apenas falei: "Seu rosto não me é estranho." E ele respondeu: "Ah, sou o Gorgeous George." O lutador! Como disse antes, fui uma fã apaixonada de luta livre na infância, e Gorgeous George era um dos meus favoritos. Eu lhe disse que era maravilhoso conhecê-lo e que o vi na TV muitas vezes. E foi isso; ele voltou para a conversa dele. Mas foi mesmo um grande prazer conhecer Gorgeous George.

Durei oito ou nove meses no Playboy Club, mais ou menos o mesmo tempo que no Max's, aí devolvi o espartilho, o colarinho, as orelhas e o rabo — eles não deixam você ficar com a fantasia. E foi isso. Gil estava trabalhando com Larry Harlow, um líder de banda latino, e, com a fama de Jerry Weiss, do Blood, Sweat and Tears, eles começaram uma banda chamada Ambergris. A Paramount Records lhes deu dinheiro e os colocou em uma casa em Fleischmanns, no estado de Nova York, perto de Woodstock. Eles ficaram meses por lá, escrevendo, ensaiando e se preparando para gravar um disco. A arte da capa era muito legal — uma majestosa cabeça vermelho-vivo de um galo. Lá no fundo, eu pensava: *Ah, talvez eu cante nele*. Estava praticando em segredo; colocava fones de ouvido e treinava como mudar minha voz e expressão. Mas não ia rolar: eram só homens. De fato, o vocal ficou com Jimmy Maelen, mais conhecido por seu trabalho de percussão de primeira linha com todo mundo, incluindo Madonna, John Lennon, David Bowie, Alice Cooper, Mick Jagger, Michael Jackson e a lista continua...

Eu estava em Nova York há quase cinco anos e sentia que minha vida, ou alguma coisa, tinha chegado a um beco sem saída. O mesmo parecia estar acontecendo com muitas pessoas naquela época. Em algum momento, me vi fora de compasso comigo e com tudo, instável, perdendo a calma, chorando sem motivo. E estava muito cansada de ter que me reconectar. Uma amiga minha, Virgina Lust (a estrela de *Fly*, filme de Yoko Ono), estava morando em Phoenicia, em Nova York. Ela estava grávida do primeiro filho, e fui lhe fazer companhia por quatro meses. Depois, voltei para a casa dos meus pais em Nova Jersey. Eles estavam se mudando para Cooperstown, também no estado de Nova York. Já disse antes que minha mãe era fanática por beisebol, então não foi surpresa que ela tenha escolhido morar perto do Baseball Hall of Fame, mas ainda assim achei graça. Ajudei na mudança e fiquei com eles por uns meses. Então, voltei para Nova Jersey e me mudei para uma pensão. Consegui um emprego em uma academia e comecei a sair com um cara que era pintor de paredes. Uma vida normal.

LUZES

Mick Rock, 1978.

DEPOIS DE ME ENVIAR TODA A MINHA COLEÇÃO DE FAN ARTS digitalizada, Rob Roth voltou para Nova York em sua caminhonete branca. Antes ele do que eu naquele dia — estou ficando cansada das minhas constantes viagens para lá. Fizemos o melhor possível para reproduzir e organizar os desenhos e pinturas que acumulei em todos esses anos sendo a Blondie e estando no Blondie. Eu não tinha nenhum motivo real para guardar tudo isso, mas não conseguia apenas deixá-los de lado. Em grande parte, guardei todos simplesmente porque gosto deles. Os adoráveis e perspicazes desenhos, pinturas, mosaicos, bonecas, camisetas feitas à mão (das quais só resta uma) viajaram comigo em turnês pelo mundo, sofrendo com voos atrasados, mau tempo e sobrevivendo como eu: um pouco puídos nos cantos, mas ainda intactos.

Eu me mudei dez ou onze vezes ao longo dos anos e fico impressionada por ter conseguido manter essa coleção durante todo esse tempo. Meus arquivos ficaram guardados por um período no estúdio no porão de Chris em Tribeca, onde conseguiram sobreviver a uma grande enchente do rio Hudson, seguida da destruição das Torres Gêmeas, que ficavam a apenas duas quadras de distância. E agora que estou escrevendo minhas memórias desde a infância, passando pelos anos de Blondie e chegando quase até o presente, fico ainda mais impressionada.

Sei que algumas obras desapareceram pelo caminho e espero que mais surjam conforme abro caixas, arquivos e coisas do tipo. Meus métodos de conservação às vezes eram meio "guarde tudo como conseguir", então as coisas costumam aparecer em lugares inesperados, como uma coleção de festas surpresas — o que sempre é bom para me fazer rir. Por muitos anos, não viajei com malas tipo baú, o que nos últimos tempos tem sido a forma mais adequada de manter esses artefatos intactos e seguros. Às vezes, eu até me perguntava por que guardava todas essas coisas, mas guardei mesmo assim. Agora, essa coleção de fan arts agrega significado ao título do livro, *Face a Face... (cont.)*

High Times
June '77
$1.75
Captain Crunch:
King of the
Phone Phreaks
ALBERT
GOLDMAN
EATS HASH
MURDER AT
ELAINE'S
Original
Mystery Serial
DOPE
MANNERS
Were You Raised
in a Barn?
Guide to
Psychedelic Cacti
Furry Freak Bros.
Look-Alike Contest
Swimsuits for
the Nude Beach
YIPPIE
DANA BEAL
On Not Having
Nixon to
Kick Around
BLONDIE
The Marilyn
Monroe
of Punk
Rock

All About Blondie

Blondie

By: Luca Petrecca

LE BLEU
COMA-ONE

MERCURY
From
$5
A DAY
NEW
CARS
From
¢
MILE
PARK
Heather

Kathy Wydner '81

4

CANTANDO PARA UMA SILHUETA

Coincidências... As coincidências correram soltas para mim no início dos anos 1970. Coincidências: deveriam ser apenas aqueles eventos aleatórios e não conectados que se encontram ou se chocam. Mas não se trata de nada disso. São aquelas coisas que eram para ser; coisas que deveriam se juntar, como por alguma força magnética extraterrestre. Coisas que se conectam e se entrelaçam, e depois seguem para formar combinações nunca antes imaginadas. Pequenas mudanças que se transformam em uma nova dinâmica — como se a coincidência e o caos dessem à luz uma nova criação. Coincidências: as "intervenções divinas" que nos impulsionam a fazer acontecer o que deveria acontecer desde sempre...

Mil novecentos e setenta e dois. Eu ainda estava em Nova Jersey, morando com o Sr. C, o pintor de paredes, mas dirigia até Nova York pelo bem da minha vida social. Sentia falta da cena de Downtown, da qual abrira mão por um tempo. Assistir às bandas era uma boa forma de conhecer pessoas e fazer contatos. Uma das minhas coisas favoritas era ver os New York Dolls. Era muito empolgante assisti-los; eles eram uma banda de rock de verdade. Suas influências eram Marc Bolan, Eddie Cochran, além de muitas outras, e eles eram a cara de Nova York. Todos héteros, mas se montavam de drag em uma época em que a polícia ainda fazia batidas em bares gays. Eles eram esfarrapados, obscenos, desinibidos, afetados e altivos, com seus tutus, suas roupas de couro, seus batons e saltos altos.

Eu os vi pela primeira vez no Mercer Arts Center. Era um lugar labiríntico com muitos ambientes diferentes, construído para ser um anexo do antigo, negligenciado e destruído Brodway Central Hotel. Ele abriu no final de 1971 e fechou menos de dois anos depois, quando o hotel desabou de verdade, levando o centro artístico consigo. Mas, nesse curto período, ele teve sua própria cena, que era divertida, interessante e influente. Eric Emerson costumava tocar lá com sua banda, a Magic Tramps, que foi a primeira banda glitter de Nova York, muito empolgante do ponto de vista visual. Seu roadie e baixista ocasional, que foi colega de quarto de Eric por um tempo, era um jovem do Brooklyn chamado Chris Stein. Mas ainda não tínhamos nos conhecido.

Eu tinha uma queda enorme por David Johansen, que eu achava fantástico. Dormi com ele uma vez. Ele dividia o apartamento com Diane Podlewski, que sempre ia ao Max's depois da meia-noite. Eles tinham o visual mais interessante de todos e sempre chamavam a atenção; eram deslumbrantes. Estas eram as criaturas da noite e elas me fascinavam.

Não lembro como, mas me tornei amiga dos Dolls. Como quase ninguém daquela parte da cidade tinha carro, às vezes eu os levava por aí. Lembro-me de uma vez que a banda queria encontrar o diretor de A&R [Artistas e Repertório] da Paramount, Marty Thau, que morava mais ao norte do estado, mas não tinha como chegar lá. Meu pai tinha um enorme Buick Century turquesa, então eu o peguei emprestado — aquele barco com rodas... Levei todos os inte-

mas, ó
o garoto mordido
nenhum motivo de graça
luta para exercer
seu juízo antes que ele se disperse
na névoa
na estrutura submersa
dos pensamentos perdidos
como se para lamber suas feridas
querido garoto
a consequência dos desejos
como se um monstro
comesse-o por dentro
a bocadas
consuma agora o engodo envenenado
e em acessos de indigestão
o sabor é revelado

but oh
the bitten boy
no laughing matter
fights to employ
his wits before they scatter
to the mists
to the scuttles structure
of lost thoughts
as if to lick his wounds
dear boy
the consequence of fevers
as if a monster
eats him from within
by mouthfuls
consume now the poisoned bait
and fits of indigestion
deliver the taste

grantes da banda e as namoradas de alguns deles — todos eram tão magros que conseguimos espremer seis pessoas atrás e mais quatro na frente.

Bem, o carro quebrou. Meu pai tinha me avisado para não usar o ar-condicionado, pois o regulador do alternador não estava funcionando. Mas o calor estava escaldante. Então, liguei o ar-condicionado e o carro morreu. Lá estávamos nós, parados no acostamento — não existiam celulares naquela época — quando a polícia apareceu. Quando os policiais nos viram, com aqueles cabelos, maquiagens e roupas, não disseram uma palavra. O carro precisou ser rebocado e consertado. Não sei como paguei, porque não tinha nenhum dinheiro e nem cartão de crédito. Mas, de alguma forma, fizemos o carro funcionar novamente e consegui levá-los à reunião com Marty.

Aquela viagem valeu todo o perrengue. Pouco depois, Marty saiu da Paramount e se tornou empresário do Dolls.

O Sr. C não gostou nem um pouco do meu sumiço para Nova York. Ele era uma das muitas pessoas que tinham medo de ir até lá naquela época. A impressão de Nova York era a de que era suja e perigosa, cheia de áreas proibidas e criminalidade desenfreada. Houve uma enorme fuga branca para os subúrbios. A Times Square pertencia a traficantes e prostitutas; o Central Park era cheio de lixo e infestado de assaltantes e ratos; a cidade não podia pagar seus trabalhadores. Ninguém que tivesse dinheiro se aventurava depois da Fourteenth Street. No entanto, o lado bom era que todos aqueles prédios abandonados se tornaram um imã para artistas, músicos e esquisitões. Mas acho que o que mais irritou o Sr. C quanto às minhas idas a Nova York foi que eu não estava sob o controle dele.

Não me lembro exatamente de como o conheci — talvez tenha sido na academia onde eu trabalhava. Eu morava em um quarto em uma pequena pensão, e ele disse que poderia me ajudar a conseguir um apartamento no condomínio perto de onde trabalhava. Ele tinha seu próprio negócio de pintura de edifícios e dois funcionários. Apresentou-me ao pessoal do escritório e aluguei o apartamento. Era bom: não era chique, mas tinha três cômodos e um banheiro completo. Ficava no térreo e tinha janelas de correr que davam para um pequeno estacionamento circundado por árvores. Eu amo janelas de correr. Foi meio por causa desse episódio que nos tornamos amigos e começamos a sair. Às vezes eu ficava na casa dele, mas as coisas ficaram estranhas bem rápido. Acho que ele fora mal tratado por outras namoradas, então era extremamente possessivo e paranoico.

Todos os domingos eu ia a Paterson visitar minha avó paterna. Ela morava sozinha, agora que os dois filhos, meu pai e meu tio, haviam se mudado para tão longe. Meus outros avós já tinham morrido, então achei que deveria visitá-la com frequência. Em um domingo desses, o Sr. C me seguiu — sem acreditar que eu realmente ia ver minha avó. Ele invadiu a casa e lá estava ela, uma senhora de 89 anos muito educada, dizendo: "Ah, Debbie, tem alguém aqui querendo ver você." Ele se sentou por um tempo, aí se desculpou e foi embora. Depois, me disse: "Você é uma boa menina, Debbie, uma boa menina." Quem era esse babaca? Para mim, aquilo foi o fim. Terminei com ele. Tentei ser gentil, mas não deu certo. Ele me ligava dia e noite, a qualquer hora, em casa e no trabalho. Ia ao Ricky and Johnny's, o salão onde eu trabalhava, para me xingar e ameaçar; me seguia até em casa quando eu saía. Ele era um homem violento e virulento, com um temperamento explosivo. E possuía armas. Eu passava noites em claro, estava tensa e meus nervos estavam em frangalhos. Então, dirigia até Nova York para ver os Dolls porque eles eram sexy, agradáveis e divertidos.

Agora percebo que o que me atraía tanto naqueles shows era que eu queria ser como eles. Na verdade, queria *ser* eles, só não sabia bem como fazer isso. Naquela época, não havia nenhuma mulher fazendo o que eu queria fazer. *Havia* mulheres, é claro — Ruby Lynn Reyner, Cherry Vanilla, Patti Smith (que então só fazia poesia) —, mas, em geral, não havia mulheres liderando bandas de rock.

Uma noite, fui ver os Dolls tocando no andar de cima do Max's e havia uma moça encurvada sobre uma das mesas. O nome dela era Elda Gentile. Ela tinha um filho com Eric Emerson e morou com Sylvain Sylvain, dos Dolls, por um tempo (a cena era um pouco incestuosa). Elda contou que tinha um grupo — não era uma "banda", ela insistia que era um "grupo" — chamado Pure Garbage, junto com Holly Woodlawn. Holly era outra das superestrelas de Warhol, uma glamourosa atriz transgênero de Porto Rico. Ela estrelara o filme *Trash*, com Diane Podlewski e Joe Dallesandro, e substituíra Candy Darling na peça *Vain Victory*, de Jackie Curtis. Holly, Candy e Jackie tiveram papéis importantes na música "Walk on the Wild Side", de Lou Reed.

Elas eram arte viva, o que parecia ser o conceito da época. Originalmente rejeitadas, as Holly Woodlawns, Jackie Curtises e Candy Darlings estavam começando a pôr as garras para além do submundo, assim como toda a cena gay/trans. No centro estava Andy Warhol, fazendo todos aqueles filmes fantásticos com Paul Morrissey. Além disso, havia Divine produzindo suas peças off-Brodway; teatro underground, como o Teatro do Ridículo;[1] e The Cockettes, com Sylvester e The Angels of Light, surgindo de São Francisco. Todas essas coisas pipocando ao mesmo tempo — tudo interconectado e produzindo todos os tipos de combinações criativas.

Fiquei muito curiosa para ver o grupo de Elda, então peguei o número dela. Mais ou menos uma semana depois, liguei para perguntar quando elas iam tocar de novo. Ela respondeu: "A gente se

[1] O Teatro do Ridículo foi um gênero teatral fundado na década de 1960 em Nova York por John Vaccaro e Ronald Tavel, que estrelava atores e atrizes gays, trans e drag queens em suas produções e teve muita influência na cultura dos anos 1970, como no glam rock, na música disco e em musicais como *The Rocky Horror Picture Show*. (N. da T.)

Amanda, Elda e eu... Stillettoes.

separou." Vi minha oportunidade e propus: "Ah. Bom, vamos formar outro grupo", e ela replicou: "Tá bom, eu ligo para você." Esperei um pouco e liguei novamente, e dessa vez ela disse: "Bem, conheço outra moça, Roseanne Ross, ela deve estar livre, e nós podemos formar um trio." "Ótimo", respondi.

Comecei a ir e voltar de Nova York para ensaiar, e as Stillettoes começaram a ganhar forma: três vocalistas femininas e uma banda de apoio toda masculina. Musicalmente, era uma miscelânea, meio musical extravagante, meio *girl group*, um pouco R&B e um pouco glitter rock — todas nós éramos loucas pelos Dolls. Também tínhamos personalidades muito diferentes. Roseanne, que gostava de blues e R&B, era uma italiana do Queens, lésbica e feminista, e tinha muita raiva de como as mulheres eram tratadas. Elda, que gostava de cabaret, tinha uma personalidade intensa, espalhafatosa e explosiva de uma maneira selvática. Eu curtia mais rock mesmo e só Deus sabe quem eu era naquele momento, mas estava determinada a descobrir. E, nessa mesma época, eu estava vivendo aquele pesadelo por causa do meu assediador e seu bombardeio de ligações sem fim.

Uma noite, voltei para meu apartamento quando saí do salão e notei que havia algo estranho com as porcarias das janelas de correr. As corrediças e as trancas estavam todas quebradas, então não dava para fechar ou trancar as janelas. Achei que alguém poderia ter invadido, mas não senti falta de nada. De alguma forma, consegui fechar e trancar aquelas malditas janelas — era necessário, já que eu estava no térreo — e me assegurei de que todas as outras estavam trancadas também. Fiquei tensa e apreensiva, mas, depois de me acalmar um pouco, fui para o quarto assistir à TV.

Naquela noite, o Sr. C quebrou a janela e invadiu meu quarto tão rápido que não consegui pular da cama e nem ligar para a polícia. Seu rosto estava vermelho e ele tinha um sorriso perverso e distorcido quando entrou. Parecia uma daquelas máscaras japonesas, com presas expostas e olhos salientes, e carregava uma arma... Meu coração disparou — mas o tempo paralisou. Senti como se o quarto estivesse suspenso em algo denso; o tempo havia congelado. Ele sacudia o revolver na minha frente e gritava: "Onde está ele, Debbie? Onde está ele?", e eu respondia: "Não tem ninguém aqui." Ele escancarou a porta do armário com tanta força que uma das dobradiças voou; percorreu enfurecido os outros cômodos, procurando o "outro homem". Como não encontrou ninguém, voltou para o quarto. Ele me bateu algumas vezes, o que me deixou muito assustada, e se sentou na cama por mais ou menos uma hora, com as pernas encolhidas e um ar ameaçador. A certa altura, ele enfiou a arma na minha bochecha e tentou me penetrar. Suas ameaças haviam se tornado reais.

Quando finalmente foi embora, resmungou que consertaria as janelas no dia seguinte. Eu sabia que tinha que fugir, e rápido. Estava ensaiando com as Stillettoes havia mais ou menos um mês, e Roseanne dissera que havia um apartamento vago em cima do dela, na Thompson Street, em Little Italy. Eu o aluguei e dei o fora de Nova Jersey, pela segunda vez na vida. Mantive meu emprego no Ricky and Johnny's e viajava todos os dias de Nova York até lá. Mas o Sr. C continuava ligando para o salão, mantendo a linha ocupada, ou aparecendo pessoalmente e me atormentando tanto que Ricky, meu chefe, que me conhecia desde o colegial, avisou: "Olha, se você não o fizer parar, vai ter que sair daqui."

Um dia, o Sr. C encontrou uma das minhas contas de telefone com minhas ligações para Nova York listadas. Ele começou a ligar para Elda, para a banda e para todos os meus amigos, ameaçando-os a fim de fazê-los dizer onde eu estava. Fui à polícia em Nova Jersey e disse que estava sendo perseguida e ameaçada. Disse também que ele havia roubado minha correspondência, o que eu achava que era crime federal. A polícia respondeu que não poderia fazer nada até que ele me agredisse e eu desse queixa. Aquele pesadelo não tinha fim.

O Bobern Bar and Grill — batizado em homenagem aos donos, Bob e Bernie — era uma espelunca na West Twenty-Eighth Street, entre a Sixth e a Seventh Avenue, na parte de Manhattan onde havia mercados atacadistas de flores. Durante o dia, o bairro era cheio de caminhões e vans, mas, depois das 18h, virava uma cidade fantasma, povoada apenas pelos marginalizados: aspirantes a pintores, atores e designers que haviam se instalado nos lofts "comerciais", acima dos refrigeradores cheios de flores. Uma pequena incubadora de criatividade. A única desvantagem de morar ali eram as entregas às 4h. Aquelas enormes carretas mantinham os motores ligados para que a carga permanecesse refrigerada. Como os caminhões de lixo, elas trepidavam ruidosamente e jogavam fumaça de diesel em todos os arredores.

Elda morava com o filho, Branch, e Holly Woodlawn em um daqueles lofts. Nós ensaiávamos lá e, às vezes, apenas brigávamos; não é fácil formar um grupo. Roseanne saiu e foi substituída por Amanda Jones. Nossa banda de apoio mudava o tempo todo, dependendo de quem estivesse disponível: Tommy e Jimmy Wynbrandt, do Miamis; Young Blood, do Magic Tramps; Marky Ramone; e Timothy Jackson, que tinha cabelos loiros cacheados, se autointitulava Tot e sempre maquiava os olhos com o olho de Hórus egípcio.

Finalmente, conseguimos nos organizar e tocar no Bobern. Na verdade, foi mais uma festa com uma entrada muito barata vendida na porta, porque todo mundo que apareceu foi convidado e se conhecia. Tocamos no fundo do bar, onde ficava a mesa de sinuca. Holly Woodlawn fez a iluminação, de pé e segurando um refletor com uma gelatina vermelha o mais alto que conseguia. Não sei quantas pessoas cabiam ali, talvez entre trinta e cinquenta, mas fiquei tensa, com medo do palco; não conseguia ver ninguém na plateia. Porém, havia um cara cujo rosto estava na sombra, a luz batendo na parte de trás da cabeça. Por alguma razão, fiquei totalmente confortável dedicando todas as minhas músicas para aquela pessoa na semiescuridão. Eu não conseguia vê-lo, mas conseguia senti-lo no ambiente, olhando para mim. Parece loucura cantar para uma silhueta, mas eu não conseguia olhar para nenhum outro lugar; ele me atraía como um imã, uma conexão muito psíquica.

Depois do show, nós, as três vocalistas, fomos para o "camarim" na escadaria para relaxar um pouco, e foi lá que conheci Chris. Elda o havia convidado, e ele estava lá com a namorada, Elvira, que já tinha saído com Billy Murcia, o baterista original do Dolls. Chris tinha os cabelos longos, usava lápis de olho e tinha um tipo de glamour esfarrapado, uma mistura da época glitter dos homens, com maquiagem e lycra, e cheirava a patchouli. A namorada dele tinha mais ou menos o mesmo estilo, mas usava um vestido longo. Eu provavelmente parecia vinda de um coquetel chique no subúrbio, com um longo suéter de malha prateado com gola V, saia branca e cabelos castanhos com corte pixie. Mas estava muito escuro na escadaria, e, na maior parte do tempo, apenas olhei para aqueles olhos incríveis.

Pouco depois — Chris conta que foi no dia seguinte —, precisamos substituir alguém de nossa banda de apoio, e ele entrou como baixista. E ficou. Este foi o início de nossa relação musical e de nossa amizade. Eu adorava o jeito que ele tocava, se movia e sua aparência. Ele era muito tranquilo; nós ríamos das mesmas coisas e nos divertíamos juntos; ele não era machão nem possessivo. Mas, primeiro, nos tornamos amigos; não nos apressamos. Depois da minha última experiência, eu estava determinada a ser independente. Como meu pai dizia quando eu morava na casa dele: "Você é independente demais." Ainda era, mas agora estava disposta a permanecer assim.

O Sr. C ainda não tinha desistido. Ele era muito agressivo. Acho que todos os assediadores são agressivos por natureza, mas o Sr. C era muito bom nisso: me perseguia incansavelmente, ligando para todo mundo que eu conhecia. Eu estava mais exausta do que assustada. Então, uma noite, quando eu estava no apartamento de Chris entre a First Street e a First Avenue, o telefone dele tocou. Era o Sr. C. Chris atendeu e falou duro — não lembro o que ele disse, mas, assim que o Sr. C ouviu aquela voz masculina, parou de me ligar. Naquela época, Chris e eu ainda não tínhamos ficado juntos, mas logo depois ficamos. Acabamos permanecendo juntos por treze anos. Eu não achava que isso era possível, mas foi muito fácil.

As Stillettoes tinham um diretor, Tony Ingrassia. Bandas geralmente não têm diretor cênico, mas nós tínhamos. Tony era um diretor de teatro underground e também de fora da cena, além de ator e roteirista. Ele encenou *Pork*, de Andy Warhol, e escreveu e dirigiu *Fame*, na Broadway. Ele tinha conexões com a MainMan, empresa que gerenciava David Bowie, englobava vários gêneros e era muito à frente de seu tempo. Tony fez uma versão de uma peça de Jackie Curtis, *Vain Victory*, da qual Elda e eu participamos, e talvez Elda tenha participado de outra coisa que Tony fez. Coincidentemente, ele morava no último andar do prédio em que Roseanne havia me arranjado um apartamento, na Thompson Street, em Little Italy.

Como ele e Roseanne eram amigos, acho que Tony ficou curioso sobre o que estávamos fazendo, e talvez tenha se convidado para um ensaio. Quando nos demos conta, ele era nosso diretor musical, coordenador de imagem, coreógrafo e muito mais. Tony insistia em nossa atenção e dedicação total. Ele nos ensaiava como se fôssemos alunas malcomportadas de algum colégio católico. Um verdadeiro feitor, o chicote corria solto.

Tony acreditava e era defensor do Método de Interpretação para o Ator. O Método — usado por alguns de meus atores favoritos, como Shelley Winters, Marlon Brando, James Dean, Julie Harris, Robert De Niro, Meryl Streep, Kate Winslet, Johnny Depp e Daniel Day-Lewis, só para citar alguns — exigia conexão emocional e intelectual do ator, não apenas uma recitação técnica. Nossas sessões

Joan Jett e eu. As garotas originais do submundo.

com Tony às vezes eram torturantes, porque ele nos forçava a repetir uma música várias vezes. Era duro para as cordas vocais, mas nos impulsionava a *entregar* os sentimentos em uma letra, como Brando gritando "STELLA!!!". Era isso que ele queria, e nós trabalhávamos pesado para dar isso a ele.

Hoje, estou convencida de que ser treinada como cantora pelo Método foi a melhor coisa que poderia ter me acontecido — e valeu todo o esforço vocal. Quando se canta uma música de outra pessoa, o Método leva você além de uma performance estritamente técnica. A técnica, apesar de importante, só nos leva até certo ponto. O Método ajuda a transcendê-la. A personalidade notória de Tony nos entretinha continuamente, e ele nos ofereceu muitas coisas importantes. Tony, uma pessoa extraordinária em todos os sentidos, morreu de parada cardíaca aos 51 anos. Onde quer que esteja, Tony, amo você.

Fizemos vários shows locais em bares por Downtown, todos muito pequenos. Não ganhamos dinheiro, mas era muito divertido. Fazíamos vários covers diferentes e tínhamos algumas músicas próprias, com letras cafonas que Elda escreveu — "Dracula, What Did You Do to My Mother?" e "Wednesday Panties". Tínhamos os equipamentos mais acabados e as plateias mais loucas e descoladas. Eram parte do pessoal de Holly e todas as pessoas que Eric Emerson conhecia — todos da cena. Tocamos no Club 82, o famoso bar drag na East Fourth Street, entre a Second Avenue e o Bowery. Ele era gerido por Butch e Tommy, um casal de lésbicas, mas ainda tinha aquele glamour do submundo proveniente dos anos 1950, quando havia rumores de que era comandado pela Máfia e frequentado por todas as celebridades. Havia muita madeira escura, cabines, paredes espelhadas e fotos 20x25 em preto e branco de Abbott, Costello e outras pessoas da galeria de vigaristas do showbiz. Lembro-me de David Bowie aparecer em um de nossos shows com sua esposa, Angie.

Abrimos para o Television no CBGB's. Marty Thau, empresário do Dolls, estava lá em uma daquelas noites e disse para alguém que estava impressionado com a minha aparência, mas que eu parecia quieta no palco. Meu papel no grupo era ser aquela relativamente moderada e acalmar as coisas, o que, acho, me fazia parecer "quieta" no palco. Essa foi uma das coisas que aprendi a deixar para trás com o tempo. Mas, como na maioria das bandas, uma hora chega aquele ponto crítico de discordância que não pode ser resolvido. Chris e eu saímos das Stillettoes. Eu ainda queria fazer o que os Dolls estavam fazendo, mas não teria conseguido sem Chris. Criamos uma parceria respeitosa, confiável e espiritual, e uma ótima compreensão um do outro. Tínhamos gostos parecidos e, quando diferiam, geralmente encontrávamos um caminho para uni-los de forma criativa.

Quando saímos da banda, Fred Smith e Billy O'Connor, o baixista e o baterista, vieram junto. Algumas semanas depois, fizemos nosso primeiro show como Angel and the Snake ["O Anjo e a Cobra"]. O nome veio de uma foto de uma garota com uma cobra, que Chris viu em uma revista e achou vagamente parecida comigo. Abrimos para os Ramones no CBGB's. Três semanas depois, voltamos lá com os Ramones para nosso segundo show, que também foi o último. Depois disso, viramos Blondie and the Banzai Babies.

Não lembro quem pensou em "Banzai Babies"; tanto Chris quanto eu curtíamos cultura pop japonesa. "Blondie" — bem, eu voltara a descolorir o cabelo, e os caminhoneiros gritavam: "Ei, loirinha!" ["Hey, Blondie!"]. Havia uma personagem famosa nas tirinhas dos anos 1930 chamada Blondie, uma melindrosa — a loira burra que, no final, era mais inteligente que todos. Certo, eu podia brincar com aquele papel no palco, era um bom começo. Mas não existia nenhuma grande trama por trás das coisas; nós apenas fazíamos o que gostávamos de fazer e tudo foi avançando devagar.

No início, tivemos vocalistas de apoio, Julie e Jackie; éramos as três loiras, até Jackie pintar o cabelo de castanho. Não funcionou, então trouxemos Tish e Snooky Bellomo, uma dupla que vi se apresentar no Amato Opera House, em frente ao CBGB's. Elas eram um dos atos em um show vaudeville maluco chamado Palm Casino Review, com drag queens e desajustados do teatro. Gorilla Rose e Tomata du Plenty, do Screamers, que abriu para a gente uma vez, nos apresentaram. Perguntei às garotas se elas queriam ir a um ensaio nosso e cantar conosco. Como eram irmãs, as vozes delas harmonizavam maravilhosamente, e adorei seus cabelos e roupas, então achei que poderíamos unir forças.

Tish e Snooky tinham uma loja na St. Mark's Place, entre a Second e a Third Avenues, que depois ficaria conhecida como Manic Panic. Elas compravam vestidos antigos, das décadas de 1940 e 1950, vendidos em enormes fardos de roupas que mandavam entregar, depois os espalhavam no chão para as pessoas remexerem. Ninguém tinha dinheiro, então só comprávamos roupas usadas, as mais *sexy* e escandalosas possíveis. Lembro-me de uma vez que elas chegaram com três calças de equitação que encontraram em um bazar no Bronx, que usamos no palco. Outras vezes, nos vestíamos de forma muito glam, com vestidos longos, sapatos de salto alto e estolas de pelo. Havia todo tipo de troca de figurinos e adereços.

Fazíamos um rock barulhento e meio *girl group*, com harmonias em três partes, como em "Out in the Streets", das Shangri-Las. Fizemos um cover de "Fun Fun Fun", dos Beach Boys, com as garotas usando vestidos de formatura, os quais rasgamos no final da apresentação, revelando maiôs vintage que usávamos por baixo. Fazíamos nossa própria versão rock de músicas disco, como "Lady Marmalade", de Patti Labelle. Minha ideia era tornar o rock dançante de novo. Isso era importante para mim, apenas me mover com a música, e, no início, o rock'n'roll era para dançar. Tínhamos bailes incríveis na cidadezinha onde cresci, e eu adorava frequentá-los. Se você cresceu ouvindo rádio AM, nela tocava música dançante; mas, quando apareceu a FM, não era mais tão legal dançar rock, pelo menos não em Nova York. E quase ninguém, em meados dos anos 1970, estava fazendo aquela coisa retrô que fazíamos. Colocávamos nosso próprio toque Downtown, que tornava aquilo um tipo de híbrido entre glitter-glam e punk. Chris e eu escrevemos algumas músicas: "Platinum Blonde", "Rip Her to Shreds", "Little Girl Lies", "Giant Bats from Space". Depois, os morcegos viraram formigas gigantes.[2]

Tocávamos em todos os lugares — no CBGB's, no Performance Studio, no Max's e no White's, onde eu trabalhava como barwoman. Vários empresários sérios frequentavam o White's para tomar um drinque depois do trabalho, e, uma vez, no meio de uma música, formou-se uma fila de conga e todos os engravatados participaram. Tocamos em um lugar em Uptown chamado Brandi's e conseguimos que os Ramones abrissem para nós, mas os donos do lugar os detestaram. Quando começaram "Now I Wanna Sniff Some Glue" [Agora Eu Quero Cheirar Cola, em tradução livre], eles os mandaram embora e disseram para nunca mais voltarem. Os donos do bar gostaram de nós porque éramos garotas fofas — inofensivas. Ah, tá!

Continuamos tocando e experimentando. Depois de um tempo, passamos a nos chamar apenas Blondie.

[2] A música "Giant Bats from Space" [Morcegos Gigantes do Espaço] foi lançada como "The Attack of the Giant Ants" [O Ataque das Formigas Gigantes]. (N. da T.)

5

NASCIDA PARA O PUNK

Memória, o que você fez com as épocas divertidas? De verdade, os primeiros sete anos do Blondie foram insanos. Loucura total. Mas ainda penso que deve ter havido bons momentos. Parece que só me lembro das épocas difíceis. Não consigo de jeito nenhum me lembrar das experiências engraçadas. Sempre fui tão séria assim? Quando saíamos, sei que ríamos muito. Do que estávamos rindo? Quais foram os momentos engraçados? Talvez eu tenha ficado louca e as histórias horrorosas sejam mais interessantes para mim. Tenho muito mais histórias horrorosas para contar — e vou contá-las —, mas vou tentar, com muito afinco, desenterrar alguma coisa engraçada. O começo do Blondie foi uma tempestade de emoções tão acaloradas que considero difícil achar graça. Talvez seja como o Rei da Comédia falou: você pega todas as histórias terrivelmente sérias e pavorosas e *as torna engraçadas.*

Eu estava feliz quando começamos a sair pelo Lower East Side, tão inocentes, de certa forma, apenas tentando nos arranjar. Era sempre uma viagem tocar no CBGB's. Após a saideira, todos os músicos guardavam seus instrumentos e saíam na mansidão da cidade com a noite se transformando em dia. Aquela brisa de Manhattan começando a bater, uma lufada de ar fresco. Uma noite, Chris e eu entramos de supetão em uma bodega para comprar leite e biscoitos. Depois, caminhamos tranquilamente pelos dois quarteirões até o apartamento alugado de Chris, na First Street com a First Avenue.

Quando nos aproximamos da porta da frente, um sujeito — é raro eu usar essa palavra, mas acho que, neste caso, ela se encaixa perfeitamente — chegou por trás de nós com uma faca. Ele era muito parecido com Jimi Hendrix, muito estiloso e arrumado, usando um sobretudo de couro. Seu olhar vidrado e insolente parecia muito sério. Ele queria dinheiro; o que mais ia querer? E claro, não tínhamos nada depois de gastar com o leite e os biscoitos. Chris estava com sua guitarra, uma Fender, que ele esculpira no formato de um demônio com chifres; era muito bonita, curvilínea e tinha cor de mel. A guitarra de Fred Smith, uma Gibson SG preta e vermelho escuro que Chris pegara emprestada, também estava no apartamento. "Jimi" queria mais do que tínhamos conosco e insistiu em subir junto. Ele pediu drogas e Chris respondeu que tinha um pouco de ácido no freezer. Mas aquele "Jimi" não curtia ácido e ignorou essa oferta em específico. Walter, um amigo de Chris, estava desmaiado na beliche, e nosso convidado até tentou arrancar alguma coisa dele, mas foi inútil. Walter apenas resmungou algumas palavras e rolou para o outro lado.

"Jimi" usou um par de meias-calças velhas para amarrar Chris à viga que sustentava a beliche e um lenço para amarrar meus pulsos às costas. Depois, me disse para deitar no colchão. Ele não deu a mínima para os roncos de Walter... Vasculhou o apartamento procurando qualquer coisa de valor. Ele empilhou as guitarras e a câmera de Chris, soltou minhas mãos e me disse para tirar a calça. Ele me fodeu. Em seguida, me disse: "Vá se limpar", e foi embora. "'Jimi' se retirou do prédio."

Nós estávamos tão leves depois do show daquela noite. Uma deliciosa sensação de satisfação mesclada com flerte. E aí, *bum*! Uma descarga de adrenalina e uma faca acabaram com tudo. Não posso dizer que morri de medo. Fico muito feliz de isso ter acontecido antes do surgimento da AIDS, ou eu teria surtado. No final, as guitarras roubadas me doeram mais que o estupro. Quer dizer, nós não tínhamos *nenhum* equipamento. Chris tinha um amplificador minúsculo que pegava o sinal do rádio da polícia e um monte de ruído branco. Além de outras bandas roubarem nossos músicos também. Olhando em retrospecto, parece até absurdo que tenhamos conseguido alcançar a fama.

A cena estava começando a mudar. Patti Smith e os Ramones tinham contratos de gravação e havia mais de uma gravadora farejando o Television. O Blondie havia se tornado um nome minimamente conhecido, mas ninguém da indústria musical estava atrás de nós. Chris recebia auxílio do governo, eu era bartender de biquíni no distrito financeiro, e nós vendíamos erva de vez em quando para conseguir algum dinheiro. Naquele ponto, o Blondie era um azarão; ainda estávamos muito atrás das outras bandas. Em alguns momentos, eu pensava: *Para quê? É tudo perda de tempo.* Mas tivemos um patrono por um período: o nome dele era Mark Pines, um playboy de Downtown que tinha um loft na East Eleventh Street, onde Billy O'Connor, nosso baterista, alugava um quarto. Mike nos deixava tocar no local, que tinha alguns amplificadores e vários outros equipamentos. Isso facilitou bastante a nossa vida.

Billy O'Connor era nosso baterista desde que Tot, aquele com a maquiagem do olho de Hórus, saiu das Stillettoes. Billy era um cara simpático de Pittsburgh, muito amável e tranquilo, e trouxe a própria bateria. A família dele queria que ele permanecesse na faculdade de medicina, mas, como muitos adolescentes, Billy desejava sentir a liberdade, fugir e tocar por uma vida mais significativa. Naturalmente, ele sofria muita pressão para continuar seus estudos. Estava confuso, e a bebedeira e o uso de drogas o dominaram; às vezes, ficava em um estado de semiconsciência. Por fim, ele desmaiou nos bastidores pouco antes de um show. Naquela noite, Jerry Nolan, dos Dolls, tocou conosco e nos salvou; depois disso, Billy saiu da banda para retornar à faculdade. Foi péssimo, na verdade; ele era um doce. Como aconteceu comigo, geralmente, você larga as drogas — ou não larga e não tem mais volta. Anos depois, a banda se reuniu, e sempre o víamos quando tocávamos em Pittsburgh.

Mas nós precisávamos mesmo encontrar um substituto. Colocamos um anúncio no *Village Voice*: "Procuramos baterista de rock com uma energia louca." Recebemos uma resposta maior do que a esperada: cinquenta bateristas. Fizemos audições com todos eles em um sábado, no espaço de ensaio que dividíamos com o Marbles, outra banda com a qual tocávamos de vez em quando. Como em muitos espaços comerciais, o aquecedor era desligado ao fim do dia de trabalho. O espaço ficava no 15° andar de um prédio industrial no Garment District, ocupado, em sua maioria, por peleiros e empresas que produziam produtos em couro. Todos aqueles bateristas entrando e saindo do elevador, uma grande confusão de músicos e impostores. Bom, finalmente chegamos ao 50° baterista: Clem Burke. Sério, ele foi o último teste e foi o escolhido. Era bonito e sabia tocar. Nosso carteiro de meio período favorito se tornou o novo baterista do Blondie, e o resto é história.

Uma coisa estranha que aconteceu naquele dia foi que Patti Smith apareceu por lá. Ela entrou na sala com alguém de sua banda e começou a fazer uma audição com Clem. Foi bem agressiva: depois que ele tocou, ela anunciou que ele era agitado demais, barulhento demais, em geral, tudo demais *demais*, e foi embora. Que cara de pau, aparecer em uma audição assim. Acho que ela só estava muito curiosa para saber o que estávamos fazendo; você sabe, a velha competição. Não que nós fôssemos alguma ameaça na época — ou em qualquer outro momento.

Uma noite, depois do horário comercial, quando nos era permitido fazer barulho, voltamos para nossa sala com Clem para ensaiar, mas o elevador não estava funcionando; estava parado no 9° andar, e nós precisávamos chegar ao 15°. Gritamos escadaria acima, mas não houve resposta, então tivemos que começar a subir. As escadas de

Nova York não cobrem apenas um andar. Subi escadas de prédios de seis ou sete lances em lofts e apartamentos em Downtown, durante todos os anos que vivi lá. Degraus velhos, deteriorados e rangentes, suavemente gastos por gerações de imigrantes se arrastando para serem explorados em péssimos empregos; inalando um século de sedimentos cheios de poeira em antros sem ventilação e, na maior parte, sem janelas. Aquela escadaria também não era ventilada: era escura e tinha o ar pesado de poeira — mas continuamos subindo. Clem é um cara grande e cheio de energia, mas ele detesta qualquer trabalho braçal que não seja tocar bateria. "Que droga!" era sua reclamação usual quando tinha que montar sua própria bateria ou mover instrumentos em algum bar ou ensaio. "Que droga!" "Que droga!" "Que droga!", o eco reverberava alto, andar por andar, pela gigante escadaria. Clem.

No oitavo ou nono andar, começamos a ouvir vozes e berramos para que terminassem logo e nós pudéssemos usar o elevador. Não houve resposta, então continuamos subindo, ficando mais irritados do que nunca. Ouvimos ainda mais barulhos vindos de baixo — como se estivessem movendo coisas — e começamos a gritar da escada, xingando-os por segurar o elevador. Uma voz masculina mal-educada e grossa nos xingou de volta, o perfeito clichê. Ele parecia muito sério. Suficientemente intimidados, voltamos a nos arrastar escada acima, agarrando as grades, nossos pulmões e humores em péssimo estado. No dia seguinte, descobrimos que eles *eram* sérios: eram ladrões de peles profissionais, enchendo o elevador com peles e casacos de couro, fazendo o trabalho deles enquanto tentávamos fazer o nosso.

Pega no vácuo de um túnel do tempo, repentinamente me lembrei de que também conheci Chris em outra escadaria empoeirada. O primeiro show de Clem com o Blondie também foi o último show de Fred Smith conosco. Estávamos no CBGB's tocando com o Marbles; Tom Verlaine e todo mundo estava na plateia. E então,

entre uma apresentação e outra, Fred anunciou que estava saindo da banda para entrar no Television. Fomos pegos de surpresa. Foi muito desanimador. Eu teria desistido se não fosse por Clem. Ele era muito empolgado, um verdadeiro líder de torcida. Sempre nos ligava e perguntava quando ensaiaríamos; exigia muito de nós e nos mantinha em movimento. Um dia, ele trouxe alguns amigos de Nova Jersey para o ensaio. Havia um poeta chamado Ronnie Toast, que recebeu esse apelido depois de pôr fogo no paletó do pai porque estava puto com ele — e a casa toda incendiou. Ronnie foi mandado para um hospício por um tempo. Clem também trouxe um garoto novinho e muito bonito chamado Gary Lachman. Gary era uma daquelas pessoas que pareciam ter nascido para estar em uma banda de rock. Então o colocamos no baixo, embora nunca tivesse tocado o instrumento antes — mas havia tocado guitarra. A primeira apresentação dele conosco foi outro show no CBGB's. "Lachman" virou "Valentine".

O CBGB's, na Bowery, nº 315, se tornou uma lenda, mas, naquela época, era um barzinho no térreo de um dos vários albergues que ficavam naquela avenida. Os Hells Angels viviam na Third Street, então ele se tornou um bar de motoqueiros. Em 1973, Hilly Kristal, que comandava o espaço, o batizou de CBGB/OMFUG, que significava "Country, Bluegrass, Blues and Other Music for Uplifting Gormandizers" [Country, Bluegrass, Blues e Outras Músicas para Inspirar Glutões, em tradução livre]. Hilly era um hippie grande e de fala arrastada. Aparentemente, ele tinha crescido em uma fazenda de galinhas e achou que a música country faria o maior sucesso. Quase sempre vestia camisa xadrez e tinha a barba cheia e uma cabeleira indomada. Então, decidiu dar uma chance às "bandas de rua" locais, como as chamava. Ele dizia coisas do tipo: "Esses jovens têm algo a dizer e nós devemos ouvir." O CBGB's ainda era um buraco, mas era o nosso buraco.

É espantoso ir lá agora, porque parece um outro planeta. O clube virou uma loja de roupas, de propriedade de John Varvatos, e o antigo toldo do CBGB's está no Rock and Roll Hall of Fame. John manteve o estilo do toldo original, mas agora ele é preto, e não branco. Da primeira vez que fomos lá, havia majoritariamente lojas abandonadas, albergues e uma pizzaria do outro lado da rua. Havia um beco nos fundos do clube, cheio de entulho, ratos, lixo mijado e cacos de vidro. Por dentro, o espaço tinha seu próprio fedor especial — uma mistura pungente de cerveja choca, fumaça de cigarro, cocô de cachorro e odores corporais. Jonathan, o cachorro de Hilly, se divertia e passeava por ali, se aliviando quando e onde queria. Em um canto, que jocosamente chamávamos de "cozinha", uma enorme panela de chili cozinhava em fogo baixo o tempo todo — acrescentando sua própria fragrância à mistura intoxicante do bar. O banheiro... bem, li em algum lugar que Chris e eu havíamos transado no banheiro; talvez tenhamos, mas não fomos até o final, por boas razões. Chris conseguiu captar a "mística" do banheiro do CBGB's em algumas ótimas fotos.

Lá tinha um bar, uma jukebox, uma mesa de sinuca, uma cabine telefônica e uma enorme estante cheia de livros, a maioria deles de poesia beat, da qual Hilly gostava. Ao atravessar o longo bar, havia algumas mesas e cadeiras e um pequeno palco baixo. O palco era desnivelado, então o vocalista ficava mais no fundo; a banda ficava no meio, e o baterista, empoleirado em uma plataforma minúscula. Tocamos no CBGB's todos os fins de semana durante sete meses, sem parar. Não ganhávamos dinheiro — éramos pagos em cerveja. Tínhamos sorte quando cobravam US$2 na porta. E Hilly tinha um grande coração, sempre deixava as pessoas entrarem de graça. Depois, quando Roberta Bayley começou a controlar a entrada, as coisas ficaram um pouco mais profissionais.

A plateia era formada praticamente por todos os nossos amigos, todas as outras bandas e todos os artistas e esquisitões de Downtown, como Tomata du Plenty, Gorilla Rose, Fayette Hauser e, depois, Arturo Vega. Ele sempre aparecia usando uma máscara de lutador mexicano e, durante meses, ninguém sabia quem era. Arturo era um artista e o loft dele ficava na esquina. Mais tarde, ele se tornou diretor artístico dos

Ramones, designer de logo, vendedor de camisetas e iluminador. Dee Dee e Joey Ramone dividiam o loft com ele. Aquele era um mundo mais imediato, menor, mais íntimo e privado. Era uma época de sentir a experiência — sem efeitos especiais, apenas a vida crua, visceral e sem cortes. Sem selfies voyeurísticas de segunda mão sendo jogadas na internet, sem viciados em celular trocando mensagens sem fim em vez de aproveitar o contato cara a cara, sem a imprensa insistente tentando filmar ou fotografar todos os nossos movimentos e deslizes...

Uma das minhas pessoas favoritas na cena era Anya Phillips, uma mulher fascinante, meio chinesa, meio inglesa, linda e sempre vestida de maneira provocativa. Multitalentosa e multifacetada, ia de reuniões de negócios difíceis ao trabalho como stripper na Times Square. Ela me levou lá uma vez e disse: "Só senta aí na plateia", e eu a assisti enquanto se despia. Anya era muito autêntica, como se esperaria de uma dominatrix, e uma força criativa. Ela começou a sair com James Chance — James White — e gerenciava a banda dele, os Contortions. Anya dividia apartamento com Sylvia Morales, que depois foi casada durante um tempo com Lou Reed. Como não havia muitas mulheres na cena, todas nos conhecíamos.

Aparentemente, Iggy Pop uma vez me descreveu como "Barbarella com anfetaminas". Barbarella era uma personagem dos quadrinhos, vinda de um futuro em que as pessoas não trepavam mais; era inocente em termos sexuais e fora enviada em uma missão para salvar o planeta, aprendendo no caminho sobre as maravilhas do sexo. Roger Vadim, diretor de *Barbarella*, era um grande fã de quadrinhos, como nós. Afinal, nossa banda compartilhava o nome com uma personagem de quadrinhos, e eu brincava com aquele papel no palco. Mas a mãe dessa personagem, na verdade, era Marilyn Monroe. Desde a primeira vez em que pus os olhos em Marilyn, achei-a esplêndida. Na telona, sua adorável pele e seus cabelos platinados eram luminescentes e fantásticos. Eu amava a criatividade daquilo. Na década de 1950, quando eu era criança, Marilyn era uma estrela colossal, mas isso consistia em uma faca de dois gumes: o fato de ela ser tão *sexy* significava que muitas mulheres de classe média a viam como vagabunda. E como a máquina publicitária por trás dela a vendia como um símbolo sexual, ela não era valorizada como atriz cômica e nem recebia crédito por seu talento. Eu, obviamente, nunca tive essa opinião sobre ela. Para mim, Marilyn também estava interpretando um papel, a famigerada loira burra com fala doce e corpo de mulherão, e havia muitas sutilezas por trás da interpretação. Minha personagem no Blondie era parte uma homenagem visual à Marilyn e parte uma declaração em relação à boa e velha faca de dois gumes.

A personagem "Blondie" que criei era um pouco andrógina. Nos últimos tempos, penso cada vez mais que eu provavelmente estava retratando algum tipo de criatura transexual. Mesmo ao cantar músicas escritas sob um ponto de vista masculino — "Maria", por exemplo, em que um garoto de escola católica deseja essa garota virgem inatingível —, eu precisava ser meio neutra em termos de gênero, para que parecesse que *eu* desejava Maria. Muitas das minhas amigas drag queens já me disseram: "Ah, você definitivamente era uma drag queen"; elas não tinham dificuldade em enxergar isso. Era a mesma coisa com Marilyn, na verdade: ela era uma mulher interpretando a ideia masculina de uma mulher.

O rock, como eu disse, era um negócio muito masculino em meados dos anos 1970. Patti se vestia de maneira mais masculina. Embora no fundo eu ache que nós viemos de lugares parecidos, minha abordagem era diferente. De várias formas, pode-se dizer que o que eu fazia era mais desafiador. Ser uma mulher artística, assertiva e feminina, e não masculina, era um ato de transgressão naquela época. Eu estava brincando com a ideia de ser uma mulher muito feminina liderando uma banda de rock masculina em um cenário extremamente machão. Nas músicas, dizia coisas que as cantoras não costumavam dizer antes: eu não era submissa e nem implorava para que ele voltasse; estava dando um pé na bunda dele, pondo-o para fora; dando um pé na minha própria bunda também. Minha perso-

1996. Oi, Joey.

nagem Blondie era uma boneca inflável com um lado sombrio, provocativo e agressivo. Eu estava interpretando, mas era muito séria.

No começo, não me lembro de existir muita competitividade no CBGB's, mas havia campos diferentes: as "pessoas das artes/intelectuais" e as "pessoas do pop/rock". Nós com certeza tínhamos uma pegada mais pop, no sentido de que adorávamos melodias e música. Mas os temas de nossas músicas eram ligeiramente subversivos. Sentíamos que éramos boêmios e artistas performáticos; vanguardistas. E, quando se acrescenta a isso aquela atitude muito "street rock faça você mesmo" nova-iorquina, o resultado é o punk. Não havia ninguém no CBGB's vestindo camisetas escrito "punk", mas eu era punk. Ainda sou.

Então, surgiu uma revista chamada *Punk*, lançada em 1975. John Holmstrom e Legs McNeil jogaram um truque publicitário brilhante: criaram flyers que diziam apenas "O punk está chegando" e os espalharam por todos os lados. Todo mundo dizia: "O que é isso? O que é punk e o que está chegando?" Buzz marketing, antes que o buzz marketing recebesse esse nome. Depois, a revista surgiu, e era incrível — indecente, descontraída e maravilhosa. Nós adoramos. Eles pegaram a palavra, a transformaram em marca e desenvolveram a marca em torno daquela pequena cena. Não havia um som específico que poderia ser definido como punk até muito tempo depois — no começo, havia muitos estilos diferentes. Mas acho que o fio condutor universal era que estávamos apontando as inconsistências em uma sociedade hipócrita, as fraquezas da humanidade e o quanto tudo aquilo era uma piada. Um tipo de "vai se danar" dadaísta. Quase todo mundo estava escrevendo músicas que satirizavam alguma coisa.

A cena punk de Nova York não tinha um visual específico ainda. Quando o Blondie começou, todos os caras tinham cabelos longos. Chris tinha cabelos pretos muito longos e usava maquiagem preta nos olhos. Clem tinha madeixas pretas, longas e onduladas, e vestia jaqueta de couro preta, jeans e tênis de cano alto. Quando o conhecemos melhor, descobrimos que ele era um "Deadhead".[1] Ele era obcecado por rock. A casa dele em Bayonne, Nova Jersey, tinha cômodos lotados de revistas de música, como *NME*, *Crawdaddy*, *Creem*, *Teen Beat*, *Rave*, *Let It Rock*, *Rock Scene*, *Rolling Stone*, *Jamming*, *One Two Testing*, *Dark Star*, *Bucketfull of Brains* e *Zigzag*. Eu me pergunto como aquela casa nunca pegou fogo. Quanto ao meu estilo "bombshell punk", foi influenciado por antigas estrelas do cinema, mas se desenvolveu enquanto eu comprava roupas em brechós e encontrava coisas que outras pessoas jogavam fora — aí eu experimentava tudo, misturava e via o que funcionava. O minivestido com estampa de zebra em que Chris me fotografou e enviou para a revista *Creem*? Era uma fronha que Benton, nosso senhorio, achou no lixo e transformei em vestido.

Do começo até meados da década de 1970, os brechós tinham todas aquelas roupas incríveis da era pré-hippie dos anos 1960. Era possível entrar neles e, por quase nada, sair com um terno estilo mod ou um minivestido de lantejoulas e calças retas. Nada de boca de sino. Eu estava farta de bocas de sino. Todos nós nos interessávamos por moda, é claro. Todos no Blondie curtiam o visual mod, e não era nada difícil de encontrar. E adorávamos fazer compras. Acho que o primeiro da banda a cortar o cabelo foi Gary, mas depois todos cortaram. Tudo meio que se consolidou. Acho que houve uma boa dose de acaso em toda a indústria. Nada foi pensado; foi apenas um senso de sincronicidade de estilo e preferência. As pessoas que hoje pensam em viver de rock'n'roll parecem ser bem mais sensatas; é um assunto ensinado na escola — um conjunto de referências totalmente diferente. Nós estávamos apenas em uma bolha isolada de depressão econômica em Nova York que era muito firme artisticamente. Nossa arte precisava ser firme, e não pensávamos em fazer planos em longo prazo, apenas sobrevivíamos.

Houve uma greve de lixeiros em meados de 1975, no verão. A cidade de Nova York estava prestes a quebrar. Toneladas de lixo apodreciam sob o sol e a cidade fedia. Adolescentes botavam fogo em pilhas de lixo

[1] Grande fã da banda Grateful Dead. (N. da T.)

e depois abriam os hidrantes para que os restos corressem rua abaixo. O Blondie ia tocar a temporada inteira, fazendo shows com o Television, os Miamis, os Marbles e os Ramones. Os Ramones eram uma ótima banda, e muito engraçados. Às vezes, naquele início, eles paravam e brigavam uns com os outros por causa de alguma coisa no meio de uma música, embora elas fossem bem curtas. Karen, esposa de Hilly, muitas vezes passava por perto do palco do CBGB's tapando os ouvidos enquanto eles tocavam e gritando para que baixassem o som. Nós nos tornamos muito amigos dos Ramones, até que algo muito triste aconteceu.

Saímos de nosso apartamento depois de ele ser invadido pela terceira vez. Little Italy estava realmente tomado de italianos naquela época, muito *Caminhos Perigosos*, e um dia vi uns caras enormes

Início do Blondie, no CBGB's.

dando uma surra em um garoto negro que estava correndo pela rua. Fiz um escândalo, e Chris achou que eles iam nos matar. Foi aí que começaram os problemas. Benton Quinn nos convidou a nos mudar para o loft dele, na Bowery Street, nº 266, bem próximo ao CBGB's. O prédio ainda existe e ainda está bastante deteriorado. Benton era uma figura extravagante, muito parecido com o personagem andrógino interpretado por Mick Jagger no filme *Performance*. Ele tinha um ar elegante, etéreo, de outro mundo, como alguém saído de uma pintura da época pré-rafaelita. Originalmente do Tennessee, Benton levou consigo a graça aristocrática sulista.

Nós ficávamos no primeiro andar. Havia um banheiro compartilhado e uma cozinha nele. Benton morava no segundo andar, e o último andar não era isolado e estava semiabandonado. Mais tarde, Stephen Sprouse se mudou para lá com uma chapa elétrica. Stephen era estilista e uma criança prodígio: ele fora descoberto por Norman Norell, que criava figurinos para Gloria Swanson, estrela do cinema mudo. Depois de o rapaz ter ganhado uma competição para novos estilistas promovida por Norell, seu pai teve que levá-lo para Nova York, porque ele tinha apenas 14 anos. Quando Stephen se mudou para o prédio na Bowery Street, ele trabalhava para a Halston e já era considerado um artista emergente; ao mesmo tempo, fazia criações próprias. Eu estava sempre cortando roupas e costurando-as de volta e, para ser honesta, acho que ele só começou a trabalhar comigo porque detestava a forma como eu me vestia! Ele só dizia: "Faça isso, faça isso, faça isso", e era ótimo.

Havia uma loja de bebidas no térreo do prédio. Era *a loja* de bebidas da Bowery Street, então sempre havia muito movimento. Os clientes usavam nossa porta como banheiro, e o cheiro de mijo subia para nosso loft. Um dia, encontramos um bêbado morto na calçada, um pouco mais abaixo na rua. Sempre havia algo morto por ali, fossem ratos ou bêbados. O lado bom é que era ótimo ter todo aquele espaço livre para tocar.

Perto da lareira, havia uma estátua em tamanho real da Madre Cabrini, que Chris comprara em uma loja de quinquilharias. Ela tinha olhos de vidro que alguém pintara e Chris os descascara, o que a tornava ainda mais assustadora. Dee Dee Ramone se assustou com a estátua; ele a esfaqueou algumas vezes, então havia buracos nela. Nosso prédio foi uma fábrica de bonecas que, provavelmente, usava trabalho infantil. Sou sensitiva e definitivamente senti que havia presenças ali — mas todos nós sentíamos que as coisas eram meio estranhas. Havia poltergeists. Os canos viviam estourando, coisas caíam, aconteciam merdas o tempo todo. Uma noite, nós três, Chris, Howie e eu, tentamos acender a lareira. Ela estava cheia de papel e lenha e deveria acender logo, mas não acendia. Em algum momento, desistimos de tentar. Viramos as costas e, de repente, a lareira começou a queimar. Ficamos chocados e em silêncio.

Uma vez, Gary, que estava morando conosco, quase foi eletrocutado. Ele dizia que "quase" não conta, mas eu discordo. Chris entrou no quarto e encontrou Gary agarrado a uma lâmpada, em um tipo de paralisia elétrica espástica. Ele a arrancou da mão de Gary bem a tempo, salvando sua vida. E, outra noite, em um fim de semana, todos nós quase morremos. Havia um queimador a óleo no porão da loja de bebidas. A bomba de água estava quebrada, então era preciso enchê-la com água manualmente, caso contrário a chama escaparia, e a caldeira soltaria apenas vapor e fumaça no sistema. Naquela noite, o cara da loja se esqueceu de colocar água, e a chama do queimador escapou. Fumaça e vapor tóxicos tomaram o apartamento. Nós estávamos dormindo; foram os gatos que nos acordaram, passando as patas em nossos rostos. Cambaleamos em um estupor, nossos narizes obstruídos por uma fuligem preta. Não conseguíamos falar direito, nossas gargantas pareciam lixas. Escancaramos as janelas para ventilar toda aquela porcaria; congelamos, mas foi melhor que morrer. Os gatos salvaram nossas vidas. Naquela época, não existiam animais de serviço, mas aqueles três bichanos foram nossos heróis e mereciam medalhas de reconhecimento.

Foi naquele verão que fizemos a nossa primeiríssima gravação, uma demo. Havia uma nova revista na cena, a *New York Rocker*. Alan Betrock, o editor, foi um dos primeiros apoiadores do Blondie. Ele nos colocou na revista e disse que queria nos ajudar. De alguma forma, acabamos no Queens, gravando uma demo no porão da casa dos pais de um amigo de Alan. Ele nos disse que a entregaria a Ellie Greenwich, com quem tinha algum tipo de relação. Ela era uma das brilhantes letristas do estilo Brill Building; havia escrito hits para as Ronettes, as Crystals e as Shangri-Las. Eu adorava todas elas, em especial as Shangri-Las. E não apenas nós, os Ramones e Johnny Thunders as adoravam também. Elas eram um verdadeiro padrão de excelência. Uma das músicas que sempre tocávamos ao vivo era "Out in the Streets", das Shangri-Las. Agora estávamos gravando naquele porão úmido e fumegante, em um pequeno gravador de quatro canais. A umidade era tanta que não conseguíamos manter as guitarras afinadas.

Também gravamos músicas próprias: "Thin Line", "Puerto Rico", "The Disco Song" (que era uma primeira versão de "Heart of Glass") e "Platinum Blonde", a primeira música que escrevi na vida. Alan levou a fita para algumas gravadoras e jornalistas, mas não deu em nada. Sempre lhe perguntávamos da fita, pois ele não estava fazendo nada com ela. E, assim que ganhamos algum dinheiro, dissemos que a compraríamos dele. Ele não queria se desfazer dela, mas também não planejava lançá-la. Quatro anos depois, fundou uma gravadora independente e ficamos surpresos por ele ter lançado aquelas versões iniciais sem nos avisar, mas foi legal.

Mais para o fim do ano, no outono de 1975, tínhamos um novo membro na banda, Jimmy Destri. Estávamos conversando sobre, talvez, arranjar um tecladista, e Paul Zone, um jovem fotógrafo/músico amigo nosso, nos apresentou Jimmy — que, na época, trabalhava na emergência do Maimonides Medical Center, no Brooklyn. E, mais importante, ele nos conhecia, já havia nos visto tocar e tinha um órgão Farfisa. Ele tocara com a banda Milk'n'Cookies até eles irem para Londres gravar um disco e o deixarem para trás. Depois que ele entrou no Blondie, uma das primeiras coisas que fizemos juntos foi uma peça de Jackie Curtis, *Vain Victory*, dirigida por Tony Ingrassia. Foi a primeira vez que trabalhei com Tony desde as Stillettoes, portanto, foi um reencontro. Foi divertido: ficamos em cartaz por algumas semanas e conseguimos um bom público. Fiquei com o papel de Juicy Lucy, uma corista em um navio cruzeiro, e a banda fazia a música. Interpretar me fez sentir confortável e, com a banda finalmente mais sólida, percebi que o papel do qual mais gostava era o que eu interpretava no Blondie. Então, ao longo do tempo, pouco a pouco, ele começou a ficar mais pessoal.

BLONDIE

6

POR UM TRIZ

Dirigir — e meu carro — teve um papel importante para mim nos meus primeiros tempos em Nova York. Minha mãe me dera um Camaro 1967 azul, um carro velho que ela não conseguia mais dirigir por causa das fortes dores da osteoporose. Eu adorava ter um carro na cidade, embora deixá-lo na rua fosse uma enorme dor de cabeça. Encontramos um canteiro de obras na Greenwich Street, que fica em uma região hoje chamada de TriBeCa, que não tinha placas de "proibido estacionar"; por um tempo, apenas deixávamos o carro lá. Mas não se podia largá-lo ali para sempre, então, nos dias de limpeza das ruas, eu voltava ao amanhecer para mudar o carro de lado quando o caminhão de limpeza chegava. Aquele Camaro era o refúgio perfeito, um ótimo lugar para fugir de todo mundo — para ter um pouco de paz. Sozinha no meu carro, eu pensava em letras de músicas enquanto assistia atentamente à limpeza da rua pelo retrovisor.

Aquele carro carregou muita gente e muito equipamento antes de finalmente nos deixar. Às vezes, nos amontoávamos nele e íamos para Coney Island. Eu adorava aquele lugar. Era mágico quando eu era criança e a decadência começara a se instalar por ali. Havia aquelas antigas montanhas-russas incríveis, como a Steeplechase, que simulava uma louca corrida de cavalos — e o salto de paraquedas de 80 metros de altura, comprado na Feira Mundial de 1939. Como eu era aventureira e adorava adrenalina, amava aquelas montanhas-russas, e imagino que, se tivesse crescido em um ambiente diferente, teria me tornado dublê, astronauta ou automobilista. Dirijo rápido e dirijo bem, embora naquela época eu tivesse que me refrear — "O que você está tentando provar? Relaxa, dirige devagar."

Mas mesmo quando as velhas montanhas-russas desapareceram e Coney ficou dilapidada, a magia permaneceu. Talvez o lugar tenha ficado ainda mais mágico — com os fantasmas, as ruínas dos brinquedos, circos, gente estranha e esquisitices no calçadão. Também era um bom lugar para comprar coisas usadas. Em uma área acabada do outro lado da rua depois da Wonder Wheel, havia uma faixa de garagens onde pessoas vendiam coisas legais por quase nada — o que era ótimo, porque, além de juventude, desejo, amor e música, não nos sobrava nada mesmo.

Uma das milhares de coisas que amo em Chris, e uma das minhas memórias visuais favoritas, é que ele sempre andava no banco do passageiro quando eu dirigia. Ele era um passageiro quieto, na maior parte do tempo. Chris ainda não dirigia — como muitos dos nativos de Nova York, que nunca precisaram aprender —, então ficava ali em um estado de quase transe, absorto em seus pensamentos, vendo a paisagem passar. Um devaneio zen automobilístico.

Chris e eu íamos ao Brooklyn com frequência para visitar a mãe dele, Stel. Ela era uma pintora meio beat e morava em um daqueles maravilhosos apartamentos na Ocean Avenue, com grandes cômodos decorados com uma mistura de textura e cor, em um estilo artístico e vivaz. Stel sempre fazia hambúrgueres e kasha, um prato russo, com muito alho para nós, e comíamos como dois esfomeados. Geralmente era a melhor e, por vezes, a única refeição de verdade que fazíamos durante toda a semana. Uma noite, Gary Valentine foi conosco. Ele também estava morando no loft na Bowery, porque precisou fugir de Nova Jersey devido a um processo de paternidade. Depois do jantar, na volta para a cidade, caía uma chuva torrencial, um aguaceiro ofuscante.

Meu Camaro não estava em sua melhor forma. A capa do distribuidor estava rachada e a umidade às vezes apagava o carro; então, eu estava meio nervosa com aquela chuva toda caindo. Ao pegar uma alça de acesso à pista expressa Brooklyn-Queens, cega pela chuva, fui com tudo em um trecho alagado. A água jorrou mais alto que o Camaro. A força arrastou o carro cerca de 15 metros, e aí ele parou, morto, debaixo de uma passarela, por sorte. Quando subimos para a pista, percebemos que estávamos em uma situação terrível. Nós nos esprememos o máximo que conseguimos contra a mureta, esperando ser esmagados a qualquer momento por algum veículo desgovernado. Então me lembrei dos sinalizadores. Em um dos feriados em família com Tom, irmão do meu pai, em Denville, Nova Jersey, ele insistiu que eu precisava de sinalizadores de emergência para o carro. Ok, não fazia mal, talvez algum dia eu precisasse deles. Aquele era o dia.

Pegamos os sinalizadores, os colocamos na traseira do carro e esperamos; às vezes, se você esperasse um pouco, o Camaro secava e pegava de novo. Mas continuamos esperando. Estranhamente, não havia carros passando pela alça de acesso, nenhum mesmo. Ouvimos um barulho muito alto na alça acima de nós; sabíamos que era um acidente. Conforme a visibilidade melhorou, vimos uma carreta dobrada na alça de onde tínhamos acabado de descer. A cabine estava atravessada nas muretas entre os dois lados da estrada, e a carroceria estava dobrada em L, bloqueando completamente a pista. A carreta que estava logo atrás de nós — e que poderia ter nos matado — salvou nossas vidas. Ficamos debaixo da passarela esperando a tempestade passar, sabendo o quanto fomos inacreditavelmente sortudos. Um silêncio estranhou pairou.

Isso me faz lembrar de outras situações em que ficamos por um triz... Além daquela que todos nós compartilhamos, o nascimento. Ah, nascer! Somos espremidos em direção a uma luz brilhante e hostil, meio estrangulados, arrastados pela gravidade, ensurdecidos pelo barulho, segurados pelos tornozelos, recebemos tapas no bumbum, a garganta queimando com as primeiras lufadas de oxigênio... Um evento chocante, perigoso e, por vezes, terminal. A morte nos dá uma chamada com nossa primeiríssima respiração — uma forma de nos lembrar quem é que manda. Depois de ter sobrevivido a uma quase morte no parto e a qualquer trauma que tenha vindo da minha adoção, minha primeira infância foi uma viagem tranquila. Tudo bem, houve o coma como resultado de uma pneumonia e a queda de cabeça do trapézio — mas foi tudo que ela me reservou. Assim, além do meu namorado obsessivo e armado em Nova Jersey, as coisas foram bastante tranquilas até eu me mudar para uma Nova York à beira da falência, entre os anos 1960 e 1970.

Tenho certeza de que não tenho todas as minhas experiências na ponta da língua, mas me lembro de uma da época em que trabalhei na Head Shop, na East Ninth Street. Quando terminei meu turno, andei meia quadra até o apartamento de Ben. "São 22h. Você sabe onde seus filhos estão?";[1] a famosa propaganda passava na minha cabeça. Devia ser mais ou menos aquele horário... Eu sempre tomava cuidado e ficava de olho em quem quer que estivesse atrás de mim. Naquela época, todo mundo era cuidadoso. A porta de Ben tinha uma tranca complicada. Às vezes era preciso sacudi-la antes de abrir, e eu estava pensando na fechadura quando cheguei à entrada naquela noite. Eu estava com a chave pronta e, daquela vez, foi fácil abrir; então, sorri sozinha, deslizei para dentro rapidamente, fechei e tranquei a porta atrás de mim. Assim que tranquei-a, ouvi um homem do outro lado suspirando em uma raiva frustrada. Meu coração disparou. Ele estava logo atrás de mim, há apenas segundos de me pegar.

Houve outra ocasião entre a St. Mark's Place e a Avenue A, quando tive uma briga com alguns garotos de rua. Eu trabalhava em Uptown, na BBC, então minha viagem noturna de sempre era voltar da estação de metrô da Lexington Avenue, na Astor Place. Uma das coisas que eu queria na época era uma bolsa da loja de couro na West Fourth Street

[1] "It's ten P.M. Do you know where your children are?", no original. Foi um anúncio de serviço público veiculado na TV norte-americana no fim dos anos 1960, como tentativa de diminuir a violência urbana. (N. da T.)

que todos os hippies de Downtown adoravam, pois as bolsas e os sapatos tinham um design lindo. Por fim, comprei uma bolsa a tiracolo — parecida com uma bolsa carteiro pequena, mas com grandes anéis de metal e feita de couro de vaca. Naquela noite, quando cheguei na última quadra da St. Mark's Place, com a bolsa pendurada no ombro, dois garotos vieram correndo e, em um instante, eu estava caída de costas na calçada, sendo arrastada pela alça da bolsa. Segurei-me naquela maldita bolsa como se minha vida dependesse dela. Acho que a única razão pela qual eles não a levaram foi que ela era tão bem feita que não arrebentou. E, felizmente, não houve facas ou armas, foi apenas uma tentativa de furto. Faz quase cinquenta anos e eu ainda tenho aquela bolsa.

Livrei-me do apartamento na St. Mark's Street depois que a Wind in the Willows se separou e eu queria mudar tudo na minha vida. Mudei-me com Gil para um apartamento no segundo andar na East First Street, nº 52. Havia uma sala de frente para a rua, uma cozinha no meio e um quarto minúsculo nos fundos, com uma janela alta que abria para um duto de ventilação. As pessoas do prédio eram uma mistura de músicos, motoqueiros e os tipos usuais do Lower East Side. Música alta dia e noite, acompanhada pelo cheiro de maconha.

Uma noite, Gil e eu estávamos dormindo e algo me acordou. Havia um cheiro forte de gasolina vindo da janela do duto de ventilação. Acordei Gil e fomos direto para a porta, mas ele não queria abri-la por causa da correria e da gritaria no corredor, e de barulhos que pareciam tiros. Então, um cara esmurrou nossa porta gritando: "Saiam daí! O prédio está pegando fogo!" Abrimos a porta e nos deparamos com chamas derrubando as escadas cheias de fumaça. As pessoas fugiam e corriam para fora. A rua estava tomada por caminhões de bombeiros, mangueiras, carros de polícia e ambulâncias. De manhã, soubemos da notícia: uma gangue de motoqueiros estava morando no último andar. Naquela noite, o líder tinha sido amarrado, torturado e incendiado. No dia seguinte, saíram fotos dos restos da cadeira queimada na primeira página do *New York Post* e do *Daily News*.

Quando tudo ficou frenético...

Ficamos sem teto. Al Smith, um amigo de Gil, nos deixou ficar um tempo no estúdio dele na First Avenue com a Avenue A. Acho — é aqui que minha noção cronológica fica um pouco confusa — que foi quando fui para L.A. com o milionário que conheci no Max's, e depois decidi que não conseguiria viver lá nos anos 1960; eu tinha medo de perder minha alma. Aí voltei para Nova York e me tornei coelhinha da Playboy e junkie. Imagina só. Também voltei com Gil e encontrei um apartamento para nós na 107th Street com a Manhattan Avenue, que, naquela época, fazia fronteira com o Harlem. Mas a única situação de risco na 107th foi quando Gil — achando que seria útil ter um contato no apartamento com ele — chamou alguns traficantes da pesada para morar no nosso quarto sobressalente. Junkies das antigas, uma verdadeira zona, com grandes mãos inchadas e chapados o tempo todo. Felizmente, não acabamos como dano colateral em uma daquelas operações que duravam a noite inteira.

Hora de contar a pior situação de todas, que aconteceu no início da década de 1970, quando eu era louca pelos New York Dolls e ia a tantos shows deles quanto possível. Uma noite, ouvi que aconteceria uma festa para eles na West Houston Street, entre a Sixth Avenue e a Varick Street. Eu estava no apartamento de alguns amigos na Avenue C e, já que eles não queriam ir comigo, comecei a caminhada até a festa sozinha — era do outro lado da cidade —, usando minhas plataformas mais altas da Granny Takes a Trip. Era uma noite quente, por volta das 2h. Andar talvez mais de um quilômetro com aqueles sapatos logo estava se tornando impossível, então comecei a procurar um táxi. Mas, naqueles dias, os táxis não rodavam em Alphabet City. Era arriscado demais. Em algum momento, tirei aqueles imponentes sapatos multicoloridos e tentei andar descalça. Em bairros perigosos como aquele, o vidro não fica íntegro por muito tempo, e garrafas quebradas, vidros de carro estilhaçados, o que você imaginar, cobriam cada centímetro da calçada e da pista. Andar sobre vidro quebrado era ainda mais impossível; embora eu tenha tentado caminhar, não havia espaços vazios o suficiente para andar descalça.

Enquanto eu tentava achar um táxi, um pequeno carro branco me rondava. Ele ia para o lado leste da Houston e voltava; ia e voltava. Por fim, parou do meu lado, e o motorista calmamente perguntou: "Você precisa de carona?" Nunca fui de pedir carona, nunca na vida, nem durante a época hippie, quando era descolado pedir. Entrar no carro de um estranho nunca foi algo que me atraiu. "Não, obrigada", respondi e continuei tentando seguir pela Houston, nas pontas dos pés. O motorista não desistiu. Ele rondou mais algumas vezes, parando sempre para checar se eu tinha mudado de ideia. Finalmente, percebi que não chegaria a lugar nenhum, então, na próxima vez que ele parou, aceitei a oferta e entrei no carro.

Minha primeira impressão do motorista era que ele não era feio. Tinha cabelos curtos e escuros, um pouco ondulados ou cacheados — bonito, na verdade —, usava calças escuras e uma camisa branca aberta no pescoço. Não houve mais conversa depois que o agradeci por me levar; ele só continuou dirigindo em silêncio. Logo de cara, no entanto, comecei a sentir o fedor dele: um odor corporal forte, que quase queimou meus olhos. Era um dia quente, mas apenas uma fresta das janelas estava aberta. Procurei a manivela para baixar minha janela, mas não havia nenhuma; também não havia maçaneta para abrir a porta por dentro. Foi quando percebi que o painel era apenas uma estrutura de metal com aberturas para o rádio e o porta-luvas, e todo o resto havia sido arrancado do carro. Parecia uma cena de *À Prova de Morte*, uma das partes de *Grindhouse*, de Tarantino.

Tive um pressentimento que nunca vou esquecer; os cabelos da minha nuca se arrepiaram, como um animal assustado ou pronto para atacar: todos os instintos em alerta máximo. De alguma forma, espremi meu braço na fresta da janela, dei um pulo no banco e consegui abrir a porta por fora. Quando ele percebeu o que eu estava fazendo, pisou fundo e virou com tudo à esquerda, na Thompson Street, o que me jogou porta afora na Houston; caí de bunda no meio da pista. Não me machuquei muito, e ele não voltou. Eu me levantei e corri por mais duas quadras e meia até a festa dos Dolls, mas já tinha acabado quando cheguei.

Não pensei mais naquela noite por uns quinze anos, talvez, até o dia que li uma matéria na *Time* ou na *Newsweek* em um voo para L.A. Era sobre Ted Bundy, o serial killer. Ele havia acabado de ser executado na cadeira elétrica na Flórida. Havia uma foto dele, e ele descreveu ao jornalista seu carro, seu *modus operandi* e como conseguia suas vítimas — tudo correspondia exatamente ao que aconteceu comigo. Minha história foi ridicularizada desde então, pois acredita-se que Bundy estava na Flórida na época, e não em Nova York. Mas era ele. Quando vi o artigo, os cabelos da minha nuca se arrepiaram de novo. Estas foram as duas únicas vezes que senti aquilo.

De volta ao loft, onde passamos por nossa situação de quase morte com o monóxido de carbono, a vida foi bem normal. Nós nos acostumamos com os poltergeists, e eles se acostumaram conosco. Anos depois, aprendi que poltergeists quase sempre se manifestam por meio de crianças ou adolescentes. Chris e eu estávamos jantando com William Burroughs, que era muito interessado em paranormalidade, e ele nos perguntou se havia alguma criança em nosso prédio. Chris respondeu que não. Eu rebati que, bem, havia Gary, nosso baixista adolescente. Gary sempre estava em apuros. Ele estava se escondendo em nosso apartamento porque a polícia de Nova Jersey o procurava por estupro de vulnerável. O próprio Gary era adolescente; tinha quase a mesma idade de sua namorada, mas, quando a engravidou, a mãe dela o denunciou assim que ele fez 18 anos. Gary era um verdadeiro punk rocker, no sentido de ter *atitude*, e resistia a qualquer forma de autoridade ou a qualquer um lhe dizendo o que fazer.

O "loft do Blondie", como ficou conhecido, não era apenas nosso lar — ensaiávamos e até fazíamos shows lá. Amos Poe filmou parte de *The Blank Generation*, seu documentário sobre a cena punk nova-iorquina, em nosso loft. Naquela época, ele era um diretor underground cujo estilo era uma mistura da *nouvelle vague* francesa com o punk de Nova York, muito descolado e "faça você mesmo". Ele me deu um papel em *Unmade Beds*, seu filme de 1976, no qual eu vestia lingerie de seda e cantava um jazz *a capella* para o herói torturado. Em seu próximo filme, *The Foreigner*, interpretei uma mulher misteriosa que cantava uma música em francês e alemão.

Chris tirou ótimas fotos de mim no loft e ali por perto. As famosas fotos de baby-doll, por exemplo, foram um tipo "arte com lixo", usando artigos que encontramos no lixo. Perambulando pelas ruas — como Chris e eu fazíamos boa parte do tempo —, sempre era possível encontrar alguma coisa legal que alguém tinha jogado fora. Às vezes, todo o interior de um apartamento que algum senhorio havia esvaziado quando os inquilinos desapareceram ou não pagaram o aluguel. Naquela época, a região Downtown de Nova York talvez fosse mais transitória. Um dia, Chris e eu nos deparamos com uma pilha de bonecas quebradas descartadas no meio-fio, todas estragadas e tristes, esperando o caminhão de lixo, e claro que as levamos para casa. Aquelas bonecas deformadas ficaram conosco por algum tempo — e estiveram em uma foto minha nas páginas centrais da revista *Punk*. Eu gostava da ideia das páginas centrais. Chris também me fotografou para a página central "Creem Dream", da revista *Creem*.

Chris enviara algumas fotos *sexy* para a *Punk*, mas eles queriam algo que fosse "mais punk". Então, comecei a trabalhar no que vestiria para a foto. Benton, nosso senhorio, me emprestou partes de baixo de seus biquínis de couro, e Howie, um de nossos hóspedes ocasionais de estadia prolongada, me deu uma camiseta dos Vultures, que ainda tenho. A luva espacial sci-fi foi um de nossos achados em lojas de quinquilharias. O lado sul da Houston Street, entre a Mott e a Bowery, tinha ótimas lojas do tipo, antes de o bairro se tornar seguro.

Meus inconfundíveis óculos escuros pretos enormes vieram de uma dessas lojas. Todas elas tinham cestos, mesas e prateleiras na frente, lotadas de toda e qualquer coisa por um preço muito, muito barato. Pendurada no teto, uma lâmpada fraca e exposta jogava uma luz pálida e baixa sobre o que havia dentro delas. Assim que você entrava, era envolvido pelo cheiro de mofo e bolor, por camadas e mais camadas de poeira, madeira velha, ferrugem e papel amarelado, tudo misturado com toques da fumaça expelida pelos veículos da rua. Em dias quentes, esses cheiros — antigos e indiferentes — flutuavam e se misturavam à fumaça do escapamento de caminhões, conforme você andava. Até as lojas da Canal Street pareciam requintadas perto desses lugares.

Organizamos a parte frontal de nosso loft para fazer essa sessão. Chris se esforçou para ajustar perfeitamente a iluminação. E também se esforçou para fazer as fotos com perfeição. Ele não era uma daquelas pessoas que fotografavam rápido e usavam vários rolos de filme porque provavelmente só uma foto tinha ficado boa; e não era por causa da nossa situação financeira. Ele visava conseguir o que tinha planejado — e geralmente conseguia. Era um fotógrafo minucioso. Sei que eu tinha uma boa aparência, um bom rosto, mas sempre fui insegura com meu corpo. Chris me fazia parecer melhor. Ele tinha essas inclinações voyeurísticas, me encarando fixamente por horas no calor das luzes enquanto eu posava da forma mais *sexy* possível para excitá-lo. Mas ele não precisava da minha ajuda para isso; logo ficava excitado. Chris e eu sempre acabávamos na cama depois das sessões.

Estávamos morando no loft do Blondie havia pouco mais de um ano quando Benton nos pôs para fora. Não sei por que ele fez isso. Acho que brigamos por alguma coisa, mas, de verdade, naquela época, parecia que não conseguíamos ficar em lugar nenhum por mais de um ano. O momento foi péssimo. Era agosto de 1976, e nós havíamos acabado de começar a trabalhar no álbum de estreia do Blondie. Anos depois, nosso ex-senhorio maluco alegaria que foi seu pacto com o Diabo que tornou a banda bem-sucedida. Nós éramos obstinados, continuamos trabalhando. Não desistimos nem desaparecemos — como alguns gostariam que fizéssemos. Continuamos firmes, mesmo quando todo mundo da cena estava conseguindo gravadoras, menos a gente. Nós nos aperfeiçoamos e construímos uma base de fãs. Agora, finalmente, tínhamos um contrato de gravação. Mas foi complicado, como seriam a maioria das coisas relacionadas ao Blondie e à indústria musical.

Marty Thau, que fora empresário dos Dolls, disse a Craig Leon que achava que nós tínhamos potencial. Craig havia trabalhado com Seymour Stein, que cofundara a Sire Records e contratara os Ramones. Marty e Craig se associaram a Richard Gottehrer — que cofundara a Sire com Seymour — em uma produtora chamada Instant Records, que foi com quem o Blondie assinou. Se você acha que a cena de bandas de Nova York era incestuosa, a indústria musical era muito mais.

Eles decidiram gravar um single primeiro para ver como nos saíamos. Gravamos "Sex Offender", uma música que eu e Gary escrevemos. Ele estava tocando a melodia e, assim que ouvi, escrevi a letra imediatamente. Parte era um comentário sobre o quanto era ridícula a situação de estupro de Gary e parte um comentário sobre o quanto era absurdo criminalizar prostitutas. Fiz o policial e a prostituta se apaixonarem. A música inteira foi escrita e ficou pronta em quinze minutos, mais ou menos; isso não acontece com frequência. Craig Leon produziu o single e eles o distribuíram por aí. Ele acabou chegando na Private Stock Records, um pequeno selo comandado por Larry Uttal — outro veterano da indústria musical que era parte da panelinha. Eles concordaram em lançar "Sex Offender", mas teríamos que mudar o nome. Foi chato, mas pensei em "X Offender", que ficou aceitável.

Quando saiu, em junho de 1976, "X Offender" não se tornou um hit, mas acho que surpreendeu muitas pessoas que não sabiam o que esperar de nós. O single era muito bom. Um dia, entramos no

Com a esposa de Seymour Stein, Linda, David Bowie e Danny Fields.

CBGB's e ele estava tocando no jukebox; aquele foi um grande momento para nós. Havia burburinho o suficiente para um disco, mas aparentemente precisávamos da aprovação de Frank Valli. Parecia que ele era um coproprietário da Private Stock, ou era o maior acionista. Certa noite, uma limusine parou do lado de fora do CBGB's e Frank Valli desceu dela. O carro ficou esperando-o em meio a bêbados e vagabundos, enquanto ele nos via tocar. Não o conhecemos, então não sei o que ele achou de nós, mas agora éramos contratados da Instant Rock e da Private Stock.

O Plaza Sound, estúdio onde gravamos nosso primeiro disco, era um lugar fantástico — enorme em comparação aos espaços minúsculos da maioria dos estúdios — e muito imponente. Ele ficava no mesmo prédio *art déco* que o Radio City Music Hall, onde eu ia quando criança ver as apresentações de Páscoa e de Natal das Rockettes. Aliás, as Rockettes ensaiavam na outra sala durante nossas gravações. O estúdio, que ocupava todo o andar superior, tinha sido especialmente construído para a Orquestra Sinfônica da NBC e seu maestro, Toscanini; ficava pendurado em vigas mestras de ferro, como uma ponte suspensa. As pistas de dança flutuavam em um piso de borracha, o que ajudava a isolar o som da orquestra ou das dançarinas da sala de dança. Ele deve ter sido uma verdadeira façanha da engenharia na década de 1930, quando foi construído.

Outra invenção memorável foi um antigo e enorme órgão de tubos cujos efeitos sonoros pareciam os de um sintetizador — mas era pré-eletrônico, todo mecânico. Atrás do órgão ficava uma sala inteira cheia de pequenos artefatos mecânicos incríveis, que criavam os efeitos usados em apresentações e filmes mudos: tacos de madeira, aldrabas e sinos, tambores e apitos... Às vezes, pegávamos o elevador até o cinema e ficávamos de bobeira atrás da tela enquanto filmes eram projetados — ou subíamos até o telhado, onde Chris fez algumas fotos ótimas. Ficávamos no estúdio todos os dias, de 12h até 1h ou 2h, e éramos os donos do lugar. Quarenta anos depois, quando fizemos o tributo a David Bowie lá, era dificílimo entrar no prédio por causa da segurança reforçada.

Sabíamos todas as músicas que estávamos gravando de cor e salteado, já que as tocávamos em shows há muito tempo. Um dia, nosso produtor, Richard Gottehrer, levou Ellie Greenwich ao estúdio. Eles se conheciam de quando ambos trabalharam no Brill Building. Todos nós éramos grandes fãs de Ellie por causa das músicas que ela escrevera para as Shangri-Las, como "Leader of the Pack" e outra que o Blondie sempre tocava, "Out in the Streets". Richard pediu a ela que cantasse os vocais de apoio em algumas músicas. Ellie veio com as duas mulheres que eram parte de seu trio. Sentei na sala de controle, assistindo enquanto elas cantavam. Eram impecáveis. As harmonias eram ridiculamente perfeitas e boas. Uma das músicas na qual elas cantaram — "In the Flesh" — acabou se tornando nosso primeiro hit internacional. Ela chegou ao primeiro lugar na Austrália depois de passar no programa de TV mais popular do país, o *Countdown*, de Molly Meldrum. Molly sempre alegou tê-la tocado por acidente. Aham, é claro...

Para promover o disco nos EUA, a Private Stock fez um pôster que foi espalhado por toda a Times Square. Não um pôster do Blondie, mas meu, sozinha, usando uma blusa transparente, com tudo à mostra. Nós tínhamos insistido que a banda inteira estivesse no pôster — e o pessoal da gravadora concordou com a cabeça e disse: "Claro, sem problemas." O que aconteceu foi o seguinte: Shig Ikeda, um fotógrafo japonês muito badalado, fez uma série de fotos de rosto de cada um de nós, junto com as costumeiras fotos em grupo para a capa do disco e para publicidade em geral. Shig tirou uma foto extra minha usando uma blusa transparente, que a gravadora jurou que cortaria e deixaria apenas meu rosto. Um tempo depois, Chris me contou que mais de uma pessoa com quem ele falou achou ser uma propaganda de casa de massagem.

Fiquei furiosa. Não porque meus mamilos estavam à mostra para o mundo inteiro, o que nem me irritava tanto. Houve fotos minhas mais reveladoras na *Punk* e na *Creem*. Mas elas eram divertidas e irônicas, brincavam com a ideia de uma pin-up em uma revista de rock underground; uma situação muito diferente de um engravatado de uma gravadora explorando sua sexualidade. Sexo vende, é o que dizem, e não sou burra, sei disso. Mas nos meus próprios termos, não nos de um executivo qualquer. Entrei enfurecida na Private Stock, confrontei o executivo — que não deve ser nomeado — e esbravejei: "Você ia gostar se fossem suas bolas sendo expostas?" Ele respondeu: "Isso é nojento!" Eu pensei: *Ah, dois pesos, duas medidas*, e fiquei pensando sobre as bolas dele também.

Chris e eu morávamos em um apartamento em um prédio geminado na Seventeenth Street, entre a Sixth e a Seventh Avenues. Gary não morava mais conosco — as queixas contra ele foram retiradas e não precisava mais se esconder. Nosso novo lar era uma mistura de loft com sótão. O teto se inclinava e era mais baixo no fundo do que na frente, que era uma sala de estar raramente usada.

No set com Joan, em 2017.

Chris tirou muitas fotos naquele apartamento. Ele montou uma câmara escura com um ampliador e, quando as fotos eram reveladas, ele as pendurava em um varal debaixo da claraboia de nossa enorme cozinha. Talvez uma das fotos mais conhecidas dessa época seja a que eu estou segurando uma frigideira em chamas e usando um vestido que Marilyn Monroe supostamente usou em *O Pecado Mora ao Lado*. Nossa vizinha de baixo, Maria Duval, uma aspirante a atriz, comprara o vestido em um leilão e me emprestara. Vou contar a história dessa foto.

Mais ou menos um ano depois que nos mudamos para lá, enquanto estávamos em turnê, a mãe de Chris nos ligou. "Não se assustem", disse ela, "mas a casa de vocês pegou fogo". Embora nunca tenhamos descoberto como o fogo começou, tive um palpite que me deixou com o estômago embrulhado. Antes de cair na estrada, combinamos com Donna Destri, a irmã mais nova de Jimmy, de ficar em nosso apartamento e cuidar dos gatos. Para tentar deixá-lo mais confortável, eu colocara uma pequena TV sobre uma caixa ao lado da cama dela. Liguei-a em uma tomada perto da cozinha que nunca havia usado antes. Tive uma terrível intuição de que pode ter ocorrido um curto-circuito e queimado o colchão. A única boa notícia foi que Donna não se machucou. Os gatos também se salvaram, se escondendo no guarda-roupa.

Estar em turnê significava que só voltaríamos para casa dali a duas ou três semanas. Quando finalmente voltamos, foi uma enorme dor de cabeça. O lugar estava cheio de escombros do incêndio. E, como as pessoas podiam simplesmente entrar no apartamento e pegar coisas, elas o fizeram, apesar de que os únicos itens roubados que realmente me importavam foram as poucas joias que ganhei da minha mãe. Felizmente, Chris havia levado a guitarra e a câmera consigo. Ele fez uma sessão de fotos na cozinha incendiada. As paredes estavam cheias de fuligem, e o fogão, coberto de cinzas. Pus o vestido de Marilyn, que ficou bastante chamuscado pelo fogo, e nossa última escapada por um triz (que nem foi tão por um triz assim) se tornou uma obra de arte.

ABRAM AS CORTINAS

Brian Aris, 1979.

NEM TODAS AS FAN ARTS NESTE LIVRO SÃO RETRATOS MEUS. ALGUMAS são trabalhos feitos por fãs que simplesmente queriam me presentear. Gosto de pensar que, enquanto pintavam ou estampavam, eles estavam me ouvindo cantar nossas músicas. Meu velho amigo Stephen Sprouse, que criou vários de meus famosos visuais, sempre ouvia música enquanto fazia seus esboços. Sempre havia música estrondando enquanto ele trabalhava — da mesma forma que muitos dos artistas que conheço trabalham. Pode parecer bravata de um ego exagerado, mas não são sempre minhas músicas que eles escutam. E a influência de qualquer música nos trabalhos artísticos é um pouco romantização. Ainda assim, quando olho para todas essas interpretações de mim, do meu rosto, dos meus atributos ao longo dos anos, fico emocionada. Muitas dessas imagens foram tiradas diretamente de fotos minhas, feitas por fotógrafos famosos, como Chris Stein, Mick Rock, Robert Mapplethorpe, Brian Aris, Lynn Goldsmith e Annie Leibovitz — embora os trabalhos tenham algo perceptivelmente próprio. Algo no olho do observador, como dizem. As impressões do artista estão presentes, seja um ilustrador de sucesso, sejam desenhos feitos pelas mãos de um principiante jovem e menos experiente. Esta é a cereja do bolo para mim.

O vício e a visão de Rob do conceito de fan art são excepcionais, como todo seu trabalho. Ele também teve a ideia de começar um site no qual fan arts como estas podem ser postadas, como um livro interativo. EU ADORO!

Uma noite dessas, no Museu Guggenheim, encontrei Charlie Nieland, um produtor amigo meu que trabalhou em *Necessary Evil*, meu disco solo. Fomos ver a coleção de Hilma af Klint, emprestada do Museu Nacional de Belas-Artes da Suécia. Hilma começou a desenhar ainda menina e dedicou a vida ao desenho, à pintura e ao estudo da arte. Será que algum dos meus artistas de fan art seguiu com seus interesses em retratos ou outras vertentes artísticas? É provável que eu nunca saiba, mas certamente ficaria feliz se alguém tivesse seguido.

Todo músico, ator ou artista que já conheci sempre diz: "São os fãs que fazem tudo acontecer para nós." Então, mais uma vez, é uma reação em cadeia, uma interação, e a prova está aqui em meu livro. Para mim, é uma forma de agradecer... *(cont.)*

A Line Or Two....
Parallel
Lines
Blondie
by David Cowan -
DEVOTED FAN!

Parallel lines

HAPPY BIRTHDAY
DEBBIE

Neste barco
some e color azul
omar e tao
tao calmo
navigating
heat and the blue of
sea
calm
Ah, Calmarie
still
Ah, Calmarie
aea la la
Neste
luz
omar
calmo
e tao
Calma
Neste
som
color

Dear Blondie
My
name
is
Amanda
Fugazy

7

DECOLANDO, VALENDO A PENA

Não gosto de viver no passado. Você faz alguma coisa; se tiver sorte, aprende com ela; e segue em frente. O que eu estava aprendendo? Como me expressar, como ser melhor no que estava fazendo, onde me encaixar na foto, como estar no controle da minha própria vida... Como me expressar melhor? Sim, isso aconteceu. Como melhorar minha performance e me posicionar melhor? Sim, isso também. Mas a parte do controle? Nem tanto. Que tipo de controle se pode ter quando você abre mão da sua vida por meio de tantos contratos que acabam por amarrá-lo na ponta de um foguete? A lição era exatamente a mesma de sempre: sobreviva e encontre um jeito de criar enquanto é lançado ao espaço.

Amarrados a um foguete e prontos para sermos lançados ou, como Chris dizia, "correndo atrás da cenoura"? Foi nessa época que nós realmente decolamos. *Decolamos* de verdade. Foi um período louco, tumultuado, de tirar o fôlego e o sono. Grande parte parece meio embaçada agora, devido à velocidade com que tudo aconteceu. Após o lançamento de nosso primeiro disco, fizemos alguns shows em Nova York e depois, em fevereiro de 1977, pegamos a estrada pela primeira vez. E continuamos na estrada. E fomos ficando... Primeiro, fomos para Los Angeles, onde nos hospedaram no hotel Bel Air Sands. Nosso empresário tinha um acordo com o dono: quartos grátis em troca de shows grátis. Os shows deveriam acontecer em um cruzeiro. Porém, quando chegou a hora, o navio foi considerado inavegável e a permissão para o show foi negada. Nesse meio-tempo, todas as noites, pegávamos nossa van alugada e íamos do hotel ao Whisky a Go Go, na Sunset Boulevard.

Mas, primeiro, antes dos shows, tínhamos que assinar um contrato. Peter Leeds, o antigo empresário do Wind in the Willows, voltou para nossas vidas, se oferecendo para ser empresário do Blondie. Ele não foi o primeiro a fazer essa oferta. Antes dele, nossos empresários neófitos foram dois adoráveis maconheiros do Bronx. Nossa, eles eram muito encantadores, engraçados e loucos pelo Blondie. Eles foram ao CBGB's, dois rapazes novinhos vestidos como a moda *disco* dos anos 1970, com camisas de lapelas largas e colarinhos compridos e calças boca de sino. Mas, de algum modo, ainda ficamos lisonjeados por estarem prestando atenção em nós. Aí disseram: "Nós queremos ser seus empresários", sabe Deus por quê. Não havia contrato e nem nada, eles apenas começaram a preparar coisas diferentes, pôsteres, bottons e camisetas, e acho que tentaram nos arranjar um show em algum lugar. A estratégia mais esperta de Leeds foi nos dizer que havia marcado esses shows em L.A. Infelizmente, funcionou.

Na época, toda a cena de L.A. era bastante ampla. O Whisky a Go Go fora famoso na década de 1960 como plataforma para muitas bandas de rock ótimas, mas, aparentemente, estava sentindo a competição dos novos bares mais sofisticados que abriam. O Whisky estava em busca de algo diferente e novo para restaurar sua antiga glória. Era o lugar certo na hora certa para causar impacto, e nós realmente queríamos fazer aqueles shows. Queríamos tanto que assinamos um contrato de cinco anos com Leeds.

Los Angeles era tudo o que esperávamos. Foi uma grande virada para o Blondie. Rodney Bingenheimer, um DJ local e influente com um faro excepcional para encontrar música nova, tinha seu próprio programa de rádio na KROQ e ficou doido conosco. Ele tocava nossas músicas o tempo todo e nos recebeu em seu programa. Apesar de ser "comercial", a KROQ funcionava mais como uma rádio universitária, e Rodney tinha o controle completo de sua playlist. Ele era conhecido por tocar músicas da garotada descolada — e ajudar essas bandas a explodir. Havia até um fã clube do Blondie em L.A. que era presidido por Jeffrey Lee Pierce, um doce de rapaz que depois teria uma ótima banda chamada Gun Club, que seria produzida por Chris. Jeffrey havia pintado os cabelos de loiro para parecer com os meus. Na primeira vez que tocamos em L.A., as pessoas ainda se vestiam como hippies — e lá estávamos nós, vestidos de preto ou com roupas no estilo mod. Mas o público reagiu a nós. Quando voltamos ao Whisky para fazer outros shows, mais tarde naquele ano, parecia que todos na plateia tinham feito incursões em brechós — e as mulheres estavam vestindo lindas minissaias estilo mod, em vez de aquelas coisas florais compridas.

Tom Petty abriu para nós na primeira semana. Na segunda, tocamos com os Ramones, e foi quando as coisas ficaram mais loucas. Havia apenas alguns poucos camarins minúsculos no andar de cima do Whisky, que todos dividíamos. As duas bandas, namoradas, convidados e vários aproveitadores, todos amontoados naquelas salinhas. Joan Jett era uma visitante regular, Ray Manzarek dos Doors estava lá, assim como Malcolm McLaren, que estava na cidade tentando conseguir um contrato nos EUA para os Sex Pistols. Uma noite, Malcolm entrou em algum tipo de briga com Johnny Ramone, que o pôs para fora do camarim ameaçando-o com uma guitarra. Outra noite, um homem veio até nós, todo de preto, inclusive o cabelo, a barba e o bigode. Ele usava uma capa, óculos aviador, uma enorme cruz em uma corrente e um botton de "In the Flesh" na lapela. Phil Spector. Ele estava acompanhado de Dan e David Kessel, dois gêmeos altos, bonitos e vestidos de maneira impecável; sua comitiva naquela noite. Eles escoltaram os Ramones e todos para fora da sala, menos nós.

Enquanto os glamourosos gêmeos ficaram na porta, mantendo todos fora — ou talvez nos mantendo dentro —, Phil entrou em um longo monólogo que foi até as primeiras horas da manhã.

Soterrado em algum lugar daquele falatório sem fim, estava um convite para a mansão dele. Eu realmente não queria ir, porque não queria me cansar. Claro, a lenda de Phil Spector sempre me fascinou, então fiquei dividida com o convite. Ouvi muito sobre ele, adorava suas músicas, e sua loucura me atraía, mas eu estava cantando todas as noites, dois sets por noite e sem folga. Não queria ter que conversar; queria descansar para poder fazer o próximo show. Mas Peter decidiu que nós precisávamos ir. A mansão amuralhada de Phil ficava muito perto da Sunset Strip. Lembro-me do ar-condicionado congelante e do quão "Phil Spector" ele foi. Chris se lembra de ele nos recebendo com uma Colt .45 em uma mão e uma garrafa de vinho Manischewitz na outra.

Havia alguns outros convidados naquela noite, incluindo Rodney Bingenheimer e Leeds, que devia ter esperanças de que nós trabalhássemos com Phil em um disco. Todos tinham que sentar; Phil não queria ninguém andando por aí. Ele estava entretendo todo mundo com sua imitação de W. C. Fields. Em algum momento, mandou alguém buscar pizza. Depois, se sentou ao piano e começou a tocar. O músico queria que eu me sentasse ao seu lado no banco e cantasse "Be My Baby" e algumas músicas das Ronettes com ele. Ele me fez cantar sem parar. Eu não queria cantar, pois ainda tinha muitos shows, mas aquele era o território de Phil, e ele não era alguém passível de ser contrariado. Um pouco depois, quando estávamos sentados juntos no sofá, Phil pegou sua arma, enfiou-a na minha bota na altura da coxa e disse: "Bang, bang!"

Phil estava trabalhando com Leonard Cohen na época, e nos levou até a sala de música, querendo tocar algo para nós. Mas ele tocou no volume máximo, então só soou distorcido. Na verdade, tudo o que me lembro é de voltar para o hotel e dormir. Nunca se dorme o suficiente

Um chá da tarde.

fileira de cima: *Siouxsie Sioux, Viv Albertine, eu*

fileira de baixo: *Pauline Black, Poly Styrene, Chrissie Hynde*

em turnês, e, com dois shows por noite, você tem que dormir sempre que puder. Acho que teria sido ótimo trabalhar em um disco com Phil, e talvez nós devêssemos ter tentado. Acredito que Peter Leeds tinha algumas divergências com Phil, o que nos segurou, e ele acabou trabalhando com os Ramones. Segundo o que Joey e Johnny contaram, não foi fácil; ele queria o controle total. Ele era um gênio, tinha uma arma e uma paranoia enorme — e nem sempre isso acaba bem. Acho triste que ele esteja na prisão — mais triste ainda para a pobre mulher que foi atraída para sua mansão e depois assassinada a tiros. É terrível: é uma loucura que uma mente tão brilhante, um talento tão influente quanto Phil Spector — o homem que criou o Wall of Sound, essa contribuição seminal para o rock'n'roll — agora esteja atrás das grades, com a saúde debilitada e apodrecendo em um hospital prisional.

Depois do nosso último show no Whisky, fomos a São Francisco e tocamos no Mabuhay Gardens. Era um pequeno bar filipino que se tornou punk por rebeldia. Por conta de seus esforços para se promover, Dirk Dirksen, o dono e mestre de cerimônias, ficou conhecido como "Papa do Punk". Aquela era uma cidade real, como Nova York ou Chicago, com uma diversidade de ocupações e frustrações. As mulheres eram bonitas e estilosas, então os caras da banda curtiram alguns momentos selvagens. Eu mesma tive alguns momentos de selvageria, brigando com algumas mulheres muito agressivas; algumas atrás de mim e outras atrás de Chris. E houve uma festa louca em uma galeria de arte que os rapazes invadiram — literalmente invadiram, jogaram um tijolo ou um cinzeiro na porta da frente. Estávamos chapados com a energia daquelas poucas semanas em L.A.; todos seguindo as pegadas da história do rock — e tínhamos uma reputação a construir!

Depois, aconteceu a primeira turnê de verdade do Blondie, com Iggy Pop e David Bowie.

David estava trabalhando com Iggy em seu novo disco, *The Idiot*, em Berlim. Iggy estava prestes a começar sua nova turnê norte-americana com David na banda, como tecladista. De verdade, eles poderiam ter chamado qualquer um no mundo para abrir para eles, mas nos escolheram, basicamente uma banda local que recebera um pouco de atenção. É claro que ficamos extasiados. Voamos para Nova York para fazer as malas e mais dois shows como atração principal no Max's. Depois do segundo set na segunda noite, nos amontoamos em um trailer alugado logo cedo e fomos para Montreal, onde a turnê começaria. Havia uma grande cama no fundo do trailer; nós cinco nos esprememos nela, tentando inutilmente dormir um pouco, pois o primeiro show era na mesma noite. Quando chegamos ao teatro Plateau, nos enfiamos no camarim e capotamos. Então, a porta se abriu e David e Iggy entraram e se apresentaram. Todos nós suspiramos. Nós os tietamos como idiotas, mas eles foram muito simpáticos e amigáveis.

Fizemos mais de vinte shows com eles. Todas as noites, nós os assistíamos dos bastidores, e assistíamos à passagem de som. Foram muitas as oportunidades de vê-los e de aprender. Eles também nos assistiam. Chris se lembra de eles me dizendo: "Use mais do palco, caminhe por ele." No começo, com a falta de costume de estar em um palco grande, eu geralmente ficava em um só pedaço. Depois, tive a ideia de saltitar e dançar por todo o espaço. Mas não havia ninguém que usasse o palco melhor que Iggy — talvez com exceção de David, que era uma superestrela naquela época, mas ainda assim estava feliz em exercer o papel de músico de apoio. Iggy escalava as caixas de som, cantando e exibindo seu corpo incrível e musculoso — as mulheres na plateia tiravam as calcinhas, as lançavam no palco e se sentavam lá com as pernas abertas, mostrando tudo.

Fora do palco, nós saíamos juntos às vezes e conversávamos, só coisas do dia a dia, mas era um pouco diferente para mim, por ser a única mulher ali. Eu estava com Chris, nós éramos um casal, mas, mesmo assim, não havia nada que se igualasse a ser a única mulher na estrada, rodeada de homens. Uma vez, David e Iggy estavam atrás de pó. O contato deles em Nova York havia morrido repentinamente e eles estavam sem nada. Um amigo havia me dado um grama, mas eu mal havia tocado na droga. Eu não ligava muito para cocaína — me deixava inquieta e ligada, além de afetar minha voz. Então, subi as escadas com minha enorme quantidade de cocaína e eles cheiraram tudo de uma vez. Depois, David pôs o pau para fora — como se eu fosse a inspetora de paus oficial ou algo assim. Já que eu estava em uma banda só com homens, talvez eles tenham pensado que eu *realmente era* a inspetora de paus. O tamanho do de David era notório, claro, ele adorava mostrá-lo tanto para homens quanto para mulheres. Era engraçado, adorável e *sexy*. Um instante depois, Chris entrou

O setlist, um trabalho contínuo.

na sala, mas o show já havia acabado. Não tinha nada para ver, o que foi um alívio. Provavelmente os rapazes haviam dito: "Ah, David e Iggy levaram Debbie lá para cima", e a testosterona dele deu chilique. Quando Chris e eu saímos da sala, fiquei pensando por que Iggy não me deixou ver o pinto *dele* mais de perto...

Mas os rapazes estavam vivendo o melhor momento de suas vidas. Em Portland, Jimmy chutou uma porta de vidro. Ele teria sido preso se David não tivesse interferido e pago por ela. E, depois do show de Seattle, os punks de lá nos convidaram para tocar no *bunker* deles, um lugar com paredes de cimento que parecia um abrigo antibombas. O palco era um colchão. Isolados e no meio do nada, podíamos tocar no último volume e improvisar a noite inteira; não havia vizinhos para reclamar. E foi isso que Chris, Clem e Jimmy fizeram, tocando com equipamento emprestado e Iggy nos vocais. Chris sempre disse que este foi um de seus lugares favoritos de todas as turnês.

A turnê terminou em Los Angeles; no entanto, depois de nos despedirmos, continuamos por lá para tocar mais quatro noites no Whisky, desta vez com Joan Jett. Voltamos para Nova York a tempo de tocar nas duas noites do enorme show beneficente para a revista *Punk* no CBGB's, junto com muitos de nossos amigos, como os Dictators, Richard Hell e David Johansen. Depois, era hora de partir de novo — agora, para nossa primeira turnê britânica. No dia anterior à nossa viagem para Londres, meu Camaro morreu. Ele ficou preso na marcha ré, o que não era novidade; a ligação estava arrebentada. Às vezes eu conseguia colocá-lo na primeira marcha, outras vezes, não, então eu dirigia pela rua de ré, encostando quando o semáforo mudava. Porém, desta vez, ele não estava indo para lugar nenhum; morrera de vez. Nós não tínhamos dinheiro para rebocá-lo, mas um amigo em Nova Jersey disse que daria um jeito. Depois, ele nos contou que o empurrou em um penhasco.

Aterrissamos no aeroporto de Heathrow em maio de 1977, exatamente quando Londres se preparava para celebrar o Jubileu de Prata da Rainha e os Sex Pistols se preparavam para lançar "God Save the Queen". Nosso primeiro show, um aquecimento como atração principal, com abertura da banda britânica Squeeze em uma universidade na tranquila cidade costeira de Bournemouth, foi revelador. Foi um mergulho intenso no punk britânico — que era definitivamente diferente do punk norte-americano, mais tribal e muito mais físico. As pessoas pulavam, se empurravam, cuspiam e ficavam loucas, encorajando-nos. Os skinheads, em particular, gostavam do empurra-empurra com muito contato físico; aqueles caras completamente carecas, se balançando, se empurrando e dançando. Eu quase fui arrastada do palco. Nós não gostamos muito das cuspidas — a "escarrada", em que o público puxava catarro do fundo da garganta e cuspia em nós. Ironicamente, nosso amigo Iggy alega ser o pioneiro desse gesto de apreço peculiar. Eca! Obrigada, Iggy. Mas as rodas punk eram divertidas, todos pulando loucamente, sacudindo a cabeça e virando os olhos. Esta era uma das coisas que eu sempre quis com as Stillettoes: fazer a plateia se levantar e dançar. Eu estava muito cansada das pessoas apenas sentadas, quietas e esperando serem entretidas. Adoramos que o público era uma massa enlouquecida e frenética, cheia de boas energias. Isso nos fez tocar com muito mais emoção.

Mas depois a verdadeira turnê começou. Nós abriríamos para o Televison.

É triste dizer, mas não foi tão divertido quanto abrir para Iggy e Bowie. Tivemos problemas com o som e com os equipamentos, e a atmosfera era, digamos, um pouco desconfortável às vezes. Não tínhamos experiência suficiente para saber o que fazer nessas situações e nem a quem perguntar. Não tocávamos tanto com o Televison em Nova York, e nossos fãs nem sempre eram os mesmos. Os primeiros shows foram em Glasgow; os Ramones e os Talking Heads também estavam na cidade e haviam tocado na noite anterior, então parecia que o CBGB's se mudara para a Escócia.

As coisas começaram a esquentar para nós quando chegamos em Londres para fazer dois shows no Hammersmith Odeon. O público estava conosco e a imprensa de rock começou a prestar atenção em nós. Depois de nossos dez shows pelo Reino Unido, um por noite e sem folga para viajar, tocamos com o Television em Amsterdã, Bruxelas, Copenhagen e Paris. Eu nunca tinha estado em nenhum daqueles lugares antes, mas não houve tempo para explorar. Voltamos para os Estados Unidos com várias ótimas resenhas e novos fãs, e fomos direto trabalhar em nosso segundo disco, *Plastic Letters.*

Mais uma vez estávamos no grande salão no Plaza Sound, no prédio do Radio City Music Hall e com Richard Gottehrer na produção. No entanto, havia uma grande diferença: Gary Valentine não estava mais na banda. Durante a turnê, ficou claro que ele queria ter a própria banda e nós estávamos atrapalhando-o — o que é compreensível, ele queria fazer um nome para si mesmo. Ele falou sobre sair depois do segundo disco, então nosso empresário se livrou dele. Assim, cruel, direta e ruidosamente, da forma intimidadora que era típica dele. Foi horrível. Foi muito difícil para Clem, porque ele e Gary eram próximos.

No entanto, estávamos desesperados para recomeçar e seguir em frente, embora fosse completamente desconfortável. A atmosfera no estúdio estava pesada, todos estavam uma pilha de nervos. Chris teve que tocar muitas das partes de baixo, além da guitarra, e trouxemos Frank Infante para ajudar. É possível ouvir um pouco dessa raiva e atitude no disco.

Quando começamos o *Plastic Letters*, ainda estávamos na Private Stock; quando o terminamos, estávamos na Chrysalis Records. Foi ideia do nosso empresário. O selo era britânico, nós tínhamos um público no Reino Unido e na Europa, então ele começou a conversar e negociar. Peter convenceu Larry Uttal a nos liberar do contrato com a Private Stock por uma soma substancial e nos contou no estúdio. Aparentemente, tudo isso era novidade para Richard Gottehrer, que agora queria ser incluído na lista de aquisições. Como resultado desses arranjos, ficamos com uma dívida de US$1 milhão.

Houve uma espera de seis meses até o disco finalmente ser lançado. Voltamos para a Costa Oeste mais uma vez, levando Frankie conosco para tocar baixo. Entre os shows que fizemos, houve um desfile de moda punk com o Devo no Hollywood Palladium. Depois, veio mais uma temporada de shows no Whisky. John Cassavetes e Sam Shaw estavam lá para gravar os shows para um filme que Terry Ellis, diretor da Chrysalis, estava financiando. Era uma coisa estranha, sobre o Blondie, mas também sobre minha fantasia de ser filha de Marilyn Monroe.

Foi Sam quem orquestrou e fez a famosa fotografia de Marilyn naquele vestido branco em cima da saída de ar do metrô em *O Pecado Mora ao Lado*. Já que esse filme era ideia dele, ele era o diretor, e trouxe junto seu amigo e também diretor, Cassavetes. Quando as filmagens acabaram, fizemos um grande show no Whisky. Parecia que todas as pessoas da gravadora tinham vindo. Depois, todas subiram para o andar superior, até a sala onde John e eu estávamos posando para uma foto. Sempre que alguém da gravadora entrava, John acenava para que se juntasse a nós: "Venha, venha, apareça na foto." Ele dirigia todas aquelas pessoas na foto e, no momento em que ela foi feita, ele estava de pé no fundo e não é possível vê-lo. Foi muito cômico, como uma cena de cinema mudo. Foi realmente um grande momento Cassavetes.

Não sei o que aconteceu com esse filme. Provavelmente está em algum lugar da internet. Zoe Cassavetes confessou haver uma cópia dele nos arquivos de seu pai. Mas uma coisa boa veio dessa viagem a L.A.: nosso novo baixista, Nigel Harrison. Ele era inglês, mas morava na cidade e estava tocando na Nite City, banda de Ray Manzarek. Acho que foi Sable Starr, namorada de Johnny Thunders, que sugeriu que fizéssemos uma audição com ele. Aparentemente, Nigel foi a alguns de nossos shows com um gravador cassete e gravou as músicas, para que conseguisse o emprego quando fosse à audição. Bem, ele conseguiu. Frankie mudou do baixo para a guitarra — que era realmente seu instrumento —, e nós tínhamos uma banda de novo. A parte difícil foi que não tivemos tempo de ensaiar ou nos conhecermos; tivemos que enfiar a cara no trabalho. Lembro-me de falar com nosso empresário sobre nossa agenda insana uma vez e ele responder: "Está vendo? Tem um dia livre", e eu lhe dizer: "Não, não tem, é um dia de deslocamento." Não tínhamos um agente pessoal, tínhamos um agente impessoal.

Durante toda essa primeira fase do Blondie, a pressão era constante. Esse nível de estresse em algum momento traria consequências extremas. Sempre achei que foi particularmente difícil para Chris. Ele é uma pessoa meticulosa, introvertida e ponderada, e foi forçado a tomar todas aquelas decisões rápidas e a carregar todas aquelas responsabilidades conflitantes nos ombros. E ele é um homem másculo — muito embora nunca tenha sido machão —, então sempre foi muito protetor em relação a mim. Ele me defendia de todos os absurdos que surgiam, o

1 HOUR
ATOMIC
DREAMING
HANGING
HELLO JOE
GOOD BOYS
MARIA
SCREAMING
DOG STAR
END TO END
ACCIDENTS
UNDONE
TIDE IS HIGH
RAPTURE
CALL ME
ONE WAY
HEART OF GLASS

Setlist de 2003.

que acrescentava uma camada extra de estresse. Estava sempre dizendo que queria mais tempo livre, mas raramente ficávamos em casa.

Estávamos na estrada em São Francisco quando recebemos a ligação avisando que nosso apartamento havia incendiado. Estávamos esgotados em todos os sentidos, exaustos, privados de sono e vivendo na adrenalina. Por um tempo, Chris e eu nos mudamos para o velho Gramercy Park Hotel, em Downtown, quando voltamos para Nova York, o que foi divertido e bom. Os outros hóspedes em tempo integral eram, na maioria, senhoras que vestiam peles em pleno verão. Aí nosso empresário decidiu que eu tinha que voltar para a estrada, sozinha, em uma turnê promocional, para conversar com DJs e diretores de programas de rádio por todo o país. Então, viajei com Billy Bass, o famoso promotor de bandas da Chrysalis.

Em novembro, voltamos para a estrada: Reino Unido, Europa e depois uma grande turnê pela Austrália. Em Brisbane, fiquei tão mal por causa de uma intoxicação alimentar que não conseguia ficar de pé. Tivemos que cancelar o show. No dia seguinte, lemos nos jornais que o público ficou furioso e destruiu as duas primeiras fileiras de cadeiras do local da apresentação. Fizemos dois show em Bancoc, onde havia leprosos nas ruas pedindo esmolas. O Ambassador Hotel, onde tocamos, fez um enorme arranjo de flores que dizia "BLONDIE", exatamente como aparecia na capa do primeiro disco, muito exótico. Fizemos seis shows no Japão, onde os fãs foram adoráveis e muito gratos. Viajamos para Londres para tocar no Dingwalls e cruzamos com uma parte do pessoal de Nova York, Leee Black Childers, Richard Hell e Nancy Spungen. No dia seguinte, voltamos a rodar pela Europa... e seguimos viajando, e muito.

Nosso segundo disco, *Plastic Letters*, foi finalmente lançado em fevereiro de 1978. Fomos a Londres para uma aparição no *Top of the Pops*, o maior programa musical da TV britânica, e tocamos nosso primeiro single, "Denis". É uma música que sempre adorei. Chris e eu a descobrimos em uma dessas compilações da K-tel. Foi um hit de um grupo do Queens chamado Randy and the Rainbows no início dos anos 1960. A versão deles se chamava "Denise". Eu tirei o "e" para transformá-la em um rapaz francês, e cantei dois versos nessa língua. "Denis" chegou ao segundo lugar nas paradas britânicas e nos fez explodir de verdade na Europa. Nosso segundo single, "(I'm Always Touched by your) Presence, Dear", uma música de Gary Valentine, também chegou ao top dez do Reino Unido, assim como nosso disco.

Eu havia feito meu próprio vestido para a capa do disco: uma fronha branca na qual enrolei fita adesiva vermelha, como uma bengala doce. Nossa nova gravadora rejeitou; eles não acharam "simpático" o suficiente ou algo assim. Parecia que em todos os passos do caminho alguém estava exercendo algum tipo de controle criativo sobre a banda e tirando-o de nós. Eles queriam que eu vestisse outra coisa, então escolhi uma peça que Anya Phillips e eu fizemos juntas. Anya estava fazendo roupas maravilhosas de elastano para si e para as backing vocals na banda de James Chance. Fizemos o design do meu vestido juntas e eu deveria montá-lo — mas não prestei atenção suficiente a como ela fez isso.

Anya não costurava, então ela fazia furos na peça e cortava tiras finas do mesmo tecido para amarrar. O visual era muito legal, mas, sabendo que eu me sacudia muito no palco, fiquei um pouco insegura, então o costurei. Ela ficou um pouco chateada com isso, mas o visual ainda estava lá, com todas as tiras cruzando a parte da frente e de trás do vestido. A nova gravadora não colocou meus seios à mostra na propaganda do disco, mas fez a seguinte oferta generosa em meu nome: "Debbie Harry will undo you" [Debbie Harry vai desfazer suas amarras, em tradução livre].

David Bowie uma vez descreveu a indústria musical como um manicômio: você só pode sair para promover algo ou gravar outro disco; depois, volta para dentro. E é bem por aí mesmo. Em meados de 1978, no verão, quatro meses depois de lançar nosso segundo disco, finalmente tivemos uma folga da turnê — para gravar o terceiro. Chris e eu ainda não tínhamos um teto. Acho que foi quando nos mudamos para um apart-hotel corporativo e sem graça em Nova York, logo atrás da Penn Station, que me dava um terrível sentimento de falta de raízes, de algo transitório.

Para gravar o *Parallel Lines*, usamos um estúdio diferente, o Record Plant, um lugar caro, com um produtor caro, Mike Chapman. Foi a primeira vez que sentimos que a gravadora acreditava em nós e achava que valia a pena gastar algum dinheiro conosco. Mike Chapman era o *Hit Meister* — ele produzia um hit de glam rock atrás do outro nos anos 1970, para artistas como Sweet e Suzi Quatro. Todos nós estávamos muito animados para trabalhar com ele. O australiano Mike tinha muita ginga. Ele tinha um ar muito hollywoodiano, com óculos escuros estilo aviador e uma longa piteira branca, mas combinado com um espírito rock'n'roll. Ele via o que existia ali e se agarrava. Era um verdadeiro perfeccionista; extremamente rígido, porém, ao mesmo tempo, muito paciente conosco. Ele estava acostumado a trabalhar com músicos inexperientes e sabia tirar o melhor deles. Com frequência, isso significava nos fazer tocar tomada por tomada e, porque era tudo analógico, e não digital, havia coisas que precisavam ser feitas, não sei, milhares ou milhões de vezes — ou assim parecia. Mike podia ser um ditador (e ele mesmo pode afirmar isso), mas era um doce, muito otimista. E o disco ficou ótimo.

É claro que a gravadora não ficou satisfeita. Quando Mike tocou o *Parallel Lines* para os executivos, eles disseram que não ouviram nenhum hit. Ah, mesmo? Como você responde a uma coisa dessas? A resposta de Mike foi: "É isso, nós não vamos refazer coisa nenhuma." Algumas de nossas músicas mais conhecidas são desse disco: "One Way or Another", que foi parcialmente inspirada naquele meu assediador de Nova Jersey; "Sunday Girl", escrita por Chris; "Pretty Baby", que Chris e eu escrevemos sobre Brooke Shields; "Picture This", que era minha, de Chris e Jimmy; "Hanging on the Telephone", que era uma música do Nerves, uma banda de L.A., cuja fita Jeffrey Lee Pierce nos enviou. Nós a tocamos no banco de trás de um táxi em Tóquio, e o motorista, que não falava uma palavra em inglês, começou a tamborilar os dedos no volante. Chris e eu nos olhamos e pensamos: *Certo, esse cara está seguindo o ritmo e ele não faz ideia de sobre o que é a música, só está reagindo à melodia*, o que consideramos um sinal de que precisávamos gravá-la. Nossa versão começa como uma música das Shangri-Las, com um efeito sonoro, um som de toque de chamada telefônica britânico.

Já "Heart of Glass" apareceu mais tarde nas sessões de gravação, depois de Mike perguntar: "Vocês têm mais alguma coisa?" Era uma antiga música nossa que gravamos como "The Disco Song", naquela demo que fizemos em um porão quente e úmido com Alan Betrock. A versão demo tinha um som norte-americano e dançante e, graças ao calor e à umidade, foi difícil manter qualquer coisa afinada. A nova versão era muito mais eletrônica e tinha uma sonoridade europeia. Chris começou a brincar com sua bateria eletrônica — uma Roland CompuRhythm — e produziu aquele toc-tica-tica-toc. Ele ligou aquela caixinha preta no sintetizador, e esta foi a faixa de fundo; todo o resto da música foi construído ao redor dela. Para Chris e eu, soava como Kraftwerk, uma banda que nós dois adorávamos. É *disco*, mas ao mesmo tempo, não. Os críticos de rock detestavam *disco*; a revista *Punk* publicou um manifesto raivoso contra o *disco* e as pessoas que gostavam do estilo. A música irritou muitos críticos, mas como Chris, o dadaísta, gosta de dizer, ela nos tornou punks na cara do punk.

Stephen Sprouse desenhou o vestido que uso no vídeo dessa música. Ele tinha uma série de pinturas com linhas de varredura, baseadas nas linhas da tela das televisões antigas, e começou a estampar tecido com essas linhas. Para o meu vestido, ele usou duas camadas de chiffon, para que as linhas se sobrepusessem e criassem movimento. Ele ainda estampou em algodão e eu fiz as camisetas que os rapazes estão usando. Steve também fez uma foto maravilhosa usando linhas de varredura para a capa de nosso disco, mas ela acabou não sendo usada — era artística demais.

O *Parallel Lines* foi lançado em setembro de 1978, nosso segundo disco naquele mesmo ano. Enquanto estávamos em turnê pela Europa mais uma vez, ele chegou ao topo das paradas em vários países europeus e na Austrália. Nosso single "Hanging on the Telephone" chegou ao top cinco nas paradas britânicas, mas não fez nenhum barulho nos EUA — não ficou nem entre as cem. Embora estivéssemos muito felizes vendo todo o nosso trabalho duro sendo recompensado, era muito decepcionante não ter nenhum hit em nosso país natal. No início de 1979, no meio da turnê norte-americana, vimos que "Heart of Glass" havia entrado nas paradas do país. E continuou subindo, devagar e sempre. Viajamos para Milão no meio da turnê para participar de um programa de TV e estávamos hospedados em um daqueles lugares italianos antiquados, cheios de madeira escura e veludo, quando recebemos uma ligação. Era Chapman. Ele disse: "Estou no bar, desçam aqui." Então descemos até o deslumbrante bar-lounge, perguntando-nos o que Chapman estava fazendo na Itália, e ele nos recepcionou com uma garrafa de champanhe. Foi quando descobrimos que "Heart of Glass" havia chegado ao primeiro lugar.

Como Mike, assertivo, apontou em uma entrevista à *Rolling Stone* sobre o *Parallel Lines*: "Se quiser se manter na indústria musical, precisa fazer discos de sucesso. Se não consegue fazer discos de sucesso, então dê o fora e vá arranjar o que fazer." Certo, Mike. Nós sabíamos muito bem o que fazer...

Ficamos muito felizes e animados com a notícia, mas acho que não tivemos tempo de absorvê-la completamente, pois voltamos direto para casa para nos apresentar no *Midnight Special*, no *American Bandstand* e no *Mike Douglas Show*, além de terminar nossa turnê norte-americana. Quando ela acabou, o *Parallel Lines* estava no top dez dos Estados Unidos e rumo ao disco de platina. Não posso reclamar, posso? O trabalho duro realmente valeu a pena no final.

UNION
SQ.
14TH

8

MADRE CABRINI E O CURTO-CIRCUITO

Já que estávamos sempre na estrada ou no estúdio, você deve achar que não precisávamos de um apartamento. Mas é claro que precisávamos. Encontrei um em Uptown: o número 200 da West Fifty-Eight Street, na Seventh Avenue. Na verdade, quem o encontrou foi Stephen Sprouse. Depois de se mudar do último andar do antigo prédio na Bowery, ele encontrou um apartamento em uma daquelas construções pré-guerra, com pés-direitos altos e controle de aluguel.

De vez em quando, eu o visitava e discutíamos ideias para meu novo visual. Ele era uma pessoa amável e generosa. Quando estávamos na Bowery, ele me deu as superfotografadas botas pretas de cano altíssimo da I. Miller, pelas quais eu nunca teria condições de pagar na época. Stephen provavelmente as conseguiu em algum desfile, pois ainda trabalhava para a Halston no momento. Eu tinha um trench coat de cetim preto que parecia muito um casaco para a noite. Quando eu o usava com as botas e uma boina preta, ficava uma mistura de Patty Hearst, do SLA, e Faye Dunaway em *Bonnie e Clyde — Uma Rajada de Balas*. Stephen gostava desse visual. Ele também me arranjou um vestido tipo camisa preto de seda opaca da Halston que eu adorava. Usei ele até enjoar. Eu o vestia tanto que chegou ao ponto de não poder chegar perto de ninguém com ele, porque o cheiro era muito ruim. Ainda tenho aquele trapo velho e fedido, mesmo que demore alguns minutos para encontrá-lo agora. Mas sempre posso apenas seguir meu olfato...

Pouco depois disso, ele me deu um vestido tubinho feito de algum tipo de tecido sintético. Era amarelo, costurado com linha vermelha e tinha fendas dos dois lados, um decote canoa, mangas três quartos e um cinto de contas feito pela mãe dele, Joanne. Mais tarde, quando as turnês ficaram um pouco mais organizadas, ele me enviava desenhos de como usar as peças de jeitos diferentes. Eu ainda os tenho também.

Comecei a fazer amizade com o zelador desde a primeira vez que pisei no prédio no West Side. Eu batia na porta dele, conversava, dava-lhe algum dinheiro e dizia: "Quero muito morar aqui." Levou algum tempo, mas, finalmente, em outubro de 1978, ele me informou sobre um apartamento muito especial, e nós nos mudamos. Ficava no último andar e tinha varandas em três lados. A pintura estava descascando, havia goteiras ao redor da claraboia no teto e muitas correntes de ar. Fui avisada de que ali, originalmente, era a lavanderia do apartamento. Também tínhamos uma espécie de laje. A estrela do cinema mudo Lillian Roth morou lá por um período. Eu adorava o apartamento. Moramos nele por bastante tempo, três ou quatro anos, o que era bem diferente de nos mudarmos todo ano. Mesmo quando saímos dele, nós o mantivemos, e Stel, a mãe de Chris, foi morar lá.

Chris colocou a estátua em tamanho real da Madre Cabrini — que, por ser sagrada, obviamente, sobreviveu ao curto-circuito em nosso apartamento — em um canto da cozinha. Tínhamos uma sala de estar enorme com os móveis habituais e um cômodo menor com uma parede cheia de armários. Era ótimo ter armários de verdade, e o cômodo poderia servir de escritório para nós. Chris cultivava maconha no terraço duplo que dava para os fundos do prédio — ele era um tremendo maconheiro, sempre em busca da viagem perfeita. Muitas vezes, isso também incluía haxixe, e aqueles aromas pungentes impregnavam os tecidos de nossas vidas — assim como os tecidos de nosso sofá e de nossa cama. Ele até vendeu erva por um tempinho para conseguirmos pagar o aluguel. O bom era que nosso aluguel era muito baixo, porque a maior parte de nossos lucros esperados virava fumaça.

Fizemos alguns contatos interessantes nessa época. Havia um cavalheiro grego cujo nome era, digamos, Ulisses (acho que ele ainda está vivo, e não quero estragar seu disfarce). Ele era um bonitão de meia-idade e mexia com algumas coisas pesadas. De vez em quando, comprávamos algumas drogas com ele e vendíamos em pequenas quantidades para um círculo íntimo de amigos. Ulisses era uma figura excêntrica e nós o visitávamos com frequência. Ele tinha um "loft" na Fourteenth Street, que na verdade era um apartamento no subsolo. Acho que, como ocupava um andar inteiro, ele considerava apropriado chamá-lo de loft. O lugar era cheio de garotos jovens bonitinhos e sorridentes, o que tornava nossos esforços comerciais, que eram patéticos do ponto de vista financeiro, majoritariamente sociais.

Uma fonte mais refinada de maconha era um escultor que vivia na periferia de Chinatown e possuía um prédio inteiro, que alegava ter comprado da cidade por US$1. Ele era um bom trapaceiro, então eu acreditava. Também era um artista que entendia as camadas de poeira e entulho, os escombros que teciam nossa incrível cidade. "Ray" era muito exigente em relação a seu produto, e a maconha que ele vendia era um tipo muito forte do norte da Califórnia. O pólen de tom esverdeado claro era grudento, os botões eram grandes e tinham pouquíssimas sementes. Não era barata, mas valia cada centavo. Do jeito que estou descrevendo essas coisas, você deve achar que eu era uma tremenda maconheira, como Chris, mas não era. Eu não sabia lidar com aquilo: ou me via flutuando acima do meu corpo em um estado de catatonia total ou entrava na paranoia completa. Eu ficava espantada com o fato de alguém conseguir até falar depois de fumar um baseado "da boa do Ray". Mas os rapazes adoravam.

Também tínhamos um contato para uma maravilhosa erva roxa do Havaí. Chris começou a guardar as sementes — um hábito tradicional dos maconheiros — e depois começou a plantar em nosso terraço, o que produziu um belíssimo jardim, com uma parede para garantir a privacidade. Pedimos a um amigo que cuidasse da plantação enquanto estávamos na estrada. Quando voltamos, no entanto, Chris ficou arrasado ao descobrir que suas plantas haviam sido polinizadas. Elas estavam fadadas a não dar em nada; haviam perdido a pureza. De alguma forma, aquilo me atingiu como uma referência bíblica. Sabe, o Jardim do Éden e a mulher corrompendo o homem.

Uma noite, em nosso apartamento, enquanto Chris e Glenn O'Brien assistiam a programas independentes no canal a cabo C e fumavam baseados enormes um atrás do outro, tiveram a ideia para o *TV Party*. Conhecíamos Glenn do CBGB's. Ele tinha uma banda chamada Konelrad e era bastante conhecido na Factory de Warhol. Quando Andy lançou a revista *Interview*, Glenn foi o primeiro editor, além de escrever uma coluna permanente chamada "Glenn O'Brien's Beat". A TV independente era uma loucura: era aberta para qualquer palhaço, lunático ou proselitista que tivesse alguma mensagem ou obsessão para compartilhar com a comunidade. Bastava pagar US$40 ou US$50 e você tinha direito a uma hora de estúdio. A ideia de Glenn era fazer um talk show semanal — uma versão underground, artística e subversiva dos clássicos programas norte-americanos de entrevistas e variedades exibidos tarde da noite. Ele e Chris seriam os apresentadores, e foi o que fizeram. O *TV Party* começou em 1978 e foi ao ar todas as semanas durante quatro anos na TV a cabo, nos canais D e J. Na época, a TV a cabo só era disponível da Twenty-Third Street em diante, o que significava que quem morava em Downtown não tinha acesso. Por outro lado, é muito provável que quem morava em Downtown estivesse no programa.

Todas as terças-feiras na Twenty-Third Street. Primeiro, nos encontrávamos no Blarney Stone, um bar irlandês especializado em

TV Party!

shots que ficava em frente ao ETC/Metro Access Studios, de onde o programa era transmitido. Todos aqueles esquisitões talentosos se reuniam, e Chris e Glenn casualmente pensavam no tema do *TV Party* daquela noite — um bacanal à la Fellini ou talvez um harém noturno do Oriente Médio. Como no início da moda desconstruída, aquela era uma desconstrução da televisão. Nas palavras de Glenn: "Tivemos uma boa chance de botar para foder na televisão. Xingar, ficar doidão, defender a subversão, ser festeiros inconsequentes..."

Amos Poe, o cineasta underground, era o diretor de fotografia. Às vezes, ele se entediava e começava a fazer truques aleatórios, deixando a tela pixelada ou incluindo cortes repentinos e cenas dos sapatos das pessoas. Uma rajada de imagens tóxicas para simular o "ruído" no set. Atrás das câmeras estava Fab 5 Freddy, artista visual e pioneiro do hip-hop. Jean-Michel Basquiat ficava lá, brincando com o gerador de caracteres ou escrevendo coisas na tela, como se estivesse fazendo grafite na TV em vez de nas paredes. Ele queria escrever na parede do estúdio, mas foi proibido depois de grafar "mock penis envy" [zombe da inveja do pênis, em tradução livre] em uma parede em branco. Ele levava muito a sério seu papel como artista de rua e filósofo do grafite; Andy Warhol o adorava. Todos nós adorávamos. "SAMO", sua assinatura em grafite, estava em todos os lugares, escrita nas paredes.

O *TV Party*, como os grandes talk shows, tinha uma banda de estúdio. O líder era Walter "Doc" Steding, músico, pintor, diretor, ator e agitador em geral. Nós o conhecemos quando ele era uma banda de um homem só, tocando violino com acompanhamento eletrônico e abrindo para o pessoal no CBGB's. Todos os programas tinham convidados especiais — Klaus Nomi; David Bowie; Nile Rodgers; David Byrne; Mick Jones, do Clash; Kraftwerk; George Clinton; e as Brides of Funkenstein. Havia um quadro de telefonemas no qual eles recebiam ligações para responder a perguntas ou apenas comentários malucos. Às vezes, parecia um disque-sexo. Chris sempre participava do programa se o Blondie não estivesse na estrada — e, mesmo quando estávamos, ele enviava vídeos para Glenn de qualquer lugar. Eu não aparecia toda semana, mas vez ou outra era convidada. Fiz um programa assim que voltamos do Reino Unido, ensinando a pogar usando um "pula-pula" pogo jump.

Glenn era o apresentador perfeito, com seu humor anárquico e sua cara de pau. Chris também era muito bom, com seu sorriso irônico e suas tiradas atrevidas. Todo mundo no *TV Party* estava em alguma banda ou no cinema, era artista, escritor, fotógrafo, estilista ou todas as anteriores, ou estava apenas de bobeira. Uma coisa alimentava a outra, uma sensibilidade muito "faça você mesmo". Naquela época, nunca ocorria a ninguém se limitar a apenas uma coisa. Você encontrava um nicho, o reivindicava e tentava deixar sua marca, como os grafiteiros faziam. Em 2005, Danny Vinik produziu um documentário, o *TV Party, The TV Show that's a Party*. Fui ao lançamento. Sentei-me entre Jerry Stiller, comediante e ator, e Ronnie Cutrone, artista e um dos frequentadores da Factory de Andy Warhol, e todos ficamos com os olhos grudados na loucura na tela; vários amigos antigos, muitos deles mortos há bastante tempo. Todas as filmagens originais foram unidas em formato de filme e vê-las daquela forma, tudo de uma tacada só na telona, depois de todos aqueles anos, as tornou super-reais. O passado se tornou mais do que minhas memórias pessoais. Fiquei sentada ali, absorvendo aquelas experiências emocionais e intelectuais de uma vida passada, enquanto elas eram empilhadas na noite de terça-feira mais longa da história.

Algumas semanas antes, eu tinha ido assistir a outro documentário, desta vez sobre a Paris dos anos 1920 e aquela grande leva de escritores norte-americanos que mudaram a cara da literatura moderna. Paris era a cidade onde não havia restrições, e eles podiam perseguir novas ideias. Havia muitos paralelos óbvios entre aquela confluência de escritores, artistas e músicos da década de 1920 e a cena punk/underground da Nova York dos anos 1970. Nós transformamos, em menor escala, os acontecimentos pós-hippie em uma erupção criativa de novas formas de arte, que foram um presságio das comunicações computadorizadas e digitais. Não foi fácil. Mas, ao mesmo tempo, havia uma curiosa simplicidade na forma como tudo se desenrolou.

Tudo gira em torno do tempo. É isso o que importa. O tempo me trouxe — trouxe todos nós — inexoravelmente do submundo da contracultura ao mainstream da cultura atual. É um mundo muito diferente. Em 1978, fui duramente criticada por mostrar um pedaço de calcinha vermelha no palco do Palladium; hoje, tudo é revelado, nada é oculto. Os limites se diluíram em favor de uma disponibilidade muitas vezes sem graça. Acredito que um aspecto positivo é que, pelo menos, a consciência em torno da sexualidade mudou para melhor: é mais fácil ser aberto em relação à sua identidade de gênero e suas preferências; há menos medo de represália. Existe o conceito de um momento ser "propício", mas agora o tempo acelerou. Quando o momento chega, já é tarde. Hoje, tudo gira em torno da fama. Mas, naquela época, tudo girava em torno de fazer alguma coisa acontecer. E, ao longo do tempo, nós fizemos algumas coisas acontecerem.

GLENN DECIDIU FAZER UM FILME SOBRE A CENA DOWNTOWN. O diretor era Edo Bertoglio, um fotógrafo suíço que era parte da turma do *TV Party* e fez fotos para a revista *Interview* e para a edição italiana da *Elle*. Ele e a esposa, Maripol, fotógrafa, estilista e designer, encontraram alguns patrocinadores na Itália e o trabalho começou no fim de 1980, com o *New York Beat Movie*. Era um retrato do Downtown de Nova York antes de o prefeito Rudy Giuliani se ajoelhar com uma escova na mão e uma garrafa de água sanitária na outra e limpar tudo. Mas também era uma fantasia, um conto de fadas urbano, estrelando Jean-Michel Basquiat como um artista quebrado perambulando pelo Lower East Side, procurando mulheres que o levassem para casa enquanto tentava vender suas pinturas. Essas duas últimas coisas eram verdadeiras; Jean-Michel não tinha onde morar na época.

Chris e eu compramos a primeira pintura que ele vendeu na vida, *Self Portrait with Suzanne*. Suzanne era sua namorada na época. Jean-Michel disse algo a Chris sobre precisar de dinheiro e perguntou se nós queríamos comprar uma pintura. "Quanto?", quis saber Chris. O artista respondeu: "US$300." Compramos uma enorme pintura de Basquiat por US$300, uma quantia ridiculamente pequena de dinheiro, mas Jean-Michel saiu dizendo: "Enganei eles!" Então, ficamos todos felizes.

Interpretei o papel de uma moradora de rua no *New York Beat Movie* e há uma cena em que peço para Jean-Michel me beijar. Quando ele beija, me transformo em uma fada madrinha e lhe dou uma mala cheia de dinheiro. O que mais me lembro do filme é do quanto gostei de beijar Jean-Michel. Ele tinha a fala macia, era muito gentil, *sexy* e encantador, e eu sentia uma forte atração por ele. Foi um beijo muito bom.

Quase todo mundo estava nesse filme: o Blondie, Tish e Snooky, Roberta Bayley, James Chance (também conhecido como James White), Kid Creole, Tav Falco, Vincent Gallo, Amos Poe, Walter Steding, Marty Thau, Fab 5 Freddy e Lee Quiñones (outro membro do Fab 5). O Fab 5 era um grupo de grafiteiros das periferias de Nova York que pintava vagões de metrô e que migrou dos trens para as galerias de arte. Eram projetos incríveis, mas foram menosprezados pela maior parte da imprensa e da autoridade de transporte metropolitano da cidade. Algumas pessoas achavam difícil distinguir jovens pichadores de pintores de verdade, que criavam murais móveis elaborados, obras de arte genuínas. Por exemplo, uma vez, Freddy grafitou desenhos das sopas enlatadas Campbell em homenagem a Andy Warhol. Aqueles trens recebiam aplausos espontâneos ao chegar nas estações, as pessoas na plataforma gritavam "É isso aí!"

Freddy também era rapper. Lembro-me de ele aparecer no CBGB's quando tocávamos e apenas ficar por ali, apesar de chamar a atenção, pois pouquíssimos negros iam lá. Então, em 1977, ele nos levou ao nosso primeiro show de rap. Foi um evento do Police Athletic League no Bronx, uma coisa local. Todos aqueles caras se levantavam e gritavam sobre sua sexualidade e sua própria noção de poder ou protestavam contra suas condições de vida. Era muito tribal. O sistema de som era muito ruim, mas era ao vivo, e era vigoroso e muito punk: uma outra cena punk correndo em paralelo à nossa. Nós adoramos.

Nesse meio-tempo, o *New York Beat Movie* teve alguns problemas com dinheiro e tudo parou. O filme ficou em uma estante em algum lugar juntando poeira por quase vinte anos. Finalmente, Glenn e Maripol conseguiram localizá-lo e comprar seus direitos, mas, nessa época, o áudio dos diálogos havia desaparecido. Eles ainda tinham o áudio das músicas ao vivo, mas os diálogos precisavam ser incluídos, e essa parte foi um pouco complicada. Tivemos que dublar o que estava sendo dito e tentar igualar os movimentos da boca, mas, como não havia roteiro, ninguém realmente sabia as falas. Eles tiveram que contratar um ator, Saul Williams, para fazer a parte de Jean-Michel, pois ele já havia morrido na época. Sempre mantivemos contato com ele — e quando seus problemas com drogas ficaram sérios demais, ele entrou

Eu nunca mais vou tirar esse figurino.

em um programa de reabilitação com metadona, mas não durou muito. Jean-Michel morreu de overdose de heroína em 1988, aos 27 anos.

O filme, rebatizado *Downtown 81*, finalmente foi lançado em 2000, junto com uma trilha sonora com o mesmo nome. Mil novecentos e oitenta e um também foi o ano em que o Blondie lançou um rap, "Rapture". Jean-Michel está no videoclipe fazendo o papel de DJ. Ele tentou grafitar a parede em branco atrás dele no set, mas o dono do estúdio não permitiu, exatamente como fizeram no estúdio de TV onde gravávamos o *TV Party*. Inacreditável, não?

O OLHO QUE TUDO VÊ. HOJE EM DIA, É IMPOSSÍVEL ESCAPAR DELE. AGORA, ninguém pensa duas vezes antes de ser fotografado. Ou pensa tanto que, quando não está sendo fotografado, se fotografa. Chris era um cronista e observador de olhar afiado, sempre ali com sua câmera, sempre tirando fotos minhas ou dos outros. Eu me acostumei a me enxergar pelo olhar dele, o que, acho, também me torna uma observadora, ou uma observadora distanciada. Este é um dos interessantes efeitos colaterais de ser um tema: ser capaz de se enxergar pelo olhar de outra pessoa. Há uma música escrita por Jimmy em *Eat to the Beat*, nosso disco de 1979, chamada "Living in the Real World", que diz:

Hey I'm living in a magazine
Page to page in my teenage dream...
I'm not living in the real world[1]

E, de certa forma, era assim. Naquele ano, o Blondie apareceu na capa da *Rolling Stone* e eu, na capa da *Us* e de outras revistas ao redor do mundo. Fui fotografada muitas vezes por muitas pessoas — Chris Stein, Robert Mapplethorpe, Richard Avedon, Mick

[1] "Ei, estou vivendo em uma revista / Página a página, meu sonho adolescente... / Não estou vivendo no mundo real"

Rock, Roberta Bayley, Brian Aris, Chalkie Davies, Bob Gruen, Christopher Makos, Francesco Scavullo, Bobby Grossman, o 5° Conde de Lichfield, entre outros. No processo, aprendi o que buscar em uma fotografia. Eu, sem dúvida, tenho pensamento visual. Quando tenho ideias, tendo a vê-las como imagens, e não como algo que meus sentimentos criam. Minhas músicas são imagens em movimento. Eu as assisto para ver aonde vão, ajusto o personagem ou a iluminação e talvez pense em alguma trilha sonora.

Desde que me lembro, adoro cinema e televisão, sou fascinada pelo que está na tela. Isso alimentou uma paixão eterna por me fantasiar e experimentar, por imaginar o que eu queria ser e, por extensão, quem eu me tornaria. No início do Blondie, eu tinha a segurança de me esconder atrás de um papel. Sempre tive interesse na ideia de fazer filmes, e Chris, na de escrever trilhas sonoras. Conforme o Blondie se tornava mais popular e meu rosto aparecia em tantas revistas, roteiros de filmes vinham de todas as direções. A maioria não passava de obras apelativas, que pareciam ter sido escritas na pausa para o café de alguém: "Linda vocalista de uma banda de rock'n'roll toca em bares vagabundos e usa várias drogas." Nada que chamasse a atenção — até *Union City*.

Union City é um filme cult. O diretor, Marcus Reichert, também é romancista e pintor, e seu trabalho foi exibido em várias pequenas galerias. Ambientado na pequena Nova Jersey da década de 1950, o filme conta a história de Lillian e Harlan, seu marido paranoico, interpretado por Dennis Lipscomb. Ele demonstra cada vez menos interesse na esposa e cada vez mais interesse em descobrir quem está roubando as garrafas de leite de sua porta. Lillian tenta agradá-lo em vão, mas, à medida que ele se torna mais psicótico, ela se diverte com o zelador do prédio. Na realidade, o marido estava sofrendo de transtorno de estresse pós-traumático em razão da Segunda Guerra Mundial, embora isso não esteja exatamente explícito no filme. Ninguém falava sobre o assunto na época, isso nem era um "transtorno". Se você tivesse problemas, tinha que sorrir, seguir em frente e ser homem — e, se fosse mulher, o caminho era o mesmo, e você tinha que assumir um dos papéis designados para meninas naqueles dias. As coisas eram assim quando eu era criança. Foi naquele meio restritivo que fui preparada para viver — e foi disso que fugi. Lillian era muito solitária em seu próprio mundo particular, e eu conseguia me identificar com aquilo.

Eu já havia participado de filmes antes, mas Lillian foi minha primeira personagem principal de verdade. Eu não estava fazendo uma participação especial, não estava glamourosa e nem cantando. Chris escreveu músicas para o filme e, muito depois, Nigel e eu escrevemos uma música chamada "Union City Blue", mas ela não é sobre o filme. Coincidentemente, este foi um período em que "Heart of Glass" estava nas paradas, mas o Blondie estava suspenso por não cumprir suas obrigações contratuais com a gravadora, o que significava que não estávamos gravando material novo e oferecendo o número de discos exigido em nosso contrato.

Nenhum dos atores era muito conhecido, mas todos mostraram uma variedade espetacular de atitudes e personalidades; era muito bom trabalhar com eles. Pat Benatar também está no filme, lindíssima e sem nenhuma timidez diante das câmeras. Estávamos na mesma gravadora, acho que ela tinha acabado de lançar seu primeiro disco. Tony Azito, que interpretou o marido dela, era cantor e dançarino da Broadway e morreu tragicamente jovem. Taylor Mead interpretou um vizinho neurótico e hilário. Everett McGill interpretou Larry Longacre, o zelador que se tornou meu amante. C. C. H. Pounder — que está em *Bagdad Café*, um dos meus filmes favoritos de todos os tempos — fez uma rápida aparição como uma mulher com o marido e nove filhos procurando um apartamento. Richard Dean, o maquiador, era um ilustrador talentoso e fez desenhos de todos os personagens, seus figurinos e maquiagens. Richard trabalhou na NBC por muitos anos depois. Acho que ainda tenho os desenhos que ele fez de mim em algum lugar. Nosso diretor de fotografia, Edward Lachman, ainda não era famoso e se autointitulava Eddie Lumiere na época.

As gravações duraram pouco, talvez algumas semanas, porque o orçamento era muito baixo. Eu estava muito ansiosa no primeiro dia no set, preocupada em lembrar minhas falas. De várias formas, era muito diferente de cantar em uma banda; um ritmo diferente, uma noção de tempo diferente, um tipo de intimidade diferente. Não há público, ninguém para nos impulsionar. Há uma equipe e o diretor, mas todos estão muito ocupados fazendo o próprio trabalho, então você faz o seu e espera se sair bem. Chris e eu assistimos ao filme juntos. Acho que ele estava mais tenso que eu, apreensivo por mim, querendo que fosse bom, para o meu próprio bem. Acho que ele ficou surpreso, de uma maneira muito positiva. Sou eu quem sempre acho que poderia ter feito melhor, sabe como é. Mas a fotografia e a iluminação são lindas. O filme inteiro tem uma qualidade muito artística. Marcus, o diretor, hoje ganha a vida exclusivamente como pintor, na França. Ele chegou a escrever uma sequência para *Union City*, mas não conseguiu dinheiro para realizá-la.

Lembro-me de pensar: *Se você não gostar, não precisa fazer outro filme nunca mais.* Mas tomei gosto. Eu realmente gostei de ser uma

No set de Union City *com o diretor, Marcus Reichert.*

personagem e contar uma história com imagens, ser dirigida e compartilhar uma visão. "Blondie" foi uma personagem que criei e, se você parar para pensar, é um dos papéis mais longos no rock. Mas a experiência em *Union City* não foi uma experiência muito colaborativa; Marcus era muito claro sobre o que queria, quem era a personagem e o que ele precisava de mim. Logo, naturalmente, eu queria fazer mais filmes depois dessa experiência.

Chris e eu estávamos planejando fazer um remake de *Alphaville*, de Jean-Luc Godard, o filme *noir* futurístico francês de 1965. Nós seríamos os produtores, e Amos Poe, o diretor. Eu faria Natacha von Braun, a personagem feminina principal interpretada por Anna Karina no filme de Godard, e Robert Fripp seria Lemmy Caution, o detetive anti-herói interpretado antes por Eddie Constantine. Robert, o extraordinário guitarrista e compositor que fundou a banda de rock britânica King Crimson, se tornou nosso amigo depois de se mudar para Nova York e trabalhar como artista solo e produtor. Ele assistiu a um de nossos shows no CBGB's em maio de 1978 e fez várias participações especiais, inclusive tocando no *Parallel Lines*, em "Fade Away and Radiate", música que Chris escreveu sobre eu dormir na frente da TV. Robert e eu chegamos a nos caracterizar e fazer alguns testes de câmera. Ainda é possível encontrá-los na internet.

Chris e eu nos encontramos com Godard em pessoa e lhe dissemos que queríamos fazer o filme. Ele respondeu: "Por quê? Vocês são malucos", mas, de qualquer forma, nos vendeu os direitos por US$1 mil. Depois descobrimos que os direitos não eram dele. No entanto, não foi por isso que o filme não se materializou. Uma das razões foi que nós não sabíamos nada sobre produzir filmes, e outra foi que nossa gravadora não queria que fizéssemos aquilo. Houve uma situação parecida quando Robert Fripp me pediu para cantar no disco dele e nossa gravadora não permitiu. E também não permitiu que eu participasse de *Blade Runner* quando recebi o roteiro — e eu queria muito fazer aquele filme. De qualquer maneira, tenho certeza de que isso teria nos ajudado a vender discos. Mas parece que, quanto mais alto chegávamos na hierarquia da fama, menos a gravadora queria que fizéssemos, a não ser para o Blondie, principalmente eu. Chris tinha a fotografia como válvula de escape — ele fez a capa do disco novo de Robert Fripp —, além de produzir discos como *Zombie Birdhouse*, de Iggy Pop, e *Miami*, do Gun Club, com sua própria empresa, a Animal Records. Ele também produziu Walter Steding para o selo de Warhol, o Earhole, e um disco de Gilles Riberolles e Eric Weber da dupla rock-*disco* francesa Casino Music, e ainda a trilha sonora para o histórico filme de hip-hop *Wild Style*, entre várias outras empreitadas.

Eu adorava me aventurar e experimentar, mas não fazia sentido se fosse acabar em um processo. O negócio da música é como qualquer outro, mas arte e comercialização formam um casamento difícil. "Não posso viver com você, não posso viver sem você." Não escolhi ser artista para que outras pessoas me dissessem como criar. Sentíamos uma enorme necessidade de liberdade criativa, agitando todos os dias as barras de nossas jaulas emocionais.

Então, a responsabilidade bateu à porta e era hora de entregar outro disco do Blondie. Durante uma breve pausa em uma turnê de um ano pelos EUA, voltamos ao Record Plant para começar a trabalhar com Mike Chapman no *Eat to the Beat*. A boa notícia era que Peter Leeds, nosso empresário, não ficaria sondando o estúdio, nos pressionando e enlouquecendo. Finalmente conseguimos cortar todos os laços com ele, embora, para isso, tenha sido necessário ceder-lhe 20% do nosso futuro. Mas agora precisávamos encontrar outra pessoa para nos representar, o que significava reuniões intermináveis com empresários tentando nos convencer do quão maravilhosos eram e do quanto seriam bons para nós. Entrevistamos todo mundo, de Shep Gordon, passando por Sid Bernstein e Bill Graham, até Jake Riviera. É difícil pensar em uma distração maior quando você deveria estar gravando um disco. Logo, cancelamos as sessões de gravação.

No entanto, quando recomeçamos, dois meses depois, tudo correu muito rápido e finalizamos o disco em mais ou menos três semanas. Talvez tenha sido porque, depois de todo aquele tempo na estrada, conseguimos gravar muito dele ao vivo. Mas o que mais me lembro é de me sentar no lounge no estúdio, tentando escrever uma letra e me sentindo muito pressionada, pois as faixas estavam ficando prontas e eu não fazia ideia do que ia cantar. Talvez seja por isso que as músicas são tão minimalistas. Pense em "Atomic": esta música aconteceu de forma meio improvisada. Jimmy apareceu com uma canção que soava como uma trilha sonora de Ennio Morricone para um daqueles fabulosos faroestes macarrônicos de Sergio Leone. Eu basicamente comecei a brincar com as palavras e fazer graça com a letra. E, de fato, essa música perdurou ao longo dos anos, a ponto de haver um filme recente intitulado *Atômica* [*Atomic Blonde*, no título original em inglês]. A protagonista, interpretada por Charlize Theron, teve a caracterização inspirada pela minha imagem "Blondie".

Dessa vez, o disco não tinha nenhum cover, apenas composições originais, e incluía funk, reggae, *disco* e até uma canção de ninar, mas também é nosso disco mais rock, e foi o primeiro que gravamos sabendo que realmente havia um público querendo ouvi-lo. Nosso primeiro single foi "Dreaming". Às vezes, Chris me dava alguma frase que aparecia em sua cabeça enquanto ele trabalhava na melodia — neste caso, "Dreaming is free" —, e eu escrevia o resto, como se estivesse fazendo uma música tema para um filme. Foi o primeiro single do disco e chegou ao topo das paradas britânicas, nossa quarta música em primeiro lugar no Reino Unido em dois anos. O segundo single, "Union City Blue", não foi lançado nos EUA, mas chegou ao top vinte britânico. "Atomic", o terceiro, nos pôs de volta no primeiro lugar.

O Blondie voltou para a estrada logo depois que o disco ficou pronto. Tiramos alguns dias de folga em Austin, no Texas, para fazer uma participação especial em um filme chamado *Roadie*, cujo jovem diretor, Alan Rudolph, veio da produtora de Robert Altman. Este foi o primeiro trabalho que Shep Gordon, nosso novo empresário, nos conseguiu. Ele também era empresário do Alice Cooper, e nós fechamos com ele com um aperto de mãos, nada de contratos. *Roadie* foi estrelado por Meat Loaf, que era enorme, em todos os sentidos. Do outro lado da escala de tamanho, o filme também trazia vários atores com nanismo. Há uma cena em um café em que acontece uma briga com os anões, e alguns de nós apanhamos de verdade, porque aqueles carinhas eram muito ativos e muito, muito fortes. Foi caótico e muito divertido. O Blondie também gravou uma versão rock da canção "Ring of Fire", de Johnny Cash, para a trilha sonora. A audição de Chris nunca mais foi a mesma depois de tomar um esguicho no ouvido durante a cena de briga.

Fizemos outra breve pausa para fazer um vídeo para cada música do disco. Lembro-me de discutir com o diretor David Mallet sobre como o material de *Eat to the Beat* tinha uma qualidade muito cinemática para contar histórias. O lado visual do Blondie sempre foi muito importante para mim e Chris, e, já que não era preciso muito dinheiro para fazer vídeos naquela época, David conseguiu vender a ideia para a Chrysalis. Todos os vídeos foram gravados em Nova York, com exceção de "Union City Blue", que foi gravado nas docas do rio Hudson, no lado de Nova Jersey.

Em dezembro de 1979, "Dreaming" estava no topo das paradas britânicas e nós fomos a Londres ensaiar para uma grande turnê que começaria logo depois do Natal. Assim que chegamos, fizemos uma aparição em uma loja de discos da cidade, na Kensington High Street. O pequeno lugar estava rodeado de milhares de fãs, que bloqueavam toda a rua e interrompiam o tráfego. A polícia chegou para fechar a rua; nenhuma rua tinha sido fechada por nossa causa antes, parecia a Beatlemania. Era a Blondiemania! Por coincidência, conhecemos Paul McCartney naquela viagem. Ele estava na frente do nosso hotel enquanto embarcávamos no ônibus. Ele sabia vagamente quem éramos e foi muito tranquilo e amigável e, é claro, Clem ficou louco — ele era, e é, a Beatlemania em pessoa, e era totalmente obcecado por Paul McCartney. Paul foi muito gentil. Ele conversou um pouco conosco, até Linda, sua esposa, aparecer e arrastá-lo dali.

Uma equipe do noticiário de TV semanal norte-americano *20/20*, da ABC, nos acompanhou por Londres durante aquela viagem — estavam fazendo uma matéria sobre a cena new wave e a ascensão do Blondie. Eles filmaram a multidão na loja de discos e foram ao Hammersmith Odeon, onde fizemos oito shows esgotados, desta vez, como atração principal. Tony Ingrassia, que morava em Berlim na época, foi nos coreografar e dirigir. Robert Fripp tocou uma música conosco todas as noites. No último show, Iggy Pop subiu ao palco para o bis. Ele cantou "Funtime", e foi realmente divertido, uma grande festa sem fim. Joan Jett também estava lá; as Runaways estavam em Londres para gravar um disco que nunca foi feito. Nós a vimos do lado de fora do Hammersmith Odeon brigando com o cara da bilheteria, que dizia que ela não estava na lista. Nós a colocamos em nosso ônibus e ela entrou conosco.

Joan estava em nosso quarto no hotel no dia seguinte, quando o pessoal do *20/20* entrevistou Chris e eu. Eles perguntaram a Chris como era viver com "o *sex symbol* da década de 1970", e ele respondeu que "não poderia estar mais feliz". Quando o entrevistador o pressionou a falar mais, ele disse: "É uma massagem no ego de um homem, é fantástico." As perguntas estavam começando a me irritar. Mais cedo, eu havia reclamado com Joan sobre ter aquelas pessoas na minha cola o tempo todo. Ela estava esvaziando o frigobar na mesma hora, e acho que Chris a apresentou ao entrevistador. Joan ficou em frente à câmera e exclamou: "Vai se foder, ABC!", mostrando o dedo do meio das duas mãos.

Já era final de janeiro de 1980 quando fomos embora do Reino Unido. O *Eat to the Beat* estava em primeiro lugar nas paradas do país e alcançou o disco de platina nos Estados Unidos. Voamos de volta a Nova York no Concorde: chegamos em três horas [o tempo normal de voo é de oito horas]. Lançada no ar como um foguete espacial, eu me sentia como um astronauta.

STARLINERS
77

9

REFAZENDO CAMINHOS

O que há no bosque? Todas as manhãs, deixo a cachorrada sair para o primeiro xixi do dia. Ultimamente, uma delas corre em direção à propriedade de um vizinho e congela. Ela fica no limite do muro — algo com o que consigo me identificar — e inicia rompantes de três latidos por quanto tempo eu permitir. É um tipo de latido muito agitado, quase histérico, mas ela não parece perder a voz: consegue latir por meia hora ou mais, e não ouço uma nota fora do lugar. Sem laringite canina para essa mocinha. Qual técnica vocal valiosa, e o que ela pode ter para me ensinar aqui? Habilidades vocais caninas especiais e secretas... No entanto, como vocalista de rock, eu claramente já fiquei no limite, explodindo histericamente em uma versão muito empolgada de "One Way or Another".

Na verdade, não me sentei para escrever sobre os malditos cachorros, embora o divertimento que eles me proporcionam com suas graças seja valioso. O que eu estava tentando fazer era pensar em um nome para o meu livro, essa jornada pelos caminhos da memória. O candidato de hoje é *Vidro Temperado*. O vidro temperado é produzido para ser mais resistente que seus pares, por meio de um processo de aplicação de alta compressão no exterior e alta tensão no interior. É feito para esmigalhar em pedaços, e não em cacos afiados, quando submetido a uma alta pressão, e esta poderia ser eu. "Temperada" para receber golpes sem voar para todos os lados em cacos perigosos. Gosto dessa imagem. E, é claro, há a referência a "Heart of Glass". Outra opção é *Matéria Antimatéria*; apenas uma pequena peça, um dente em uma das infinitas engrenagens que fazem o Universo funcionar. Um dos primeiros títulos em que pensei foi *Punk Perfeita* — porque sou punk até os ossos, e sempre fui, desde meu primeiro suspiro. Outro dia, apenas por diversão, procurei a etimologia de "punk" em um velho dicionário Webster. Fiquei surpresa ao descobrir que a palavra possivelmente veio do unami, uma língua algonquiana da região de Nova Jersey. A definição: "Madeira muito deteriorada usada para acender uma fogueira. Lenha seca." Gosto desse significado, é descolado. Já ouvi muitas definições para "punk", desde a "puta" de Shakespeare, passando por jovem marginal, até brinquedo sexual na prisão. Pelo menos os algonquianos tinham um propósito maior para o "punk". Escolhi *Face a Face* por três razões: 1) por causa de todos os retratos feitos por fãs que colecionei ao longo dos anos; 2) por causa de todas as fotos tiradas de mim; 3) e, por fim, porque precisei ficar face a face com tudo isso para escrever estas memórias.

Mas vamos voltar aos trilhos. O livro, lembra? Bom, "lembrar" é tanto uma palavra-chave quanto uma assombração. Não apenas tentar lembrar, mas reviver toda a merda que aconteceu na minha vida, em vez de só viver o dia a dia, em direção a novas merdas. Apenas viver essas coisas naquela época foi mais do que suficiente. Ter que reviver tudo é um desafio químico. Quando era uma peste, eu ameaçava meus pais, ou quem quer que me repreendesse, dizendo: "Você vai se arrepender quando eu for rica e famosa!" *E quem exatamente se arrepende agora?*, pergunto-me, enquanto me agarro à fama com minhas unhas impecavelmente feitas.

Fama. No início, foi um sentimento lascivo. Era sexual, um banho de eletricidade percorrendo meus dedos e subindo por minhas pernas, às vezes um sentimento de descarga na base da garganta. É excitante,

porém, ao mesmo tempo, estranhamente anticlímax. Talvez porque não veio em um grande ímpeto explosivo. A fama se construiu de forma mais gradual, pontuada por momentos que nos faziam parar e pensar: *Isso está dando certo, seja lá o que "isso" for.* Mas depois só continuávamos em frente, como uma mariposa atraída pela chama ou um cavalo correndo atrás de uma cenoura pendurada à sua frente, como Chris gostava de dizer.

Houve momentos em que chegamos mais perto da loucura real do rock'n'roll. O show que fizemos no Max's antes de nossa primeira turnê com Iggy. O espaço estava tão cheio que alguém (provavelmente nosso empresário) chamou os bombeiros, e eu assisti do palco a todos aqueles capacetes e uniformes tentando atravessar a multidão. Eles desligaram o som duas vezes, mas continuamos tocando. Depois, veio a apresentação na Our Price Records em Londres, quando houve uma aglomeração tão grande que a polícia teve que fechar a rua. Ou na Alemanha, onde fãs se penduravam em nosso ônibus ou se jogavam à sua frente. Tudo isso aconteceu enquanto íamos de um lugar para o outro em meio ao caos. Não houve tempo para absorver nada. Mas, conforme a nova década se iniciava, por um precioso momento, a máquina parou. Era final de janeiro de 1980 e estávamos de volta ao nosso apartamento na West Fifty-Eighth Street sem malas para fazer e nem aviões para pegar, e Chris conseguiu cuidar de suas plantas no terraço. De repente, houve espaço para respirar, para sair do furacão de estar o tempo todo em movimento e avaliar o que tínhamos conquistado.

Acho que eu era relativamente inocente em relação a tudo isso. Eu estava no palco e 5 mil pessoas pulsavam de desejo por mim. Era possível sentir o calor, um entusiasmo que se materializava, cru e animalesco. Senti-las transmitir aquela sexualidade poderosa. Percebê-la e agir para excitar o público ainda mais. E o ciclo frenético de feedback aumentava cada vez mais... Era real, muito real.

Mas, olhando em retrospecto, acho que meu ego estava fora de controle. Eram só negócios, como sempre. Eu era apenas parte do jogo, uma engrenagem na máquina. Quer dizer, é possível vender *qualquer coisa* quando a estrutura corporativa está por trás e torna a arte comercializável. Joguei essa teoria para um dos vários selos com os quais já assinei e eles ficaram sem palavras. Para uma punk, esse confronto foi uma revelação.

Eu era punk até para uma *pin-up*. Havia uma revista que quase todos os norte-americanos compravam, chamada *TV Guide*. Uma das propagandas na contracapa era de uma empresa especializada em pôsteres das *pin-ups* do país, como Farrah Fawcett, Suzanne Somers e "Blondie", como intitularam o pôster com minha imagem. Eu gostava de estar nas paredes dos quartos dos fãs, ajudando-os a se divertir. Não é possível controlar as fantasias de outras pessoas e nem a ilusão que elas compram ou vendem. Pode-se dizer que eu estava vendendo uma ilusão de mim mesma. Mas sexo sempre é o que vende mais. Sexo é o que faz tudo acontecer, é o motivo pelo qual as pessoas se vestem bem, penteiam os cabelos, escovam os dentes e tomam banho. No campo do entretenimento, *sex appeal*, aparência e talento são os fatores primários.

No entanto, há perigos nisso. Houve muitas situações em que as pessoas analisavam minha aparência em vez de nossa performance musical. Não formei o Blondie para ficar famosa pela minha aparência. Quando comecei, o rock não queria que mulheres fossem nada além de um enfeite, algo bonito para ficar ali parado e cantar "Ohh, ohh, ohh" ou "Lá, lá, lá". Eu não era assim. Tentei ser, por um breve período no Wind in the Willows, e tive certeza de que não era para mim. Como a maioria das mulheres da minha geração, fui programada desde a infância para procurar um homem forte que me sustentasse e protegesse. Acreditava nessas fantasias quando criança, pelo menos até determinado grau, mas, aos 20 e poucos, fiquei farta de tudo isso. Queria estar no controle e, como meu pai sempre dizia, eu era independente demais para o meu próprio bem. Buscava aventuras e novas experiências em vez de me aquietar; precisava continuar aprendendo cada vez mais. Sentia que eu era uma mulher com o cérebro, a iniciativa e a força de um homem — e ser bonita não torna ninguém idiota. Uma coisa que aprendi neste mundo louco foi o quanto é absurdamente importante para mim manter o senso de humor.

Terminamos nossa turnê britânica com um disco em primeiro lugar e, apenas semanas depois, estávamos prestes a lançar o single mais vendido de nossa carreira. Tudo começou com uma ligação de Giorgio Moroder, o padrinho da música *disco*, o produtor, o compositor e a máquina de hits por trás de todos os incríveis singles de Donna Summer. Ele também escreveu músicas eletrônicas para o cinema e estava trabalhando em uma música tema para o novo filme de Paul Schrader, *Gigolô Americano*, estrelando Richard Gere como um acompanhante profissional. Giorgio queria que o Blondie tocasse a música; ele havia criado a melodia. Para a letra, o nome de Stevie Nicks foi mencionado, mas ele mesmo acabou escrevendo-a. Ele nos deu uma fita com uma versão demo de uma música que nomeou "Man Machine".

Giorgio é um verdadeiro mulherengo, com uma verdadeira virilidade italiana, e sempre esteve rodeado de lindas namoradas e belas mulheres. Eu não consegui cantar sua letra, porque ela veio da perspectiva de um homem com uma enorme potência sexual. Logo, assumi a tarefa de escrever uma nova. Pedimos para ver o filme, e Paul Schrader nos convidou para seu quarto no Pierre Hotel, onde assistimos ao corte bruto em vídeo. O que me fascinou no filme foi a parte visual: aquelas cores sutis e evocativas, que depois descobri terem sido tiradas da paleta da Giorgio Armani, e aquela imagem deslumbrante de um lindo carro deslizando pela Pacific Coast Highway. Voltei para nosso apartamento com aquelas imagens frescas na memória e a música na cabeça, e os primeiros versos surgiram instantaneamente: *"Color me your color baby. Color me your car."* Assim que cheguei em casa, anotei-as. O resto da música se escreveu sozinha, como dizem. Precisava ser "Call Me" [Me ligue, em tradução livre], pois era o que o personagem de Richard Gere dizia para todas as mulheres. Passamos apenas uma tarde no estúdio com Giorgio e gravamos a música. Ela foi lançada como o primeiro single da trilha sonora e logo de cara ficou em primeiro lugar nos EUA, no Reino Unido e no Canadá, e em segundo lugar nas paradas de *dance music*. Foi o single mais vendido nos Estados Unidos naquele ano.

Cantei essa música no *The Muppet Show*. Curiosamente, este foi um grande momento para mim. Nunca fui fã dos Muppets — era certinho demais para o meu gosto —, mas, depois de ver Dizzy Gillespie no programa, pensei: *Se ele fez isso, quero fazer também.* Então, viajei até os Elstree Studios, na Inglaterra, e me diverti muito. Jim Henson, o criador do programa, era, eu acho, um grande pervertido, no melhor dos sentidos. Ele tinha um senso de humor distorcido de uma maneira sagaz e transmitia a seus personagens incentivos e observações inteligentes. Ele e Frank Oz, que interpretava a Miss Piggy, o Animal e o Urso Fozzie, eram daqueles hippies velhos e estranhos, adoráveis, mas subversivos. Eles me vestiram como Frog Scout e ensinei aos escoteiros como ganhar seus distintivos. Também os ensinei a pogar. Cantei "One Way or Another" — acho que não perceberam que é sobre um assediador — e fiz um dueto de "Rainbow Connection" com Kermit. Cantei com a banda dos Muppets e me tornei *pin-up* das tropas do Pond 4. O que poderia ser melhor do que isso?

Seguindo em frente... Tenho pensado em Andy Warhol e no impacto que ele teve em minha vida. Andy era mestre em distorcer os limites entre arte e consumo. A arte dele brincava com as convenções do consumo — marketing, produção em massa, marcas, cultura popular, publicidade, celebridade. Ele também distorcia os limites entre seriedade e brincadeira; era muito sério em relação ao seu trabalho, mas o abordava com senso de humor. Sua ética de trabalho era incrível. Ele acordava cedo todos os dias, ia até o estúdio e pintava, fazia uma pausa para o almoço e trabalhava a tarde inteira — com frequência, passando horas no telefone — e depois, à noite, sempre saía para socializar. Ele ia a todos os lugares. Na verdade, o conheci — e seu deslumbrante séquito — quando era garçonete no Max's. Eu o admirava demais. Como Andy, senti a in-

Andy e a Amiga 2000, em 1985.

fluência de Marcel Duchamp e tinha afinidade com o dadaísmo e a pop art, que se tornaram fundamentais para o que eu estava criando.

Para o meu espanto, nos tornamos próximos. Chris e eu nos vimos na lista de convidados de Andy. Às vezes, ele nos chamava para jantar. Ele não comia muito; com frequência, cobria seu prato com um guardanapo, o levava consigo e deixava-o em um parapeito qualquer para algum morador de rua faminto. Um tempo depois, passou a nos convidar para suas festas na Factory, na Union Square. Ele convidava todo tipo de pessoa com todo tipo de bagagem, de Uptown, Downtown, artistas, socialites, excêntricos, todo mundo. À sua maneira, Andy era muito sociável e se dava com todos e qualquer um. Uma de suas ótimas qualidades é que era um bom ouvinte. Ele se sentava e absorvia tudo, sua curiosidade não tinha fim. Também dava muito apoio a novos artistas. Chris e eu o adorávamos — e descobrir que ele era nosso fã foi divino.

Andy me pôs na capa da revista *Interview* e deu uma festa para nós no Studio 54 quando "Heart of Glass" chegou a número um nos Estados Unidos. Naquele momento, em que não estávamos na estrada, nós já o conhecíamos um pouco, e surgiu a ideia de ele fazer um retrato meu; em algum lugar e em algum momento, ele comentara que, se pudesse ter o rosto de qualquer outra pessoa, teria o meu.

O processo foi o seguinte: primeiro, Andy tirou algumas fotos minhas. Ele usou uma daquelas incríveis Polaroid Big Shot, que pareciam uma caixa de sapato com uma lente. Essa câmera foi criada para fazer apenas retratos — e a qualidade das imagens era, muitas vezes, impressionante. Era perfeita para Andy. Depois de tirar as Polaroids, ele as mostrava e perguntava calmamente (Andy tinha a fala muito mansa): "Bom, de qual delas você gostaria?" Vi algumas que achei boas, mas respondi: "Você é quem decide." Ele era o artista, parecia mais seguro que escolhesse. Tenho esse retrato feito por Andy Warhol há muito tempo, então já estou acostumada com ele, mas ver todas aquelas imagens minhas pela primeira vez, pelas mãos de um artista tão importante para mim, foi fantástico. Acho que fiquei atordoada. E honrada. Ao longo dos anos, Chris e eu nos deparamos com muitas daquelas câmeras do início da década de 1970, e as comprávamos para Andy. Nós as encontrávamos nas lojas de quinquilharias por US$0,25. Ele sempre ficava muito agradecido. O retrato em si ganhou vida própria: foi reproduzido inúmeras vezes e exibido em várias galerias ao redor do mundo. Ainda tenho o original; não consigo me imaginar sem ele. Bem, ficarei sem ele brevemente no próximo ano, pois será cedido ao Whitney Museum of American Art, para uma retrospectiva do trabalho de Andy.[1]

Depois, Andy me convidou para posar para um retrato que ele criaria ao vivo no Lincoln Center, como uma ação para promover o computador Commodore Amiga. Foi um evento incrível. Havia uma orquestra completa e um grande painel com alguns técnicos usando jalecos de laboratório. Eles programavam usando as cores de Warhol, conforme Andy desenhava e pintava meu retrato. Eu encenava um pouco para as câmeras, me virando em direção a Andy, passando a mão pelos cabelos e perguntando com uma sugestiva voz à lá Marilyn: “Você está pronto para me pintar?” Ele era muito hilário, com seu costumeiro jeito inexpressivo, enquanto confrontava o apresentador do Commodore.

Acredito que só existam duas cópias desse Warhol gerado por computador, e eu tenho uma delas. A Commodore também me deu um computador de graça, que repassei a Chris. Ele adora equipamentos. Nosso apartamento estava começando a se parecer com o cockpit de um Boeing 747, com todos aqueles computadores, sintetizadores, eletrônicos e fios. Na época, ele queria muito ter o próprio estúdio de 24 canais, assim poderia criar o próprio selo e trabalhar com outras bandas. Mas isso custaria muito dinheiro. Pois bem, aconteceu que me ofereceram muito dinheiro para promover uma linha de jeans assinada por uma estilista.

[1] A exposição ocorreu entre novembro de 2018 e março de 2019. (N. da T.)

Olha como somos fofos, Freddie!

Encontrei Gloria Vanderbilt, a estilista da Murjani, apenas uma vez, brevemente; apenas um "olá". Fiquei fascinada. Ela tinha uma vida extraordinária: uma herdeira e socialite que se tornou atriz, artista, escritora, modelo e estilista de moda. Ela foi o que mais me deixou interessada em fazer as propagandas. Isso e a ideia de pop art. Eu queria que os anúncios fossem tão relevantes para minha vida quanto eram para vender jeans, mais como os vídeos de *art rock*. Convidamos nossos amigos James Chance, Anya Phillips e os Lounge Lizards para participar do comercial. No entanto, o que mais me lembro dessa pequena incursão pela arte e pelo consumo é como aqueles jeans cor-de-rosa eram apertados. Ridiculamente apertados. Na verdade, precisei de vários bonitões para me ajudar a tirá-los.

A memória é subjetiva. Muito dela depende de quais ângulos enxergamos as coisas. Conversar sobre política ou dinheiro — ou quem está usando quais drogas, quando e como — assemelha-se a revisitar *Rashômon*. Todo mundo gosta de levar o crédito por nos descobrir, por me transformar em estrela, por domar aqueles diabinhos correndo loucos pelo estúdio. A última parte parece ser a lembrança de Mike Chapman, embora eu não me recorde de nada assim. Mas adorávamos Mike e, sem ele, nunca teríamos feito discos tão bons. Nós o adorávamos tanto que concordamos em passar dois meses em Los Angeles para gravar um novo disco com ele. Sempre o fazíamos ir a Nova York, coisa de que ele não gostava. Logo, era justo e apropriado ir à cidade dos carros, na qual era preciso dirigir para chegar a qualquer lugar, para gravar o disco intitulado *Autoamerican*.

Eles nos colocaram nos Oakwood Apartments, e não nos demos conta de que ficavam em Burbank, do outro lado da colina. O condomínio era cheio de transeuntes e traficantes; com frequência, éramos rodeados por carros não identificados que apareciam repentinamente, cercavam um táxi ou um caminhão e prendiam alguém, como nos velhos tempos em Nova York. Só que ali não era Nova York, era Burbank. A ideia de passar dois meses acordando ali todas as manhãs e dirigindo até os United Western Studios, em Hollywood, não nos deixava felizes. Então, um dia, ouvimos uma barulheira de helicópteros de polícia sobre nossas cabeças, parecia a Guerra do Vietnã. Alguém fora baleado no estacionamento. Aquilo nos deu uma desculpa para sair dali e correr para o outro lado da colina. Nós nos mudamos para o Chateau Marmont, para um daqueles incríveis bangalôs antigos que ficam na parte baixa do hotel, perto da piscina. Aquele pequeno bangalô era muito mais nosso estilo. Infelizmente, eles talvez tenham ganhado mais fama depois que John Belushi morreu em um deles, anos mais tarde.

O processo do *Autoamerican* foi muito diferente do *Eat to the Beat*. Queríamos criar uma obra que fosse além do "vale das bonecas" e do que o Blondie era conhecido por fazer. A música popular havia se tornado muito compartimentalizada, com todos aqueles pequenos nichos para as pessoas aderirem e se tornarem um alvo de consumo

Tem algum cabeleireiro por aí?

mais fácil para a indústria. Queríamos fazer músicas que ultrapassassem essas barreiras, que reunissem pessoas. O tema do *Autoamerican* era diversidade — musical, cultural e racial. Ele traz vários tipos de estilos musicais diferentes: rap, reggae, rock, pop, Broadway, *disco*, jazz.

Quando o pessoal da gravadora o escutou, ficou confuso. Mas, naquele ponto, nós já estávamos acostumados a ouvir: "Onde estão os hits?" Como *tínhamos* hits, nós os ignorávamos, assim como aprendemos a ignorar os críticos que se voltavam contra o Blondie por causa dos nossos hits e faziam acusações de nos vendermos. Ah, esses heróis de poltrona, lutando nas linhas de frente pela pureza do pop e do rock. Para eles, não se pode distorcer os limites entre arte e consumo! Em uma resenha particularmente estúpida, de apenas uma estrela, a *Rolling Stone* nos acusou de "proclamar a morte da cultura pop" com esse disco.

Na década de 1980, o new wave já tinha sido cooptado pelo mainstream, assim como o punk e os hippies foram antes. Não dava para apelar para as afetadas bandas de new wave das grandes gravadoras. Era tudo seguro demais para o nosso gosto. Queríamos fazer algo radical. Não nos considerávamos new wave — talvez fossem os críticos que nos rotulavam assim — e estávamos fazendo o que os punks fazem, que é derrubar estruturas. Eu estava realmente farta de fazer o que os outros queriam ou esperavam de mim.

Em *Autoamerican*, gravamos uma música *disco* subversiva sobre Satã chamada "Do the Dark". Gravamos "Europa", uma trilha para um filme imaginário. Gravamos "Follow Me", uma música de fossa de Lerner e Loewe, do musical *Camelot*. Fomos ver o filme e, depois, Chris não conseguia tirar a música da cabeça. Imagino que o resto da banda achou que ele tinha perdido o juízo. Em "T-Birds", tivemos vocais de apoio de Mark Volman e Howard Kaylan, do Turtles. Eles eram adoráveis e engraçados, apareciam em nossos shows em L.A. e diziam: "Escrevam um hit para nós e poderemos trabalhar mais dez anos." Eles tiveram grandes hits nos anos 1960 e realmente sabiam como criá-los. Depois, o Turtles se separou, e eles entraram para a banda de Frank Zappa e se tornaram Flo & Eddie.

Também gravamos "The Tide Is High", um rocksteady/reggae dos Paragons, que ouvimos pela primeira vez em uma compilação em Londres. Pedimos aos Specials para tocar nessa faixa, mas eles não puderam ou não quiseram, não me lembro exatamente, então trouxemos músicos de sessão. Até então, nunca tivéramos tantos músicos de fora em um de nossos discos. Os músicos de apoio incluíam quatro percussionistas, trompas de jazz, uma orquestra de trinta instrumentos e uma banda de mariachi. "The Tide Is High" foi nosso primeiro single desse "disco sem hits". Ficou em primeiro lugar nos Estados Unidos, no Reino Unido e em muitos outros lugares.

"Rapture", nosso segundo single, é um rap, mas com uma pegada meio rock Downtown. Nós adorávamos rap. Naquela época, o estilo ainda era muito underground, mas a música chegou ao topo das paradas. Fiquei sabendo que este foi o primeiro rap a chegar ao primeiro lugar e o primeiro com sua própria música original. Até então, todos os raps usavam *samples* e batidas de outras músicas. Gravamos o vídeo para "Rapture" em Nova York e chamamos nossos amigos do hip-hop e da street art para aparecer nele: há Lee Quiñones, Jean-Michel Basquiat interpretando um DJ e Fab 5 Freddy, que levou Chris e eu ao nosso primeiro show de rap, no Bronx. Na música, cito o nome de Freddy e de Grandmaster Flash, outro pioneiro. Também lhe pedimos para aparecer no vídeo, mas ele não pôde. O cara vudu usando terno e cartola brancos foi interpretado pelo dançarino de *break* William Barnes. Ele nos ajudou a encontrar dançarinas vudu de verdade e trouxe junto três garotas haitianas. Durante a gravação, uma delas começou a se comportar como se estivesse possuída e entrou em transe. Tivemos que parar enquanto William tentava trazê-la de volta.

Studio 54.

O vídeo de "Rapture" fez sua estreia na TV no programa *Solid Gold*. Ele também foi o primeiro vídeo de rap a passar na MTV. Quando apresentei o *Saturday Night Live*, em 1981, levamos um grupo de hip-hop conosco, o Funky 4 + 1. Tentei convencer a equipe do canal a instalar uma mesa de som com dois pratos, para que o grupo pudesse fazer seu *scratching* e sua performance de dança durante o programa. Porém, os executivos ficaram apreensivos demais e só permitiram que se apresentassem no final, enquanto os créditos subiam. Quando viram do que se tratava, acho que se arrependeram de não tê-los no programa, porque foi incrível. É engraçado como a indústria do entretenimento tinha medo do hip-hop; Chris e eu adorávamos. Chris ficou tão empolgado que falou daquelas bandas incríveis para algumas pessoas da indústria musical. Todas elas lhe disseram que rap era uma moda e que logo passaria.

O *Autoamerican* foi lançado em novembro de 1980. Chegou ao top dez, mas não atingiu o primeiro lugar. Decidimos não fazer uma turnê para promovê-lo. Ou Chris e eu decidimos. Ele achava que ficar sempre na estrada era um desperdício de tempo; acreditava que seus melhores esforços eram mais bem empregados sendo criativo do que ficando por aí fazendo trabalho braçal. Chris não é um guerreiro da estrada como Clem. Ele é um perfeito candidato à Mensa, com um QI de Deus sabe quanto, e achava ofensivo ser arrastado por aí, ficar cada vez mais exausto e não poder fazer as outras coisas que lhe interessavam.

O Blondie era uma verdadeira banda, no sentido hippie tradicional, uma tentativa de democracia: todos dividiam os lucros, todos tinham uma posição para assumir, todos podiam dizer o que pensavam e todos os pontos de vista eram ouvidos. No entanto, levou um tempo para entendermos a divisão do trabalho. A função de Chris era tomar muitas decisões, criativas e de negócios. A minha era ser o rosto e a voz, dar entrevistas e tirar fotos. Os rapazes tinham que fazer suas contribuições para as músicas e manter uma imagem rock'n'roll sólida. Não importava até que horas ficaram acordados na

Gravação do vídeo para "Fun", em 2017. Qual era a letra mesmo?

noite anterior, tinham que subir no palco e tocar como loucos. Mas eu fui sobrecarregada. Em um período que todos ficaram em casa, saí em turnês de promoção sozinha por três meses, me perguntando por que não estávamos na estrada tocando. Para o bem ou para o mal, a responsabilidade recaiu sobre mim. Sentimos o gosto da liberdade naqueles poucos meses de folga. Enquanto a banda era, muitas vezes, uma batalha de egos — e constantemente nos esforçávamos para não cair no lugar-comum —, várias possibilidades criativas diferentes continuavam surgindo. Logo, decidimos explorá-las. Chris e eu queríamos fazer um disco que sintetizasse a música branca e a música negra; não apenas uma banda de rock fazendo cover de artistas negros ou escrevendo músicas com referências negras, mas uma verdadeira colaboração entre artistas brancos e negros. Levávamos isso muito a sério. Achamos que seria muito interessante tanto do ponto de vista social quanto do musical. A questão racial era, e ainda é, muito profunda nos Estados Unidos.

Os primeiros artistas com quem cogitamos trabalhar foram Bernard Edwards e Nile Rodgers. Éramos fãs do Chic há anos. Nós os encontramos brevemente no Power Station, quando o Blondie estava gravando o *Eat to the Beat*, e eles, trabalhando com Diana Ross. Depois, nós os conhecemos melhor. Uma vez, Chris e eu levamos Nile até uma escola no Queens. Entramos no ginásio, onde os jovens dançavam *break* e cantavam rap, a única música da qual faziam *scratching* era "Good Times".

O Chic tivera todos aqueles hits comerciais, como "Le Freak" e "Good Times", e nós tivéramos todos aqueles hits comerciais, como "Heart of Glass", "The Tide Is High" e "Rapture"; eles estavam em um nicho e nós estávamos em um nicho; nós tentávamos soar como eles às vezes, e às vezes eles tentavam soar como nós. Logo, achamos que seria uma boa ideia ver o que aconteceria se nos encontrássemos no meio. Felizmente, o interesse era mútuo. Isso foi antes de trabalharem com David Bowie em *Let's Dance* e com Madonna em *Like a Virgin*; fomos os primeiros artistas de rock com quem eles decidiram trabalhar daquela maneira. Depois, a coletânea recebeu o nome de *KooKoo*.

Foi uma colaboração total. Nile e Bernard escreveram quatro músicas, Chris e eu escrevemos mais quatro, e todos escrevemos outras duas, em conjunto. Foi muito divertido gravar. Eles começavam as sessões contando várias piadas raciais; às vezes, meu rosto doía de tanto rir. Tivemos Mark Mothersbaugh e Gerald Casale, do Devo, nos backing vocals de "Jump, Jump", e eles foram creditados como Spud Devo e Pud Devo. Eu adorei esse disco. Sinto que estávamos no limiar de criar um estilo de música que hoje é feita sem pestanejar, mas que, na época, não tinha precedentes. Talvez estivéssemos alguns anos adiantados.

10

CULPE A *VOGUE*

Se você é mulher e quer se sentir inadequada e ansiosa, compre uma cópia da *Vogue* e comece a folheá-la. Funciona como mágica. Com certeza funcionou comigo. Não apenas a *Vogue*, é claro, mas qualquer revista de alta moda: eu não conseguia evitar, acho que continuava lendo em busca de algum tipo de Santo Graal, no entanto, ficava cada vez mais deprimida. Mas, aqui e ali, alguma joia caía no meu colo e salvava o dia, como um artigo sobre *Frischzellentherapie* — terapia com células novas —, que era oferecida em uma clínica exclusiva na Suíça. Eu tinha chegado à idade em que havia usado e abusado do meu corpo a ponto de ver o inimigo chegar aos portões. E ali estava um tratamento que afirmava oferecer uma recuperação quase miraculosa da saúde e da beleza. Como o artigo explicava: nós nascemos com trilhões de células que estão constantemente morrendo e sendo substituídas por novas células. No entanto, com o tempo, conforme ficamos estressados, trabalhamos excessivamente, não dormimos o suficiente, comemos mal, bebemos demais ou usamos várias drogas pesadas, as novas células não conseguem acompanhar o ritmo de destruição das antigas. Segundo entendi, à medida que o corpo falha em repor as células mortas, o processo de envelhecimento começa a acelerar. E, nos últimos sete anos, Chris e eu éramos exemplos perfeitos de como acelerar essa destruição celular. Eu percebi.

Quando o Blondie ficou famoso, a pressão da indústria musical e as demandas contínuas por mais material, mais turnês e mais aparições na imprensa nos levaram ao limite. Some ainda as constantes disputas entre membros da banda e a falta de compreensão de nosso novo empresário, e estávamos esgotados. Estávamos sempre tentando injetar energia nova na banda e em nossas músicas, e ali estava algo que prometia injetar energia em nossos corpos. Arranquei aquele artigo da *Vogue* e o carreguei comigo durante muito tempo.

Tínhamos acabado de gravar o *KooKoo*. Era hora de começar a pensar na arte do disco, e foi quando Chris se lembrou de H. R. Giger, o grande mestre do realismo fantástico. Chris era muito fã do trabalho dele. Nós o conhecemos em 1980, em uma festa na Hansen Gallery, que estava exibindo seu trabalho. Quando chegamos, Hans estava de pé com uma estatueta do Oscar na mão, posando para a imprensa. Ele havia acabado de ganhar o prêmio por seu trabalho em *Alien*, filme de Ridley Scott, para o qual criou a nave, o cenário e aquela criatura extraordinária, a bela e horrível mistura de biologia e máquina, o Alien. Adorei a forma como ele brincou com esses opostos. Ver artes visuais de qualidade tão alta em um filme de ficção científica era incomum e empolgante.

Já que a galeria não estava cheia, fomos cumprimentar Hans e sua esposa, Mia, e os convidamos para ir ao nosso apartamento. Hans nos disse que aquela era apenas sua segunda vez nos Estados Unidos. Ele era suíço e não gostava muito de sair de Zurique. Mas nos contou também que nenhuma outra cidade no mundo o havia inspirado como Nova York. Ele disse que essa cidade tinha magia negra. A linha horizontal do metrô e os arranha-céus altos e estreitos se combinavam para formar um tipo de crucifixo invertido. As pinturas que ele fez sobre a cidade depois talvez tenham resultado, em parte, desta visita.

Quando chegou a hora de fazer a capa de nosso disco, Chris e eu perguntamos se ele poderia pensar em um conceito, e Hans concordou de imediato. Ele pegou uma foto que o fotógrafo britânico Brian Aris tirou de mim, com meus cabelos castanhos e penteados para trás, totalmente fora do meu rosto. Depois, pintou por cima dela, acrescentando quatro enormes espetos que entravam na minha cabeça por um lado e saíam pelo outro. Agulhas de acupuntura gigantes, explicou. Ele tinha acabado de passar por um tratamento de acupuntura, que chamava de "aku-aku". Hans tinha um sotaque suíço-alemão surpreendentemente pesado; seu inglês era limitado, e ele falava a língua de forma lenta e deliberada. Era engraçado e adorável, e eu gostava dele ainda mais por isso. O contraste entre sua arte, que era subliminarmente apavorante, extrema e quase intolerável para a maior parte das pessoas, e aquele ursinho de pelúcia alemão com dificuldades para pronunciar "acu" era encantador.

Aku-Aku também era o nome do livro de Thor Heyerdahl sobre sua exploração da ilha de Páscoa nos anos 1950. Era fascinante assistir à mente de Hans trabalhando conforme ele combinava elementos de magia e as místicas estátuas de pedra, justapostas àquelas agulhas de acupuntura gigantes. E, de certa forma, o "aku-aku" germânico de Hans se transformou em *KooKoo*. Ele explicou que aqueles espetos atravessando minha cabeça eram símbolos dos quatro elementos. A fonte de energia eram raios e os espetos canalizariam a corrente para o meu cérebro. Não doeu nem um pouco!

Adorei o que ele fez com meu rosto. Eu disse a Hans que queria que aquilo marcasse uma mudança clara em relação ao Blondie — não apenas no estilo musical, mas em minha persona. Ele nunca acompanhara a banda, pois era mais ligado ao jazz. Mas funcionou perfeitamente: era gótica demais para minha imagem Blondie, porém perfeita para meu primeiro disco solo. Ficamos tão felizes com a capa que decidimos fazer vídeos para os dois singles do *KooKoo*, "Now I Know You Know" e "Backfired", com Hans. Isso significava que teríamos que ir ao seu ateliê em Zurique, então, lá fomos nós para a Suíça.

Hans e Mia moravam em Oerlikon, um bairro bucólico e tranquilo. De fora, a casinha e o estúdio deles combinavam perfeitamente com o lugar, com exceção do jardim, cujos arbustos cresciam livres, pois Hans gostava das formas aleatórias que tomavam. Mas o interior definitivamente acompanhava o fascínio do artista pelo macabro. Os cômodos eram escuros e decorados com arte gótica e fetichista, representando nascimento, sexo e morte. Em uma mesa, havia um crânio; Hans nos contou que seu pai lhe dera quando ele tinha seis anos. Ao lado de sua estatueta do Oscar, Hans colocou uma cabeça encolhida, o perfeito *memento mori*.[1]

Ficamos lá por duas ou três semanas gravando filmes de dezesseis milímetros que depois seriam transferidos para vídeo. Hans me fez um elaborado macacão colado ao corpo pintado com biomecanoides — híbridos entre humanos e máquinas. Eles me fizeram uma máscara completa para o rosto — o que significava dois canudos enfiados no meu nariz. Rá! Eu já sabia uma coisa ou outra sobre canudos enfiados no nariz. Depois, cobriram meu rosto com algum material de modelagem rápida usado para fazer próteses dentais. Ihh! Não foi muito bom — entrei em pânico por ficar presa daquele jeito. Tiveram que tirar a máscara antes que estivesse completamente sólida. Hans ficou desapontado com a aparência torta que resultou do processo, mas colocamos uma longa peruca preta e ele conseguiu fazer funcionar. Ele também está no vídeo, usando uma máscara de estêncil cobre, que foi cortada das partes usadas para fazer os relógios. Uma máscara de estêncil de relógio suíço, muito bonita.

[1] Expressão latina que significa "lembre-se da morte". (N. da T.)

Ele também fez um elaborado sarcófago egípcio de isopor. Desta vez, Hans furava meu corpo com agulhas de acupuntura gigantes, usando-as como varinhas para atrair o poder dos raios. E *KooKoo* ganhou vida, como um Frankenstein moderno. O sarcófago era incrível, mas muito frágil para que eu ficasse dentro dele, então ele recortou um portal no formato de sarcófago para que eu entrasse em cena. Eu emerjo como uma mulher biomecânica reanimada e começo a dançar em meu macacão pintado, aerografado com estênceis de relógios de cobre. Enquanto toda essa bruxaria acontecia, Chris, com sua Hasselblad, fotografava o mago Hans e aquela criatura de uma de suas pinturas que, com sua arte, ele trouxera à vida — eu. Essas fotografias que Chris tirou de mim estão entre as minhas favoritas de todos os tempos.

Em algum momento de nossa estadia, me vi na fissura por heroína. Drogas eram comuns em Nova York naquela época, e eu já as usava há algum tempo. Quando mencionei isso para Hans, ele me ofereceu uma bola preta de ópio para comer. Ele não era apenas um artesão meticuloso, artista obsessivo e perfeccionista; também era um homem generoso e charmoso, além de um ótimo anfitrião.

Eu não tinha esquecido o artigo da *Vogue*. Como já estaríamos na Suíça, Chris e eu decidimos fazer uma vista à La Prairie, a clínica de *Frischzellentherapie*. Ficava no Lago Léman, na cidadela de Clarens-Montreux, na parte francesa do país. Clarens ficou famosa originalmente por ser o local onde se passa a famosa história *La Nouvelle Héloïse*, de Jean-Jaques Rousseau. Stravinsky escrevera *A Sagração da Primavera* e *Pulcinella* ali; Tchaikovski compusera seu concerto para violinos ali; e Nabokov, o autor de *Lolita*, morreu na cidade. E agora, lá estávamos *nós*... Clarens, com seus jardins podados e caminhos pitorescos, historicamente atrai muitos turistas. Chris e eu alugamos barcos, passeamos de carro pelos belos Alpes e visitamos a vizinha Montreux, cidade-sede do famoso festival de jazz. Depois, fomos para a La Prairie.

A clínica foi reformulada desde então, mas, quando fomos lá, parecia mais um hospital. Havia médicos e enfermeiras e uma bateria de exames de sangue e de raio-X. Depois, veio uma série de injeções com células embriônicas de uma ovelha negra — por que tinha que ser uma ovelha *negra*, nunca vou saber. Na época, terapia com células-tronco era uma coisa nova, e as pessoas não falavam sobre isso como falam hoje. Um dos criadores dessa terapia, e também um dos membros da diretoria da La Prairie, era Christiaan Barnard, o médico responsável pela primeira cirurgia cardíaca do mundo, que levou ao desenvolvimento dos transplantes de coração. Ele era um cientista inovador, então inicialmente fez eu me sentar e tomou nota. As injeções que nos deram eram enormes e dolorosas, o que é mais uma coisa que mudou ao longo dos anos. Depois do tratamento, descansamos no hospital-clínica enquanto éramos monitorados. Chris sentiu que a ovelhinha negra definitivamente o encheu de energia por um tempo, e o efeito em mim também foi positivo.

Quando nossa gravadora ouviu *KooKoo*, foi forçada a lidar com meu potencial como artista solo. E depois de pesar suas opções, ficou claro que não estava interessada. "O que fazemos com isso?", perguntavam-se os executivos. E nunca enfrentaram de fato o desafio. Eles não esperavam uma virada tão grande da loirinha fofa e *sexy*. Não ficaram empolgados com meu cabelo escuro, acharam que confundiria os fãs. Queriam a Debbie Harry, não a Diaba Harry. Também não gostaram muito da arte dos espetos enfiados na minha cabeça, mas, para ser justa, eles não estavam sozinhos. Várias lojas de disco dos Estados Unidos a recusaram e, quando nossa gravadora no Reino Unido colocou pôsteres da foto da capa no metrô de Londres, eles foram banidos, considerados "perturbadores demais".

O que a gravadora queria era que eu continuasse fazendo discos do Blondie. Eles haviam criado um mercado para a banda — pensaram —, e era onde o dinheiro estava. Na época, era incomum para um artista na indústria musical fazer esse tipo de empreitada. Por exemplo, quando me ofereceram um papel no filme *Blade Runner*, que eu queria muito fazer, a gravadora proibiu. Achei isso ridículo, pois tinha certeza de que só nos ajudaria a vender discos. Hoje em dia, eles descobririam um jeito de combinar os elementos e coincidir o lançamento do disco com o lançamento do filme, mas não era assim que funcionava então. É claro, teria ajudado se Shep tivesse entrado em cena e renegociado melhor o contrato do Blondie. Mas, até onde sei, ele não o fez. A comunicação entre nós e a gravadora estava deteriorada. Aparentemente, embora não soubéssemos na época, havia problemas também dentro da Chrysalis, com desacordos entre os sócios.

O *KooKoo* nunca foi parte de um plano maior de lançar uma carreira solo, foi apenas uma ideia que Chris e eu tivemos de fazer um disco que fosse tanto negro quanto branco, na mesma proporção. Curiosamente, logo que *KooKoo* saiu, Paul McCartney fez "Ebony and Ivory" com Steve Wonder, e, como grandes artistas "de elite", eles receberam um apoio enorme. É possível vender qualquer coisa quando se recebe apoio suficiente. Acho que, se fôssemos mais espertos, poderíamos ter chamado o disco de *Black and White*, *Oreo* ou algo assim... Mas *KooKoo* não se saiu tão mal. Chegou ao top dez das paradas britânicas, recebendo disco de prata por lá e disco de ouro nos Estados Unidos. E, ao mesmo tempo, a Chrysalis lançou uma compilação dos hits antigos do Blondie, *The Best of Blondie*.

Eu estava tentando descobrir o que era o melhor do Blondie para mim. Cheguei à conclusão de que foi o início da banda, quando éramos artistas com dificuldades, correndo pelo Lower East Side e tentando fazer algo acontecer, caminhando do trabalho para casa antes do amanhecer em meio ao escuro, empoeirado, doce e sujo cheiro da cidade. Todo mundo se virava sem dinheiro, ninguém falava de sucesso mainstream. Quem queria ser mainstream? O que estávamos fazendo era muito melhor que isso. Nós nos sentíamos pioneiros,

BA 190382
91
SAFETY
ILFORD FP4

Depois do dilúvio... Blondie, 1981.

abrindo novos caminhos, em vez de seguir pelas estradas testadas e comprovadas. Pessoalmente, eu também estava em uma missão desesperada para descobrir quem eu era — e estava obcecada por ser artista. Na minha cabeça, desespero e obsessão são coisas boas. Em última análise, para mim, é a esmagadora necessidade de tornar minha vida inteira uma experiência imaginativa extracorpórea. Alimentei minha obsessão fazendo discos com músicos como Nile Rodgers e Bernard Edwards, ou trabalhando com artistas como Hans Giger.

O sucesso, quando finalmente chegou, logo começou a parecer quase anticlímax em comparação aos anos alucinantes que levaram a ele. A exposição pública que veio com o sucesso trouxe um alto custo de liberdades perdidas, as mesmas liberdades que ganhei enquanto escalava rumo ao topo. Era um paradoxo sem resolução simples. Quando seu rosto se torna conhecido, você tem que fugir dele de alguma forma. Você *precisa* fugir dele para continuar vivo, ou pelo menos eu precisava de períodos de anonimato. A combinação de ser famosa e ser forçada e transformada em um produto comercial torna a coisa toda muito pasteurizada.

Acho que não senti falta alguma da "Blondie" em meu ano longe dela. Chris e eu estávamos muito ocupados, envolvidos em vários novos projetos. Escrevemos a música-tema para *Polyester*, filme de John Waters; apresentamos um episódio do *Saturday Night Live*. Chris estava ocupado criando sua própria gravadora, a Animal, e produzindo outros artistas. O restante da banda também estava fazendo outras coisas. Clem estava produzindo algumas bandas de Nova York e passou algum tempo trabalhando na Inglaterra; Jimmy gravou um disco solo. Todo o sistema da indústria musical era projetado para nos manter no ciclo disco-turnê-disco-turnê-disco-turnê, correndo atrás do próprio rabo, nunca seguindo em frente, nem mesmo para os lados, ou pelo menos era o que parecia. Mas conseguimos quebrar as regras por um breve período. Porém, agora já estavam de olho em nós para gravar material novo para o Blondie.

The Hunter foi o sexto disco da banda. Tudo que me lembro dessa gravação é de estar desconfortável. Sempre gostei de gravar e fazer discos; no entanto, eu estava em um estado mental esquisito, e acho que a principal razão para isso estava relacionada a voltar com o Blondie. Não porque as coisas tinham sido muito divertidas e criativas durante o hiato, mas porque havia muita tensão na banda. Quando se está em qualquer tipo de banda, sempre vai haver algum atrito; são várias pessoas diferentes, com ideias e questões diferentes, cozinhando em fogo baixo e sob pressão, ano após ano. Mas agora parecia um grande conflito de personalidades.

Em razão de nossos ideais democráticos, com divisão igualitária e igual espaço de fala, Chris e eu acabamos criando problemas para nós. O que parecia bom em teoria se mostrou impraticável. Teria ajudado se tivéssemos um empresário que soubesse mediar, ou que tivesse ideias com as quais todos pudessem trabalhar. Mas agora, na banda, havia uma dinâmica dividida que nos mantinha tensos e competindo, em vez de criar uma força única. Não era o melhor ambiente para dar asas à criatividade. Lembro-me de um dos executivos da gravadora dizer para Clem: "Esperamos que este não seja outro *Autoamerican*", ao que ele respondeu: "Ou seja, você não quer que o *The Hunter* tenha dois grandes singles e chegue a disco de platina nos Estados Unidos e no Reino Unido?" Logo, estávamos batendo cabeça dentro e fora da banda.

Apesar disso, algumas coisas boas saíram do *The Hunter*. Fizemos uma primeira versão de "The Hunter Gets Captured by the Game", música de Smokey Robinson que as Marvelettes gravaram em 1967. Não tive problemas para me identificar com passagens da letra como: *"Secretly I been tailing you like a fox that prays on a rabbit"*,[2] embora

[2] "Em segredo, estive à espreita, como uma raposa que caça um coelho".

No ar...

já tenha sido uma coelhinha de verdade. "The Beast" foi uma música que escrevi sobre ser famosa; ela tem um rap sobre o demônio passeando pela cidade. Escrevemos uma das músicas originalmente para ser tema do filme *007 – Somente para Seus Olhos*, mas parece que eu e Chris entendemos errado. Eles já tinham uma música, queriam apenas que eu a cantasse. No fim, Sheena Easton fez o trabalho. "Island of Lost Souls" era um pouco parecida com "The Tide Is High", com sua pegada caribenha, mas o que mais me lembro é da gravação do vídeo para ela nas Ilhas da Sicília. Que lugar maravilhoso. As ilhas em si, por ficarem na costa sudoeste da Grã-Bretanha e serem afetadas pela corrente do Golfo, são estranhamente tropicais. Tivemos que viajar até lá de helicóptero, em vez de barco, porque as marés estavam muito agitadas. Foi uma emoção à parte planar, chacoalhar e investir sobre as ondas espumadas abaixo de nós.

Depois, veio "English Boys", uma balada que Chris escreveu como tributo aos Beatles depois que John Lennon foi assassinado. Minha nossa, aquilo nos afetou demais. Pouco antes, Bob Gruen, um fotógrafo amigo nosso, disse para mim e Chris que John e Yoko queriam nos encontrar, porque éramos um casal, como eles. Levamos uma cópia do *Autoamerican* ao Edifício Dakota para eles e soubemos que John o tocava o tempo inteiro. Sean, filho do casal, disse que "The Tide Is High" foi a primeira música que ele ouviu quando criança. Havíamos combinado de visitá-los em seu lindo apartamento, mas logo veio o horror de John sendo morto a tiros em frente ao Dakota enquanto dava um autógrafo.

O caçador e a caça. As pessoas podem ser obsessivas demais. Algumas iam até a casa dos meus pais, batiam na porta e eram simpáticas com eles. Eu lhes disse para não falar com ninguém. Comecei a ficar paranoica. Houve uma vez em que vi um cara pegar um saco de lixo na frente da minha porta e sair andando. Fui atrás dele pela rua, achando que era um fã obsessivo mexendo no meu lixo, mas era apenas um sem-teto procurando comida. Fiz um sanduíche para ele. Acho que foi ainda mais difícil para Chris quando fiquei tão famosa, porque ele era muito protetor comigo.

The Hunter foi lançado em maio de 1982. A foto da capa é muito ruim. Queríamos que o maquiador nos deixasse parecendo meio humanos e meio animais, e acabou virando aquela coisa esquisita com airbrush. Mas esquisitice mesmo foi lidar com todo o resto que estava acontecendo. O disco chegou ao top dez no Reino Unido e ao número 31 nos Estados Unidos. Se a gravadora tivesse dado um empurrão a mais, ele poderia ter se saído melhor. Mas havia várias mudanças acontecendo em nosso selo norte-americano. *The Hunter* seria nosso último disco para a Chrysalis U.S., embora só tenhamos descoberto isso depois. Então, pela última vez, estávamos voltando para a estrada, com Eddie Martinez substituindo Frankie durante a turnê.

Aquela turnê dos infernos. Nunca deveríamos ter ido. Chris estava doente, muito doente. Tenho fotos em que ele estava esquelético, pesando 50kg. Lembro-me de vê-lo conversando com Glenn O'Brien antes de uma entrevista e brincando que era sua dieta de turnê. Mas aquela turnê quase o matou.

Não consigo dizer com precisão quando o problema começou, e acho que Chris foi bem-sucedido em apagar isso da memória, mas ele não conseguia comer. Ele tinha uma dificuldade terrível para engolir qualquer coisa, e foi por isso que emagreceu tanto. Achamos que era faringite, achamos que era isso, achamos que era aquilo, e ele só piorava. Glenn achou que Chris tinha AIDS. Ele também achava que tinha AIDS, ou que tinha câncer, ou que estava morrendo, e nenhum médico conseguia lhe dar uma resposta. Usamos drogas durante aquela turnê, pois era a única maneira de lidar com o estresse ou ter energia o suficiente para tocar. "Bernie", nosso contato, saía e conseguia heroína para nós. É claro, havia momentos na estrada em que ele não conseguia falar conosco, e era muito difícil. Porra. E Chris continuava ficando cada vez mais doente...

Estávamos fazendo turnê com o Duran Duran em estádios pelos EUA, e tínhamos paradas no Reino Unido e na Europa em seguida. Lembro-me de que houve uma conversa sobre ir ao Japão. Nosso promoter japonês e nosso agente norte-americano me perguntaram: "Você quer ir?", e respondi: "Sim, claro que quero", mas não quis dizer o quanto Chris estava doente, pois ele não queria que ninguém soubesse. O promoter japonês acabou nos processando: ele transformara minha resposta em uma confirmação contratual e vendera vários ingressos. Mas aquela era a menor de nossas preocupações. Chris estava definhando. Ele desmaiou em mais de uma ocasião. Demos um jeito de chegar à última noite da turnê com o Duran Duran, no JFK Stadium, na Filadélfia, em agosto de 1982. De jeito nenhum conseguiríamos ir para a Europa.

E foi isso. Foi o fim. Não apenas da turnê, mas do Blondie. A banda se separou oficialmente alguns meses depois. Mike Chapman, nosso produtor, disse que percebeu que as coisas mudaram na banda durante a gravação do *The Hunter*. Ele disse que conseguia sentir que algo estava chegando ao fim, e estava certo.

Voltamos para Nova York, para nossa nova casa no Upper East Side. Era uma enorme mansão com cinco andares na East Seventy-Second Street. Um símbolo de nosso sucesso. O dinheiro finalmente tinha começado a entrar e foi ideia de nosso contador comprar aquele imóvel. Foi ele quem fechou o negócio. A casa era tão grande que tinha um elevador. Chris tinha o próprio estúdio no andar do jardim, e nos últimos dois pavimentos havia um apartamento duplex no qual nunca pusemos os pés. Na verdade, deixamos duas pessoas

"Amor? O que é isso? O analgésico mais natural que existe."
— Last Words: The final journals of William S. Burroughs

que conhecíamos morarem lá: Patrick, um poeta que vendia pequenas quantidades de heroína, e Melanie, que trabalhava como telefonista para prostitutas e disque-sexo. Alguns capangas com dobermans os puseram para correr de seu pequeno apartamento em Downtown, na First Avenue. Isso aconteceu muito no início da década de 1980. Os senhorios tentavam pôr todo mundo para fora desses lugares para poder aumentar os aluguéis. As coisas estavam mudando de muitas formas.

Tudo o que Chris e eu fazíamos naquele momento era ir de um médico ao outro, todos fazendo exames de AIDS, câncer e todo o resto em Chris e dizendo: "Não sabemos o que é." Eles o internavam no hospital, mas ele ficava irritado e se dava alta, apenas para voltar às 4h dizendo: "Tive que ir embora, não aguentava mais." Eu tentava fazer alguma coisa que ele conseguisse comer; pegava um frango inteiro e o destroçava ao máximo, deixando o mais próximo de um purê que conseguisse, mas ele não conseguia engolir nem isso. Finalmente, descobrimos que a única coisa que ele conseguia engolir era Tofutti, um sorvete feito de tofu que era gelado e suave e deslizava por sua garganta cheia de bolhas. Ele vivia de Tofutti, que não tinha nada de muita sustância, então continuou definhando diante dos meus olhos. Estávamos desesperados e isolados para esconder aquela estranha doença do mundo, e imaginando o pior. Estávamos apavorados.

Então, em uma manhã, acordei e Chris estava com uma aparência horrível; as pernas dele estavam inchadas. Eu disse: "Chega! Já deu!", e liguei para um jovem médico que conhecemos, pedindo-lhe que fosse até nossa casa, o que ele generosamente fez. Ele olhou para Chris e falou: "Isso é muito sério, ele não pode ficar em casa nesse estado", e nos levou até a emergência do Lenox Hill Hospital, que ficava a alguns quarteirões de nossa casa. Depois de duas semanas, Dr. Hambrick conseguiu diagnosticar corretamente a doença. Durante aquelas semanas, Chris foi colocado em isolamento e ninguém podia entrar no quarto sem máscara e roupa especial. Todos os enfermeiros achavam que ele tinha AIDS e muitos se recusavam até a entrar no quarto dele.

O que Chris tinha era pênfigo vulgar, um distúrbio do sistema imunológico raro e complexo. Até pouco tempo atrás, a doença matava mais de 90% de suas vítimas rapidamente. A garganta é a primeira parte do corpo a exibir suas características, como bolhas e pele rachada. Depois, a doença continua se espalhando sem parar, até externamente, se não for tratada. A medicina ocidental primeiro acreditou que o pênfigo fosse causado por estresse ou esgotamento, mas depois descobriu-se que havia um componente viral. Agora que sabiam qual era a doença, os médicos começaram a tratar Chris com corticoides. Também lhe receitaram um creme para queimaduras de segundo grau de uso externo, pois a pele dele estava aberta e exposta, como se tivesse sofrido queimaduras. Eu o espalhava por todo o lençol. Aquele creme lhe dava algum alívio, pois, sem ele, Chris não conseguia nem se deitar.

Ele ficou no Lenox Hill Hospital por três meses. Eu o acompanhei na maior parte do tempo e, em algumas noites, dormia em uma cama dobrável no quarto dele. A imprensa tentava me retratar como uma reencarnação da Madre Teresa, mas isso é ridículo. Chris e eu éramos uma equipe, éramos companheiros. É claro que eu cuidaria dele, e ele teria feito o mesmo por mim. As pessoas falavam de como era difícil para mim, e *era*, mas Chris correu risco de vida. Durante o primeiro mês, ele ficou entorpecido pelos corticoides pesados e teve alucinações terríveis, algumas me envolvendo. Em uma delas, ele achou que eu estava correndo por um mercado em Marraquexe, ou acordava achando que estava em Hong Kong. Eu o mantive abastecido de heroína. Ele usou a droga durante todo o tempo em que ficou internado. Acho que os médicos e enfermeiros sabiam que ele estava drogado o tempo todo, mas fingiam não ver, pois a heroína o mantinha relativamente sem dor e diminuía seu sofrimento mental.

A droga era um grande consolo. Tempos desesperados pedem medidas desesperadas, como diz o ditado. Eu saía no meio da noite para comprá-la eu mesma. Felizmente, naquele tempo, em Downtown, heroína era uma droga chique, então meus contatos eram mais como colegas do que como o estereótipo de traficante à espreita em um beco escondido. Eram jovens amadores que vendiam para financiar o próprio uso. Mas nem tudo era para Chris; eu com certeza estava me satisfazendo também, ficando o mais anestesiada possível. Não acho que teria conseguido lidar de outra forma. Nem sempre usamos drogas para nos sentir bem; muitas vezes, trata-se de sentir menos.

Levou algum tempo, mas os corticoides finalmente fizeram efeito. Chris recebeu alta e pôde ir para casa, voltando ao hospital apenas para fazer o acompanhamento. Ele estava melhorando, o que era maravilhoso, mas ainda estava muito fraco e seu corpo tentava lidar com os efeitos colaterais dos medicamentos. Os corticoides o fizeram ganhar peso, o que, pelo menos no começo, foi bom, mas também causaram terríveis mudanças de humor. A doença tirou muito de sua força. Chris tem uma mente muito afiada e um cérebro engenhoso, mas não é a pessoa mais obviamente atlética ou com mais condicionamento físico. O pênfigo exauriu toda a sua energia. Ele não conseguia nem andar um quarteirão inteiro sem ficar exausto. Ficou muito acabado, e demorou dois ou três anos para que se recuperasse por completo.

"Não é culpa sua", digo para mim mesma, mas uma parte de mim culpa a outra por tê-lo deixado ainda mais estressado. Ele já estava sob muito estresse como líder da banda — e ainda tinha eu, a companheira. Ele sempre assumiu o papel de meu escudo e segurança — um trabalho muito difícil para alguém com o tipo de empatia e sensibilidade que ele tem. Mas agora era minha vez de cuidar dele — de ser escudo e protetora *dele* — à medida que o mundo começava a desmoronar ao nosso redor. Tínhamos perdido nossa banda, nosso contrato de gravação e estávamos prestes a perder nossa casa.

Estávamos quebrados. Como se pode estar quebrado quando você vendeu mais de 40 milhões de discos, está no topo da carreira e trabalhou sem parar durante sete anos, sem férias, exceto por alguns dias com algumas ovelhas negras na clínica de *Frischzellen*? Eu digo: porque a indústria do entretenimento, ou, pelo menos, da música, é assim. Geralmente, músicos não têm nenhuma competência para cuidar de negócios, o que deixa a janela aberta para que os lobos entrem e tomem conta. Eu garanto: tudo o que poderíamos fazer de errado em termos de negócios e gerenciamento, nós fizemos. Tínhamos contratos terríveis, e as pessoas que pagamos para cuidar de nós com certeza estavam mais preocupadas em tirar algum proveito. Fomos enganados.

Na época, cocaína não era considerada viciante pela maior parte das pessoas, e na indústria musical ela era usada livremente e com frequência. Heroína era considerada perigosa e obscura demais, e seu uso dividia opiniões. Nossa relação com Shep terminou abruptamente quando ele descobriu que Chris e eu estávamos usando heroína e cocaína. Ele foi à nossa casa, depois foi embora e acabou. Sem ligações, sem mensagens, nada. E descobrimos que tínhamos um enorme problema fiscal. Sem o nosso conhecimento, nosso contador não pagara os impostos durante dois anos — os dois anos em que ganhamos mais dinheiro. Acho que estava conseguindo prorrogações e tentando encontrar brechas e paraísos fiscais, o que pode ter sido uma das razões para a enorme mansão na East Seventy-Second Street. Eu estava feliz em nossa cobertura alugada na West Fifty-Eighth Street, mas ele insistiu que a casa seria um bom investimento. Então minha sogra se mudou para nosso antigo apartamento e, pela primeira vez, Chris e eu tínhamos uma casa própria.

Quando nos mudamos para aquela casa, o choque foi, por vezes, intimidador; por vezes, animador. Eu não me sentia confortável naquele bairro. Naquela época, o Upper East Side era muito conservador, e não havia as pessoas excêntricas e a vida urbana que eu adorava no Lower East Side. Mas foi bom viver em um espaço tão gigantesco por um tempo. Lembro-me de subir até o telhado uma noite para olhar a lua e as estrelas através de um telescópio muito potente que havia ali. Eu não tinha nenhuma experiência em usar telescópios, então encontrar o foco foi todo um processo. Pensei que conseguiria ficar ali olhando o céu e me deixando levar por quaisquer ideias que aparecessem. Bem, finalmente consegui encontrar o foco e, ao encontrá-lo, descobri que havia me perdido. Para manter a lua ou qualquer estrela à vista, eu precisava sempre mudar a posição do telescópio, e foi enquanto fazia esses ajustes que, repentinamente, senti o movimento. Pela primeira vez, consegui sentir a rotação da Terra e a exata velocidade com que o planeta se movia pelo espaço. Fiquei deslumbrada. Era uma sensação física incrível, algo que nunca sentira antes. Foi um despertar em relação ao tamanho, ao poder e ao peso deste planeta no qual vivemos. Foi magnífico. Voltei para dentro da casa, meu próprio espaço minúsculo no planeta, pensando: *Uau, sou uma terráquea!*

Houve ocasiões em que senti a imensidão e o peso do mundo. Uma delas esteve diretamente conectada àquela casa na East Seventy-Second Street. Sempre que havia um cachorro morto, você podia contar com Peter Leeds, nosso ex-empresário, para chutá-lo mais um pouco. E é claro que, enquanto eu assinava os papéis para abrir mão de todos os direitos legais sobre nossa casa, levantei a cabeça e lá estava ele mais uma vez. Não sei como soube, mas estava lá, sentado à minha frente na mesa. Para mim, ele estava legitimamente envolvido em proteger seus interesses, mas, até onde me constava, a única razão que ele tinha para estar ali era me humilhar e tripudiar sobre o meu fracasso. Sempre que podia testemunhar qualquer tipo de perda, queda ou situação negativa que acontecesse comigo, ele aparecia. Com certeza Leeds não estava ali para nos salvar do administrador imprestável que nos colocara naquele inferno fiscal.

Muito tempo depois, quando alguns dos problemas fiscais foram deixados de lado e estávamos prestes a reunir o Blondie, alguns dos membros antigos queriam ser pagos, muito embora não fossem trabalhar com a banda. Eles decidiram nos levar ao tribunal e nos processar por esses possíveis ganhos futuros. É claro que, mais uma vez, Leeds apareceu. O juiz perguntou: "Por que você está aqui?" Lembro-me de ele responder algo como: "Tenho real interesse na fortuna deles, Meritíssimo." Ah, tá! De qual "fortuna" estava falando, exatamente? Ele poderia ter mencionado nossa *falta de* fortuna — mas aí talvez tivesse que apelar à Quinta Emenda. O juiz lhe disse para dar o fora. Eu me senti tão vingada; o sistema judiciário de Nova York havia declarado que Leeds condizia precisamente com o que era: um *zé-ninguém*.

Não perdemos apenas nossa casa. O fisco nos tirou tudo em que conseguiu pôr as garras: levou meu carro, levou até meus casacos — o que foi bizarro. Fiquei puta: o que ganhariam com eles? O órgão continuou buscando coisas que tivessem algum valor, mas não tínhamos tanto, na verdade. Eles não conseguiram colocar aquelas mãos gananciosas no meu Warhol porque eu já o havia deixado com um agiota, que tinha seu próprio interesse nele.

O pior de tudo foi que a Receita nos tirou nosso plano de saúde enquanto Chris estava no hospital. Até onde eu sabia, eles não tinham direito legal de fazer isso, o que me deixou chocada. Ali estava Chris, em um quarto privativo, por um longo período, sem ter como pagar por aquilo. Mas o médico dele, Dr. Hambrick, nos salvou com sua generosidade. Ele fez um acordo com o hospital para que Chris pudesse ficar em seu quarto e continuar recebendo tratamento. Já que não tínhamos para onde ir, fui procurar um apartamento para alugar, e encontrei um em Chelsea. Peguei dinheiro emprestado para o depósito caução. Já que também congelaram nossa conta bancária, a única forma de pagar as despesas era emitindo ordens de pagamento com dinheiro vivo. Então, comecei a procurar empregos que pagassem em dinheiro.

ACHOU!

ARLINER

BEBÊS ADORAM BRINCAR DE ESCONDER, NÃO É? VOCÊ ESCONDE O rosto com as mãos, depois abre-as e grita "achou!", e ri loucamente. Essa brincadeirinha infantil provavelmente é a primeira percepção de nosso próprio rosto, mais um passo na estrada da consciência e talvez da autoconsciência... Aí vêm os espelhos e aquelas imagens nos olhando de volta, inevitavelmente provocando mudanças em nós conforme vemos nosso próprio reflexo. Imagine o espanto e, então, o fascínio quando as criaturas primevas tiveram o primeiro vislumbre de si na água... Ou lembre-se de Narciso, o precursor da selfie, paralisado pela beleza de sua própria imagem em um lago... E agora penduramos espelhos nas paredes dos quartos, dos banheiros, das salas de estar e de jantar, para nunca perdermos nossos preciosos reflexos de vista.

Muito do que foi escrito sobre mim referia-se à minha aparência. Por vezes, isso me fez questionar se já conquistei alguma coisa além da minha imagem. Não se preocupe, gosto de fazer o que faço independentemente do reconhecimento, e não há como mensurar gosto. Por sorte, o rosto com que nasci tem sido um ótimo ativo, e preciso admitir que gosto de ser uma pessoa bonita.

Fiz algumas aulas de arte e desenho na faculdade, incluindo retratos. O que percebi em meus desenhos e pinturas foi que havia uma sutil referência ao meu próprio rosto quando eu desenhava outra pessoa. Percebi o mesmo fenômeno com as artes que recebi de fãs.

Antes de qualquer coisa, quando os fãs começaram a me dar seus desenhos e pinturas, fiquei lisonjeada. Depois de colecionar esses adoráveis tributos por um tempo, me perguntei por que guardava aqueles frágeis pedaços de papel com suas frequentes interpretações estranhas de mim. Mas não consegui jogá-los fora. Em parte porque sei o quanto é difícil sentar e fazer um retrato, e também porque é preciso ser corajoso, amável e curioso para me entregar uma parte de si. Os fãs querem ser vistos por mim, mas de formas que talvez nunca tenham percebido. Porém, quando olho para minha coleção, consigo ver fragmentos dos artistas, inscritos nas tentativas de reproduzir meu rosto, que eles nem sabem que estão ali... (*cont.*)

Ms Harry;
This is a copy of
a portrait I drew 19 years
ago. I would like to give You
the original. I brought it tonight...
Call my cellular phone @ 972/670-10
(I can meet You
at Your convenience)

"Deborah Harry"
1980

Out of the crooked timber of
humanity, nothing entirely straight
can be built.
It's Worth It
Subway Emergency
2-Trip Card
IF YOU SEE SOMETHING
SAY
NOTHING

ellen mackellar

11

LUTAS E LUGARES DESCONHECIDOS

Depois de o fisco tomar nosso doce lar e outros pertences de valor, nos mudamos de novo para Downtown. Nossa nova moradia ficava na West Twenty-First Street, em Chelsea. Era incrível finalmente morar no bairro que descobri por acidente em 1965. Nosso quarteirão era lindo, com enormes castanheiras cheias de folhas e casas de tijolos marrons de um lado, e uma igreja e o General Theological Seminary do outro. Eu sempre quisera morar ali. Nosso novo lar era um duplex logo acima do apartamento dos atores Michael O'Keefe e Meg Foster, dos olhos azul-gelo.

Chris ainda estava se recuperando do suplício do tratamento e nós dois lutávamos contra os demônios das drogas. Assistimos a muita TV naquele período, em geral, novelas e luta livre. A luta livre muitas vezes é vista como um evento cênico, com sua constante batalha entre o bem e o mal — é quase uma novela esportiva. Uma das coisas que Chris e eu tínhamos em comum era que nós dois adorávamos assistir à luta livre desde crianças. A diferença era que, quando eu assistia, em Jersey, me debatia no tapete em frente à TV, com as mãos em punho, pronta para acabar com meu oponente, enquanto Chris, no Brooklyn, mantinha uma indiferença relaxada, calma e despreocupada, esticado em sua cama.

Assistimos a muito mais lutas juntos no final dos anos 1970, quando morávamos na West Fifty-Eight Street. O esporte estava voltando à moda, com a ascensão de Vince McMahon e Gorilla Monsoon. Alguns anos antes, conhecemos um cara chamado Shelly Finkel, que empresariava lutadores e músicos. Parecia uma combinação esquisita, mas, de alguma forma, ele fazia funcionar. O Sr. Finkel nos levou a alguns eventos de luta no Garden; alguns deles eram produções enormes, com bons lugares também. Sentíamos falta de tê-lo como amigo, mas a sorte nos sorriu e, quando nos mudamos para Chelsea, fizemos uma nova amiga.

Quando me acostumei com os rostos do quarteirão, algumas pessoas me saltaram aos olhos. Umas delas era uma linda jovem com cabelos pretos muito saudáveis. Descolorir meu cabelo por tantos anos me tornou extremamente ciente de como era um cabelo saudável. Ela se vestia como uma empresária arrumadinha e tinha um jeito de andar que mostrava confiança, força e sensualidade. Começamos a nos cumprimentar com um aceno de cabeça quando nos encontrávamos na rua. Então, um dia, ela me parou e mencionou ter visto Chris no Garden, assistindo a uma luta. Perguntei: "Você é fã de luta livre?", e ela respondeu que era relações públicas do local. Seu nome era Nancy Moon e ela nos ofereceu ingressos de cortesia para qualquer evento ao qual quiséssemos ir, bastava avisar. Logo, nós aproveitamos. Foi um verdadeiro golpe de sorte.

Graças a ela, fomos a todos os eventos que conseguimos, a todos os Big Bang, Steel Cage, Tag Team e Desafios do Campeão que aconteceram. Nancy até nos apresentou a Vince McMahon, que nos levou aos bastidores, onde conhecemos vários dos ídolos da luta livre, como The Grand Wizard, André the Giant, Bret Hart, Lou Albano, The Iron Sheik, Sgt. Slaughter, Rowdy Roddy Piper, Randy Savage, Greg

Valentine, Hulk Hogan e Jesse Ventura, o futuro governador de Minnesota. Eu até apareci na capa da *Wrestling Magazine* com André the Giant, que era mesmo gigante. Instintivamente, fiquei na ponta dos pés, mas não fez diferença.

Depois de alguns passeios até o Garden, descobrimos que Lydia Lunch, do Teenage Jesus and the Jerks, também era fã de luta livre. Ou fã de um lutador em particular, Bret "the Hitman" Hart. Bret Hart era canadense, mas ele dizia ter vindo de "lugares desconhecidos", o que deveria fazê-lo soar como um fugitivo ou como um selvagem do interior. Lydia tinha uma queda enorme por ele. Nós a levamos, junto com seu maravilhoso namorado, Jim Foetus, do Scraping Foetus Off the Wheel, para assistir às lutas. Mesmo vendo Lydia se apresentar, eu nunca tinha percebido o quanto sua voz era alta até ouvi-la gritar: "Lugares desconhecidos! Lugares desconhecidos!" Cabeças se viravam e rostos encaravam; e, considerando a gritaria que ocorre nessas lutas, dá para imaginar o tamanho do estrago que aquela voz fazia. Ela era muito divertida. Mas, de todos nós, Chris levava a pior: ele teorizava e tentava descobrir antecipadamente qual seria o próximo grande drama no enredo. Quando ficamos ocupados gravando e fazendo turnês, ele começou a ficar nervoso e frustrado com o fato de perder os últimos melodramas.

No West End, em Londres, havia uma comédia musical que estava em cartaz há alguns anos e se passava inteiramente em um ringue no palco. A peça se chamava *Trafford Tanzi: The Venus Flytrap* — a armadilha para mosca [*flytrap*] sendo um golpe invencível, o golpe de misericórdia que automaticamente destruiria o oponente e venceria a luta. Essa "peça em dez rounds", como estava no cartaz, era sobre uma jovem buscando vingança contra todos os babacas em sua vida: seus pais, seus amigos e seu marido machista, em quem ela dá o golpe final. Uma história sobre se tornar adulta, com músicas e golpes de luta livre. A mistura de *girl power* com a loucura da luta livre era muito divertida. Eles decidiram levar a peça a Nova York e me enviaram um roteiro, querendo saber se eu interpretaria Tanzi. Você pode imaginar qual foi a minha resposta.

Isso foi em 1983; eu tinha cabelos ruivos na época e malhei para o papel, pois achava que uma lutadora não deveria ser magrinha. Os ensaios já haviam começado há algumas semanas quando cheguei, então eu tinha bastante coisa para correr atrás. Treinei muito, muito mesmo. Tínhamos um treinador de luta livre chamado Brian Maxine, que tinha o pescoço curto e um peitoral enorme e musculoso, e um nariz perfeitamente torto. Foi campeão britânico durante anos e levava muito a sério seu trabalho e nossos treinos. Por semanas, ele nos ensinou a executar golpes, a saltar, a cair e todos os movimentos de luta livre que fazíamos no espetáculo. Tudo era rigorosamente coreografado, e eu apanhei para caramba. Como era um musical, nós cantávamos enquanto íamos de canto a canto no ringue. Em determinados momentos, havia diálogos ou monólogos e, logo depois, algum movimento de luta, e minha personagem era jogada no chão, pois ela sempre era vítima, até, de repente, não ser mais. Eu adorava ser jogada por todo o palco. Provavelmente foi assim que arruinei minhas costas. Acontece que luta livre é um esporte difícil e não é a melhor coisa do mundo para o corpo.

O elenco nova-iorquino era uma mistura de atores de teatro, cinema e televisão. Eu dividia a personagem com Caitlin Clarke, atriz de cinema, de TV e da Broadway, porque o papel era muito extenuante para uma pessoa só interpretar em todas as noites e matinês. O árbitro era interpretado pelo gênio da comédia Andy Kaufman. Ele estava no programa de TV *Taxi* e também aparecia regularmente no *Saturday Night Live*. Seu estilo de comédia não era escandaloso; era sutil, meio comédia do absurdo. Acho que ele foi convidado para *Tanzi* mais ou menos na mesma época em que começou sua pequena obsessão pelos *bad boys* da luta livre profissional. Em homenagem ao lado louco e *showbiz* do esporte que nós dois amávamos, Andy tinha um esquete em que lutava com mulheres. Ele se autoproclamava Campeão Mundial de Luta Livre Intergênero. Mas, pessoalmente, ele me pareceu um homem quieto e meditativo. Na época em que fizemos a peça, ele estava em uma dieta macrobiótica. Talvez já soubesse do câncer que o mataria um ano depois.

O único problema com a peça era o diretor britânico, Chris Bond. Claire Luckham, sua esposa e autora do roteiro, era encantadora e tranquila, mas ele era esnobe e às vezes um grandessíssimo pé no saco. Pelo lado bom, seu trabalho criou uma experiência teatral única e criativa; no entanto, ele não escondia seu desdém pelos norte-americanos, em especial pelo teatro norte-americano. Para ele — além da superioridade do teatro britânico —, estava claro que não passávamos de primatas estúpidos e aculturados. Como resultado, Bond era um babaca com todo mundo. Como diretora em minha banda, sei que, para conseguir o melhor desempenho das pessoas, diminuí-las não ajuda em nada. No final, seu esnobismo típico do West End londrino não o levou muito longe com os assistentes de palco, pois eles desistiram do trabalho na noite de estreia!

A peça foi renomeada *Teaneck Tanzi* para o público dos Estados Unidos e ficou em cartaz por cinco ou seis semanas em pré-estreia em um loft em Downtown, próximo à Union Square. Foi incrível. O público adorou assistir à pequena Tanzi crescendo diante de seus olhos, primeiro engatinhando e depois sendo jogava de um lado para o outro pelos duros golpes da vida, até finalmente aprender a ficar de pé. As pessoas encorajavam, vaiavam e se comportavam como se estivessem vendo uma luta de verdade, embora não houvesse ninguém gritando "Lugares desconhecidos!". Fiquei extasiada e muito surpresa quando uma de minhas atrizes/cantoras favoritas, Eartha Kitt, foi nos assistir uma noite. Depois da temporada de pré-estreia, *Tanzi* foi levada à Brodway, onde durou apenas uma noite.

Os críticos massacraram a peça; muito por esnobismo, talvez. Eles não entendiam nada de luta livre, e a participação do público os deixou horrorizados. No entanto, o crítico do *New York Times* falou algo com o qual concordei. Ele disse que achou o feminismo do roteiro "anacrônico", e eu também achava. Tentei falar com o diretor, explicar que as coisas eram diferentes nos Estados Unidos: nós tínhamos tido discussões sobre os direitos das mulheres cinco anos antes, aquele não era mais um assunto em voga. Ofereci sugestões, mas ele não quis ouvir. É suposição minha, mas acho que ele se sentia ameaçado pelo fato de aquela ser uma peça sobre mulheres sendo superiores a homens.

Foi divertido enquanto durou. Pena que não continuamos em Downtown, onde fizemos as pré-estreias. Fiquei decepcionada quando saiu de cartaz. Eu literalmente havia me jogado naquele papel. Isso me lembra, mais uma vez, da época em que fui coelhinha da Playboy e servi drinques a Gorgeous George. Quando o via na TV, aos 5 anos de idade, meu tapete apanhava para caramba, exatamente como apanhei para caramba naquele ringue.

Naquele mesmo ano, 1983, *Videodrome*, de David Cronenberg, saiu, meu maior papel no cinema até então. Eu recebera o roteiro dois anos antes, naquela época criativa e agitada antes de tudo desmoronar. Os filmes de David vão além da originalidade: são fascinantes, perturbadores e provocadores ao mesmo tempo. Ele mirava um nível profundo e subconsciente no espectador. Eu era fã e havia assistido a alguns de seus antigos filmes de baixo orçamento, como *Os Filhos do Medo*, *Enraivecida na Fúria do Sexo* e o psicossexual *Calafrios*, seus filmes de "*body horror*", gênero extremamente gráfico e explícito que se concentra na destruição, deformação ou qualquer tipo de horror inimaginável com o corpo humano.

David tinha um fascínio frio por transformações corporais viscerais e infecções. Isso se traduzia em uma tendência a personagens

Videodrome.

Hairspray.

Minha Vida Sem Mim.

médicos e cientistas loucos em todos os seus filmes, cujo empenho maléfico na transcendência por meio de bioexperimentos provocava contágios e mutações em massa, além de caos generalizado. *Videodrome* trazia as mesmas doses fortes da visceralidade típica de David, mas também abriu novos caminhos para o mundo alucinatório do techno-horror. Foi visionário e é muitas vezes citado como um dos primeiros filmes cyberpunk. David pegou a famosa afirmação do também canadense Marshall McLuhan, "O meio é a mensagem", e a elevou a um novo patamar de sutileza e complexidade.

O papel que ele me ofereceu era significativo. Mas, no roteiro que me enviou, minha personagem não estava totalmente desenvolvida, e a história ainda não tinha um final. O plano era trabalhar em ambas as coisas conforme tudo se desenrolasse. Parecia desafiador — e eu mal podia esperar para trabalhar com David Cronenberg. Confiava em seu talento e em sua visão, e estava extremamente feliz e lisonjeada por ele querer trabalhar comigo.

O filme é sobre um homem chamado Max Renn, que possui uma pequena emissora de TV a cabo em Toronto, cidade natal do diretor e onde gravamos, em meio a um inverno congelante. Enquanto busca novos conteúdos baratos e sensacionalistas para sua emissora de quinta categoria, Max se depara com uma fita de vídeo de um *sex show* chamado *Videodrome*, que transmite pornografia pesada e o que parecem ser torturas e assassinatos reais. Ele tenta rastrear esse misterioso programa e, no caminho, conhece Nicki Brand, uma psiquiatra da TV que compartilha de seu gosto por sadomasoquismo, e fica obcecado por ela. Nicki o seduz e, então, desaparece. As coisas começam a ficar bastante complexas conforme o filme mergulha fundo nos conceitos de homem e máquina, do que é real, quem é real, se estamos assistindo à televisão ou se *somos* a televisão. E tudo isso foi antes mesmo de existirem nomes ou termos para tecnologias como *touchscreen*, personagens virtuais e TV interativa. Meu papel no filme foi a misteriosa e depravada Nicki Brand, e Max foi interpretado por James Woods.

Jimmy já era um ator reconhecido por filmes como *Assassinato a Sangue Frio* e *Holocausto*, e me ajudou muito, com várias sugestões sobre como melhorar minha performance. Ele percebeu que eu estava trabalhando/aprendendo enquanto tentava entender aquela personagem que distorcia os limites entre o real e o virtual. Acho que, por vezes, David ficou frustrado com minha indecisão como atriz. Talvez ele tivesse uma visão diferente para Nicki, que não conseguiu transmitir para mim. Uma vez, ele me disse que eu atuava muito com as sobrancelhas, e ficava exagerado demais. Conheço pessoas que fazem isso ao falar. Essa foi uma lição útil. Depois, li que David achou que me saí bem, considerando a pressão do roteiro em eterna mutação.

Jimmy não apenas foi generoso com sua ajuda, mas estava sempre deixando as coisas mais leves. Ele era maluco. No final de cada tomada, com a câmera ainda gravando, ele fazia algum tipo de gracejo, uma piada obscena ou absurda sobre a cena ou as pessoas no elenco, e me matava de rir. A equipe adorava. Não sei se David gostava disso em especial, mas era divertido. Para mim, era um alívio da seriedade e da atmosfera ameaçadora da história. Eu gostaria que mais pessoas conhecessem esse lado de James Woods, em vez de sua persona mais recente. Houve algumas cenas intensas de sexo, mas a equipe foi sensível quanto a elas. Acho que Jimmy talvez fosse mais tímido que eu, ou talvez ele tenha sido tímido por mim. Lembro-me de uma ocasião em que eu estava nua no set, enrolada em uma toalha, agarrada a ela como se fosse um bote salva-vidas e pensando: *Não consigo*. Mas consegui. De qualquer modo, nunca achei que nenhuma cena de sexo ou violência gráfica tenha sido gratuita.

Na época, as pessoas estavam começando a falar sobre os "*video nasties*", que eram filmes em vídeo que continham sexo ou violência e, supostamente, faziam as pessoas pularem de seus sofás e saírem cometendo atos de perversão ou violência. Na semana em que fui para Londres promover o filme, o Parlamento Britânico estava discutindo impor restrições de idade aos vídeos; como resultado, algumas de minhas entrevistas foram canceladas. Mas *Videodrome* era muito mais profundo que isso. Nele, a linha entre violência e sexo reais e imaginários era constantemente distorcida. Era mais um orgasmo mental. Tenho orgulho de estar nesse filme, e as resenhas foram boas. Um crítico disse que eu devo ter sido a primeira mulher durona pós-moderna. Gostei do título. As pessoas esperavam que o filme fosse a explosão de Cronenberg, mas, no final, o momento não foi oportuno. No entanto, *Videodrome* foi, de fato, um grande passo adiante na evolução de David como roteirista e diretor.

Há mais uma história de *Videodrome* da qual eu havia me esquecido até ver uma entrevista com David. No filme, há uma cena em que um buraco que suga tudo se abre na barriga de Max. Em certo momento, até o próprio punho do personagem é engolido. Depois de um longo dia usando "o buraco", Jimmy encheu nossa paciência. Ele reclamou: "Não sou mais um ator. Sou apenas o portador do buraco!" Eu respondi: "Agora você sabe como é."

Recebi outros roteiros de filmes, a maioria deles em uma escala entre horrível e um lixo. Mas um permaneceu na minha cabeça. Samuel Z. Arkoff, apresentador e, muitas vezes, produtor de clássicos de *exploitation* como *I Was a Teenage Werewolf*, *Blacula* e *Horror em Amityville*, queria que eu interpretasse uma moça que é trancada em um hospício e forçada a tomar medicamentos até que todas as travas sexuais se soltem. Um dos meus maiores pesadelos era ser trancada em um hospital psiquiátrico algum dia e não poder sair. Logo, seria interessante fazer esse filme — enfrente seus medos e tudo o mais —, mas ele nunca foi feito, até onde sei. Samuel Arkoff me fascinava.

Minha mente começou a se voltar para minha carreira musical, só que não havia uma carreira musical de verdade. Eu não tinha uma gravadora. Um dia, eu estava contando meus problemas para Andrew Crispo, um negociante de arte malandro e muito conhecido na cena de bares gays de Nova York. Ele também estava ligado a um incidente estranho e perverso envolvendo um namorado, um comparsa e um pavoroso assassinato sadomasoquista que poderia ter sido escrito pelo Marquês de Sade, mas essa é outra história. Eu estava chorando em seu ombro; Andrew me ouviu e sugeriu que eu fosse ver seu amigo Stanley Arkin. Stanley era um esperto advogado criminal do colarinho branco e mulherengo. Depois de ouvir minha história, ele decidiu que ia colocar os pés na indústria musical e ser meu empresário. Ele era amigo de John Kalodner, o diretor de A&R da Geffen Records, que também era um tremendo mulherengo; eles tinham o mesmo hobby. E foi assim que fiz meu segundo disco solo, o *Rockbird*, para a Geffen Records. Tudo faz parte dos meandros e maquinações do pequeno e incestuoso mundo da indústria musical.

Meu primeiro dia no estúdio para gravar o *Rockbird* também foi o dia em que a NASA lançou o ônibus espacial *Challenger*. Entre os tripulantes estava Christa McAuliffe, uma professora que fora escolhida para ser a primeira civil no espaço. Eu adorava o programa espacial e estava muito empolgada com o lançamento, grudada na TV no lounge do estúdio. Logo no início do lançamento/decolagem, a espaçonave explodiu em chamas. Não! Não! Meu Deus! Todos ficamos muito chocados, foi horrível. Não foi um começo auspicioso para o disco. Experimentei uma forte sensação de perda quando entrei no estúdio naquele dia. Fazia cinco anos desde meu último disco solo e muito tinha acontecido desde então. Não havia banda na qual me apoiar. E, pela primeira vez em treze anos, Chris não estava lá, embora estivesse envolvido no *Rockbird* como compositor e força criativa. Foi estranho não tê-lo ali para conversar, e eu sentia muito sua falta. Quando estávamos trabalhando, ele inevitavelmente fazia comentários muito sarcásticos e engraçados; eu adorava isso nele. Logo, havia muitas coisas que eu ainda estava tentando entender.

Tudo o que eu sabia era que a Geffen não me pagara para fazer outro disco experimental; eles queriam algo que vendesse.

Meu produtor era Seth Justman, o tecladista da J. Geils Band. Eu queria um produtor que também fosse músico; minhas melhores relações de trabalho sempre foram com pessoas que tocam algum instrumento. E ele também era compositor, então trabalhar junto foi moleza. Antes de gravarmos, eu o visitava em Boston e nós escrevíamos músicas juntos e conversávamos sobre que tipo de som queríamos. Um som que fosse comercial, íntimo para mim e, ao mesmo tempo, estivesse relacionado à música oitentista, com *drum machines* e sintetizadores brilhantes. Nosso conceito era criar músicas que fossem "soltas, mas amarradas". Mais de vinte pessoas devem ter participado desse disco, alguns ótimos músicos, incluindo seis vocalistas de apoio e um grupo de trompas. Acho que a maior parte era do pessoal de Seth, com exceção de James White, meu velho amigo dos tempos de Downtown, que tocou saxofone. Adoro o que James faz, porque ele sempre produz uma mistura única: pode ser algo completamente abstrato e livre, mas também pode ser funk. Ele se encaixava perfeitamente no conceito de "solto, mas amarrado".

Chris e eu coescrevemos três músicas para o *Rockbird*: a música-tema, "Secret Life" e "In Love with Love", que é uma de minhas favoritas. É linda e funciona para mim, no aspecto musical e lírico. Escrevi as letras de todas as músicas do disco, menos de uma: "French Kissin' in the USA". Alguém a enviou para a Geffen e, assim que a ouvi, pensei: *Uau, que música ótima, como ninguém a gravou antes?* Mais tarde, descobri que a mulher que cantava a música original a havia enviado para a Geffen na tentativa de conseguir um contrato de gravação. A versão dela era linda, mas ela se ferrou quando eu peguei a música, porque a adorei e não conhecia seu lado da história. Ela não ficou feliz com a situação. Eu também não ficaria; aquele foi o maior hit do *Rockbird*.

O disco saiu em novembro de 1986. Na capa, há uma grande foto do meu rosto, loira dessa vez. Mudei muito a cor do cabelo, pintei de ruivo, castanho e várias outras cores; agora, estava de volta ao loiro. Eu usei um vestido com estampa de camuflagem em frente a uma parede camuflada. Meu amigo Stephen Sprouse tivera a ideia para a capa e trabalhou em parceria com Andy Warhol. Na época, Andy estava trabalhando com a estampa de camuflagem. Steve desenhou roupas nessa padronagem com as cores mais anticamuflagem que você puder imaginar. Na sessão de fotos para a capa, Linda Mason cuidadosamente maquiou meu rosto inteiro com uma estampa de camuflagem combinando. Fiquei muito feliz quando a Geffen concordou em lançar *Rockbird* com o título em quatro cores diferentes de tinta fluorescente, então os fãs podiam comprar as cores que mais gostassem. Foi uma honra trabalhar com Andy Warhol e Steven Sprouse naquela capa!

Quando as resenhas saíram, quase todos chamaram *Rockbird* de "o retorno", termo que eu acredito ser usado com frequência demais. Hoje em dia, lançar discos com três ou quatro anos de diferença não deveria ser estranho. Perdi as contas de quantos retornos já fiz. Este em específico, infelizmente, não se traduziu em grandes vendas. Parte do problema foi que eu estava lutando em duas frentes — todos estavam sempre perguntando: "Podemos chamar de Blondie?" ou "Você é o Blondie?"

Quando comecei o Blondie, mulheres no rock não era algo tão comercialmente viável como hoje. Precisei lutar muito para conseguir contratos de gravação e ser levada a sério. Mas, conforme a década de 1980 se desenrolava, muitos desses bloqueios e conflitos começaram a evaporar. E isso se tornou uma faca de dois gumes: antes, tínhamos a atenção praticamente certa das gravadoras e do público; agora, o espaço estava muito mais ocupado... E me reinventar além da "Blondie" era um desafio. Mas, nesse ponto, você já deve saber que adoro um desafio.

Não fiz turnê com o *Rockbird*, por razões diversas: eu não queria fazer turnê sem Chris, não queria deixá-lo enquanto ele não estivesse completamente bem e não queria viajar com uma banda de palco. Mas, na verdade, eu não sentia que houvesse nenhuma necessidade louca de pegar a estrada. Em vez disso, fiz algumas coisas na TV e no cinema. Apareci em um episódio de *Tales from the Darkside*, de George Romero, "The Moth", em que interpreto uma feiticeira moribunda convencida de que sua alma voltará como uma mariposa. Também apareci em uma comédia, *Para Sempre Lulu*, no papel de uma mulher misteriosa perseguida por um policial interpretado por Alec Baldwin em sua estreia no cinema.

Eu também participei do programa de Andy Warhol na MTV, o *Andy Warhol's Fifteen Minutes*, dirigido por Don Munroe. Este foi um dos primeiros programas sem videoclipes da emissora. Era baseado na famosa frase de Andy sobre todo mundo ter seus quinze minutos de fama, e uma extensão da revista *Interview* — o impresso na TV. Os convidados de Andy cobriam todo o espectro: músicos, artistas, atores, cantores, drag queens, ricos, pobres, grandes estrelas, artistas em dificuldades — o mesmo tipo de pessoa que Andy cultivava fora das câmeras. Ele estava realmente à vontade naquele programa. A televisão sempre fora uma de suas muitas obsessões, e ali ele era a verdadeira estrela. Ele pediu a Chris para compor a música e eu fazia os anúncios. Jerry Hall também fazia os anúncios.

Eu estava no primeiro programa, em 1985, junto com Stephen Sprouse, Rick Ocasek, Moon e Dweezil Zappa, Sally Kirkland, a romancista Tama Janowitz, Bryan Adams e algumas exuberantes drag queens do Pyramid Club. Também apareci no último programa, em 1987. Andy estava filmando um novo episódio quando teve que ir para o hospital, para uma cirurgia de rotina na vesícula. Depois descobrimos que ele estava muito mais doente do que deixava transparecer. Ele nunca se recuperou totalmente dos ferimentos do tiro

que levou de Valerie Solanas em 1968. O último episódio de *Andy Warhol's Fifteen Minutes* terminou com imagens de seu velório.

A morte de Andy me acertou em cheio. Foi um choque terrível, uma enorme perda que mudou minha vida, assim como o mundo das artes e a vida social da cidade de Nova York. Andy sempre fora parte de tudo que acontecia — frequentando estreias, cinemas, shows, praticamente todas as noites; estava sempre curioso e aberto a tudo, e se interessava pelo que todos faziam. Ele foi um grande apoiador para mim e Chris. Depois de sua morte, entrei em luto. Só me dei conta algum tempo depois, mas permaneci nesse luto por quase dois anos. Foi duplamente difícil para mim por outra razão. Mais cedo, naquele mesmo dia, Chris e eu havíamos terminado. Cheguei em casa naquela tarde ainda sem saber sobre Andy. Quando Chris me contou, o chão se abriu ainda mais fundo sob meus pés. Treze anos de intimidade e criatividade profundas com Chris agora mudavam para uma dinâmica diferente. E ainda a morte de um ídolo venerado... Foram perdas além das lágrimas. Senti-me como se houvesse uma força me mantendo suspensa e girando, o que me deixou atordoada e muito mal.

Nunca falamos sobre nosso término para a imprensa. Alguns entrevistadores fizeram suas próprias suposições. Pouco tempo atrás, durante a turnê britânica de 2017 do Blondie, Chris e eu fomos ao programa de Johnnie Walker na BBC Radio. Ele começou a falar sobre a doença de Chris e disse: "Aí você o abandonou." Fiquei completamente perplexa. Olhei para Chris e ele não disse nada, então deixei passar. Depois, o apresentador falou mais uma vez, agora para Chris: "Quando Debbie o abandonou." Eu não consegui acreditar que ele realmente estava dizendo aquilo, e duas vezes; não sei se foi provocação. Acho que alguém deve tê-lo abandonado. Muitas vezes, ao lidar com um homem, se ele está tendo problemas com a namorada ou esposa, desconta em você. Passei por isso muitas vezes, com empresários e executivos de gravadoras, então eu não deveria ter ficado tão chocada. Como se sabe bem, entretanto, nunca deixei de amar Chris, ou de trabalhar e me importar com ele, e nunca vou deixar.

Já há algum tempo, Chris dizia que queria um estúdio e um loft. Eu havia começado a me exercitar com Kerry, que mencionou em uma conversa ter um prédio em TriBeCa com dois andares vazios. Respondi: "Ah, quero alugá-los." Ela me avisou que eles estavam em um estado muito ruim e que nós deveríamos vê-los primeiro. De fato, estavam pior do que ruins — estavam medonhos. De alguma forma, conseguimos dinheiro para limpar e reformar o porão e o primeiro andar, e Chris se mudou para lá sozinho. Encontrei um apartamento no mesmo quarteirão em que moramos na Twenty-First Street. Continuamos nos vendo todos os dias.

12

O GOSTO PERFEITO

Como editar sua vida para transformá-la em uma história decente? Essa é a dificuldade de uma autobiografia ou livro de memórias. O que revelar, o que manter oculto, o que enfeitar, o que minimizar e o que ignorar? Quanto do interno e quanto do externo? O que vai cativar e o que talvez entedie? Qual tom, qual voz, qual limite, quais ritmos, quais cores usar ao costurar as memórias em uma sequência que tenha alguma magia?

Recentemente, li o livro de memórias de Gabriel García Márquez, *Viver para Contar*. Eu o achei muito intrincado — e tive que reler passagens várias vezes para acompanhar todos os nomes das pessoas de sua imensa linhagem familiar. Márquez pinta sua história de vida com o mesmo imaginário brilhante e os mesmos belos jogos de palavras que emprega em seus romances: o calor, a selva, o enorme entusiasmo. É uma experiência quase amedrontadora; ele nos transporta de volta a uma cultura e ambiente desconhecidos. Lembro-me de ler uma resenha de *Viver para Contar* que era, no máximo, indiferente. Será que eu tenho alguma chance? Minha selva não chega nem aos pés das exóticas plantações de banana colombianas da década de 1930. Bem, talvez alguns digam que a selva do CBGB's nos anos 1970 poderia chegar perto. Mas não tenho nem a metade dos parentes de Gabriel García Márquez, embora haja alguma surpresa nesse departamento.

Porém, o pensamento de ter outra pessoa envolvida na "edição" das minhas memórias é ainda mais assustador. Perder o controle sobre minha própria arte, sobre minha voz, é um medo antigo de uma longa batalha para ser quem quero ser e criar o que quero criar. Glenn O'Brien foi o editor que tirou minha virgindade como escritora. Ele concebeu uma nova revista chamada *Bald Eagle*, uma coletânea de histórias e poemas. Glenn me pediu para enviar um texto para a primeira edição. O tema dela era o 11 de Setembro, e escrevi um poema sobre almas se esvaindo. Só a ideia de alguém molestar meu triste poeminha com suas mãos cheias de dedos já me deixava ansiosa. Sim, é óbvio que fui corrigida na escola, mas isso foi há muito tempo. Parecia muito invasivo. Ter alguém remodelando meu poema era apavorante e me deixava um pouco confusa. Glenn soube exatamente como eu me sentia pela minha reação ao telefone. "Ah, sim, esta é sua primeira vez sendo editada, não é?" Logo, sim, Glenn O'Brien deflorou meu texto, como se fosse... Imaginei algumas vezes fazer sexo com Glenn, mas não exatamente esse tipo de sexo. Mas agora já chegamos ao Capítulo 12 sem uma contagem de corpos, e não há volta.

Escrever minha história ainda me parece um território inexplorado. Como estou velha demais, sou claustrofóbica demais e muito ruim em matemática para viajar para o espaço sideral, fui forçada a me voltar para o espaço interior. Um sentimento não tão limitante fisicamente, mas talvez ainda mais assustador. Analisando o que temos até aqui, é bom ver que conquistei muito mais do que já foi esperado de mim. Ano passado, em Londres, um jornalista me perguntou de qual feito eu mais me orgulhava. Minha resposta: "Só tentar já foi um passo enorme." E seguir tentando em meio a tudo, pois certamente houve altos e baixos.

Isso me lembra de quando fui à tabacaria.

Olha, eu fumo. Comecei aos 60 e poucos. Nunca tive a intenção, mas, de alguma forma, em algum ponto, lá estava eu, tragando e baforando. Vai entender. Tentei fumar e falhei várias vezes, quando era adolescente e ao longo dos anos. Cigarro, em geral. Maconha nos anos 1960 também, mas sou muito fraca e tive que parar. Fico admirada com maconheiros que fumam erva todos os dias, o dia inteiro, ano após ano. Pergunto-me como eles conseguem... Enfim, de volta ao meu hábito feio, que finalmente consegui manter.

Admiti meu vício, minha falta de controle, minha fraqueza, mas tento me manter em apenas alguns cigarros por dia. E, quando estou trabalhando, diminuo drasticamente para apenas dois ou três. O cigarro que sempre aprecio mais é o do ritual pós-show, com uma taça de vinho — muito prazeroso, meditativo e relaxante.

Compro cigarros em pequenas lojas de conveniência que vendem bilhetes de loteria ou em tabacarias de verdade. Quando passava mais tempo em Nova York, costumava ir à Sweet Banana Candy Store, em grande parte por causa do nome, mas ela não existe mais; a gentrificação a expulsou de cena. Há uma tabacaria da qual particularmente gosto, cheia de caixas de charutos, de todos os formatos, tamanhos e preços, com um pequeno lounge pouco depois da entrada. Não é chique e nem exclusiva, mas é claro que existem os "habituais", que ficam por ali.

O caixa, que também deve ser o dono, é um cara amigável que me conhece das minhas músicas e por causa delas. Sempre conversamos um pouco quando compro meus costumeiros dois maços de cigarros, que vão durar duas semanas, às vezes, até mais. Logo, não estou sempre por ali, mas frequento o suficiente para nos conhecermos. Sempre há homens sentados no lounge, acenando e baforando seus enormes charutos, e o ambiente fica cheio da permanente névoa azulada da fumaça dos charutos, com aquele cheiro inconfundível. Dizem que fumar passivamente é tão ruim quanto fumar diretamente, e preciso concordar que, quando vou àquela tabacaria, talvez fume um daqueles enormes charutos também.

Em uma de minhas compras quinzenais recentes, como sempre, levei minha cachorrinha que adora passear de carro. Resolvemos algumas incumbências e acabamos em uma tabacaria em um pequeno centro comercial em frente ao supermercado. Geralmente o estacionamento dali está lotado e eu preciso estacionar longe, mas, naquele dia, achei uma vaga bem em frente. A cachorrinha subiu no painel do carro e observou com atenção enquanto eu entrava na névoa enfumaçada de masculinidade.

Cumprimentei todos e fui direto ao caixa, comprei meus dois maços e troquei algumas palavras com o dono. Depois, me despedi e saí da loja. Quando olhei para dentro do carro, na saída, vi aquela bolinha de pelos com olhos enormes me encarando. Percebi que ela não conhecia o interior da loja, mas provavelmente me cheirava quando eu entrava no carro depois de comprar meus cigarros. Achei que aquele era o momento perfeito para apresentá-la ao lugar, então eu a peguei e voltei à tabacaria. Bom, todos os caras ficaram surpresos quando retornei e disse que ela queria um charuto, e eles se apaixonaram perdidamente por aquela fofura de pelos brancos e grandes olhos castanhos, e riram. Depois, saímos e voltamos para o carro.

Eu estava prestes a ir embora quando um homem — um cara alto e grandalhão — chegou perto da minha janela e disse uma coisa tão profunda e generosa que tive que escrever sobre ela. Ele se inclinou e me disse: "Todo mundo tem talento, mas perseverar e conquistar o sucesso é o que separa o talento real dos aspirantes. Quero que saiba disso." E continuou: "Você fez o que pouquíssimas pessoas conseguiram fazer: não apenas pensou ou sonhou, mas permaneceu e resistiu à dura estrada do sucesso." Ele não parecia ser do tipo que diria algo assim. Eu não fazia ideia de que ele estava prestes a fazer um elogio daqueles. Na verdade, fiquei surpresa quando o vi andando

No Cafe Carlyle, em 2015.

em minha direção. Como assim? Eu nunca teria imaginado que sua percepção ou opinião seria tão generosa e apurada. Esse momento ficou na minha memória, me marcou, e mesmo se eu parar de fumar, talvez volte à tabacaria para dar um olá.

Então, seguindo com a história... A segunda metade da década de 1980 foi bem ruim e, por vezes, completamente diabólica. Mas aí John Waters me convidou para participar de seu próximo filme, *Hairspray*. Trabalhar com John foi uma das melhores experiências da minha vida. Na verdade, *Hairspray* e *Videodrome* são as duas coisas das quais mais me orgulho, além de trabalhar com Marcus Reichert em *Union City* e com a diretora catalã Isabel Coixet em seus filmes *Fatal* e *Minha Vida Sem Mim*.

Antes mesmo de conhecer John Waters, conheci Divine. Divine era um ator e drag queen memorável. (É claro que "drag queen" não é mais um termo politicamente correto nesses tempos de rápidas mudanças em identificações de gênero. Mas, naquela época, de várias maneiras, Divine desafiava classificações.) Criado em uma família conservadora de classe média de Baltimore, o primeiro emprego do Sr. Harris Milstead — para o horror de seus pais — foi como cabeleireiro feminino. Ele se especializou em *beehives*, enquanto desenvolvia seu gosto por drag. Um dia eu gostaria de fazer um estudo sobre quantos cabeleireiros foram mandados para consultórios psiquiátricos por seus pais — como Divine foi. John Waters também é de Baltimore, então obviamente os dois se conheceram. John, como Andy, era atraído por pessoas consideradas fora do comum. Foi ele quem deu a Harris o nome "Divine" — inspirado na personagem de *Nossa Senhora das Flores*, de Jean Genet. Ele se juntou ao grupo de atuação experimental de John e recebeu papéis em todos os seus filmes, incluindo o famigerado *Pink Flamingos*, no qual há a famosa cena em que ele pega cocô de cachorro fresco da calçada e come. Na década de 1970, Divine morava em Nova York e se tornou uma célebre figura local. O apartamento em que eu e Chris morávamos na West Fifty-Eight Street ficava a uma rua de distância de onde ele morava, e sempre nos esbarrávamos, ele desfilando pela rua com seus kaftans brilhantes e esvoaçantes — tão brilhantes quanto ele próprio. Ver Divi sempre era o ponto alto do dia.

A cena Downtown era muito pequena, e todos nós meio que considerávamos conhecer todo mundo até certo ponto, mesmo que não andássemos juntos de fato. Gary Valentine, nosso baixista, tinha uma namorada, Lisa Persky, que atuou na produção de 1976 de *Women Behind Bars*, no Truck and Warehouse Theater — uma paródia de todos aqueles filmes de *exploitation* sobre prisões femininas.

Divine interpretou a vadia cruel e maldosa da Women's House of Detention. Mais tarde naquele ano, o elenco de *Women Behind Bars* fez um show conosco, junto com os Talking Heads, Richard Hell, Jackie Curtis e Holly Woodlawn. Estávamos arrecadando fundos em prol de Wayne/Jayne County, que fora presa depois de uma briga com Handsome Dick Manitoba, dos Dictators. Dick estava bebendo e gritando ofensas homofóbicas, e depois pulou no palco. Jayne o acertou com um pedestal de microfone, e ele prestou queixa. Em algum momento os dois fizeram as pazes e mais tarde gravaram juntos.

Conhecemos John Waters por intermédio de Divine. Ele estava trabalhando em seu novo filme, *Polyester*, e perguntou se Chris e eu poderíamos escrever a música-tema. Quando a terminamos, fomos ao estúdio ver Tab Hunter cantá-la. Tab, o astro de Hollywood, tinha sido o ídolo adolescente loiro das décadas de 1950 e 1960, e ainda era deslumbrante. Chris e eu aparecemos junto com Bill Murray, o comediante do *Saturday Night Live*. Estávamos com Bill na NBC e descobrimos que ele tinha uma voz absurda de cantor romântico. Quem diria? Ele era um comediante com voz de Tom Jones e Frank Sinatra. Sua voz era linda, mas ele a usava apenas de forma ocasional ou cômica. Felizmente, quando lhe dissemos para onde estávamos indo, ele não hesitou.

John escreveu *Hairspray* como uma paródia de um programa de TV de música pop que costumava assistir em Baltimore. Ele contou que o *American Bandstand* não era transmitido na cidade, apenas o *The Buddy Deane Show*, no qual os cabelos das moças eram mais altos e as calças dos rapazes eram mais apertadas que no *Bandstand*, e esses jovens eram enormes estrelas locais. Eles levavam os campeonatos de dança muito a sério. Em 1962, o ano em que se passa o filme, a segregação ainda era uma questão muito séria. Baltimore ficava no limite entre o norte e o sul do país, e lutou ao lado do sul durante a Guerra Civil; e ainda sofria, e sofre, com seus efeitos permanentes. *The Buddy Deane Show* tocava música negra, mas não queria jovens negros dançando junto com os brancos, e definitivamente não os queria vencendo os concursos. Logo, foi incrível da parte de John abordar esse assunto em sua comédia bizarra, mas sincera. E ele o fez de maneira cafona, elaborada e inocente, mas, ainda assim, tratou esse assunto sério e grave e o transformou em um enorme hit. No filme, ele deu à história um final feliz que muitas vezes não acontecia na vida real.

Meu papel era o de Velma Von Tussle, uma mãe distante, racista e louca por controle. Amber, sua filha, interpretada por Colleen Fitzpatrick, é inscrita no concurso Miss Auto Shop por seu pai, que vende carros usados. Mas sua maior rival é a agitada gordinha Tracy Turnblad, interpretada por Ricki Lake. Divine interpretou a mãe de Tracy, e Sonny Bono, meu marido. No início, John teve dificuldade em confirmar Sonny no elenco, então eu brinquei: "É só dizer que vou chupá-lo!" Não é uma piada que se pode fazer hoje em dia. Ele aceitou, sem nenhuma promessa da minha parte; foi uma relação estritamente profissional. Ao que parece, ele estava concorrendo a prefeito de Palm Springs quando John fez o convite. Foi durante as pré-eleições, mas Sonny aceitou fazer *Hairspray* e venceu a disputa para prefeito.

Foi muito tranquilo trabalhar com Sonny; ele era muito confiável e nada pretensioso. Os únicos momentos em que ficava um pouco irritado eram quando as pessoas chegavam perguntando: "Cadê a Cher?" Fica chato depois que você está divorciado há dez anos. Na verdade, ele trouxe a nova esposa, uma belíssima jovem, e era possível ver que estava muito apaixonado; ele era extremamente atencioso com ela. Sonny era um cara incrível, e também um pouco espertalhão, coisa que eu gostava. Nada como um espertalhão para nos fazer rir.

A garotada no filme era ÓTIMA. John ficou apaixonado por eles, e eram jovens reais; muitos deles não eram nem aspirantes a atores. Mas todos levaram o trabalho muito a sério. Acho que alguns seguiram carreira no showbiz, como Ricki Lake, Colleen Fitzpatrick e o rapaz que se parecia com Elvis, Michael St. Gerard. O elenco foi realmente genial. John conseguiu Ruth Brown, a rainha do R&B,

Amo você, John Waters.

para o papel de DJ Motormouth Maybelle. A primeira e única Ruth Brown. Na década de 1950, a Atlantic Records era chamada — por uma boa razão — de "a casa que Ruth construiu". Fiquei encantada, ela era fantástica. Mas fez o maior escarcéu quando John quis que usasse uma peruca loira platinada. Por fim, ela entendeu — e viu que era uma grande paródia. Ric Ocasek, do The Cars, e Pia Zadora interpretaram dois beatniks. Pia era como uma princesinha da Broadway, amável, fofa e muito sociável. Depois, ela nos convidou para sua cobertura nas Zeckendorf Towers, que foram construídas por seu marido, um magnata imobiliário, e passamos um tempo juntas.

John queria que eu fizesse músicas para o filme, mas minha gravadora foi contra. Então foi isso. Rachel Sweet cantou a música-tema e eu cantei alguns versos, mas sem ser creditada. Quando ela canta: *"Hey, girl, what you doing over there?"*, eu respondo: *"Can't you see? I'm spraying my hair."*[1] As perucas que usei no filme mereciam um Oscar por si próprias. Mil novecentos e sessenta e dois era o momento dos enormes cabelos penteados em *beehives*. (Eu realmente usei esse penteado na minha foto do anuário do colegial.) A peruca que usei na maior parte do tempo se parecia com um ponto de interrogação deitado, uma ideia brilhante. A outra peruca era um monumento, 60 centímetros de altura, três ou quatro perucas presas a uma estrutura de tela de galinheiro que abrigava uma bomba, que explodiria mais tarde no filme. Eu tinha que equilibrar aquela enorme bomba cabeluda na cabeça. Foi bom para a postura, e eu me sentia como uma *showgirl* de Vegas.

Quando as gravações terminaram, ninguém queria ir embora. Todos ficamos arrasados, queríamos continuar ali para sempre. Quantas vezes podemos dizer isso sobre um trabalho? Eu não queria ir para casa, queria continuar vivendo naquele filme. John disse que fazê-lo foi uma das melhores experiências de sua vida, e sinto o mesmo. Ele mereceu de verdade cada elogio e cada ganho que conquistou ou recebeu por causa de *Hairspray*, pois o filme veio de sua alma. A festa de encerramento foi uma ocasião agridoce, mas saí com uma recordação que carrego até hoje. Ela aconteceu nos píeres do porto de Baltimore, onde fui picada por mosquitos. Os mosquitos de Baltimore têm uma ferocidade muito própria. Fui comida viva por mosquitos ao longo da vida, mas esta foi a única vez que me rendeu cicatrizes. Ainda tenho a cicatriz daquela picada. Talvez eu deva tatuá-la com o logo de *Hairspray*.

Mas essa história tem um epílogo triste. *Hairspray* acabou sendo o último filme de Divine. Duas semanas depois do lançamento, ele morreu dormindo, aos 42 anos. Todos ficamos completamente chocados; John ficou arrasado. Os médicos disseram que ele tinha o coração grande demais. Nenhum de nós esquecerá esse enorme e intenso coração de Baltimore conhecido como Divine.

---

[1] "Ei, garota, o que está fazendo aí? / Não está vendo? Estou jogando spray no cabelo."

Amo você, Steve.

QUANDO CRIANÇA, SEMPRE ESTAVA ATRÁS DO GOSTO PERFEITO, UM sabor que eu não conseguia descrever — mas tinha certeza de que conseguiria identificar se o encontrasse. Às vezes, sentia um traço dele na manteiga de amendoim. Outras vezes, um indício quando bebia leite. Era irritante, porque eu era ávida por ele, seja lá o que fosse. Eu nunca comia uma refeição ou lanche sem pensar se estava prestes a finalmente experimentar o gosto perfeito.

Depois de adulta, esqueci quase totalmente a busca por esse gosto esquivo. O sabor da completa satisfação — mas havia uma pista: eu nunca me sentia completamente satisfeita depois de uma refeição, embora pudesse comer até explodir. Ficava preocupada com engordar demais, como a maioria das mulheres, e, com uma incrível força de vontade, eu tentava parecer ter hábitos alimentares normais quando estava com outras pessoas. Mas, quando estava sozinha, eu podia continuar comendo, geralmente até dormir, ou até ficar com dor de cabeça e ir deitar. Vez ou outra, meus pensamentos voltavam ao modo de busca, e eu me lembrava com tristeza da procura que fiz durante toda a minha infância. E, mais uma vez, "o gosto perfeito" se tornava parte do meu vocabulário diário.

Hoje em dia, há uma proteína e vitamina em pó que tomo misturada com água de coco e que tem um sabor familiar de satisfação. Adoro essa mistura e tento fazê-la todos os dias. Sei que minha mãe biológica ficou comigo por três meses. Imagino que, durante esse período, ela me amamentou e *aquele* era o gosto perfeito. Ela ficou comigo e me alimentou tanto quanto pôde, depois me mandou para o mundo das escolhas. O mundo dos sabores. O mundo. Agora, finalmente, graças a meu amadurecimento, minha busca e meu shake mágico, recuperei a habilidade de me sentir completa, de sentir fome, desfrutar comer e acabar com a fome. A verdadeira saciedade. Parece muito simples. Provavelmente tão simples quanto o infinito e o Universo.

A busca pelo gosto perfeito está ligada à questão fantasmagórica que me assombrou a vida inteira: quem foi a minha família biológica e como eles eram? Sei que não estou sozinha nessa. Todos queremos saber de onde viemos e quem podem ser nossos ancestrais. Queremos saber se existe alguém por aí que é parte da "tribo". Uma questão de sobrevivência; afinal, somos criaturas comunitárias, animais que vivem em bandos. Hoje, pessoas adotadas conseguem descobrir quase tudo. Mas, naquela época, as leis nos Estados Unidos não davam nenhuma opção para crianças adotadas descobrirem nada. Sempre que tentei, dei de cara com um muro. Será que eu fui, de modo inocente, parte de algum programa de proteção à testemunha?

Fui adotada no final da Segunda Guerra Mundial, aquela enorme reviravolta que ceifou tantas vidas e deixou tantas pessoas e bebês sem teto. Depois do enorme número de desabrigados na Grande Depressão, as instituições tentaram manter registros mais detalhados da população. Mas era quase impossível acessar essas burocracias. Antes de os computadores facilitarem a investigação de nossa genealogia ou o contato com velhos amigos e familiares, funcionários de agências ou detetives particulares tinham que procurar pessoas em listas telefônicas e obituários de jornais, ou em outros registros públicos, o que era um processo lento e trabalhoso.

Quando descobri, aos 4 anos, que era adotada, me vi em um terreno instável. Eu tinha um medo irracional e profundo do abandono. Explodia em lágrimas facilmente se alguém ficasse um pouco nervoso comigo. Quando eu tinha 6 anos e meio, minha irmã, Martha, nasceu, e foi incrível ter aquele pacotinho maravilhoso fazendo parte da família. Eu adorava tomar conta dela. Cheguei até a trocar suas fraldas, embora esta fosse a coisa de que menos gostava. Mas, conforme cresci e fiquei mais independente, sempre imaginava quem eram meus pais biológicos. Minha curiosidade crescia e diminuía ao longo dos anos, dependendo de quão ocupada eu estava. E não quis chatear meus pais quando eles estavam vivos porque acho que isso poderia deixá-los magoados e tristes.

Mas, no final da década de 1980, minha curiosidade voltou à tona mais uma vez. Decidi tentar descobrir tudo o que pudesse antes que fosse tarde demais. Contratei um detetive e o mandei atrás da minha mãe, e ele a encontrou. Ele localizou seu endereço e foi até sua casa. Tocou a campainha e ela atendeu à porta. Quando ele começou a falar e revelou o porquê de sua visita, ela saiu da casa e fechou a porta atrás de si. De acordo com o detetive, ela disse: "Por favor, não me aborreça de novo." Não queria contato. Ela já devia ser bem idosa na época, e talvez tivesse decidido há muito tempo deixar o passado para trás. Também descobri quem era meu pai, e que ele morrera aos 74 anos.

Recentemente, entrei em contato com a agência na qual fui adotada. As leis mudaram, as coisas eram muito mais abertas agora, e a mulher que trabalhava lá foi solícita e disse que faria uma pesquisa para mim. Ela foi bem-sucedida. Descobri algumas coisas e me sinto muito melhor, embora os resultados não sejam particularmente esplêndidos ou exóticos; apenas me deram raízes. Parece que venho de uma longa linhagem de encanadores do lado paterno e de músicos amadores do lado materno. Descobri que tenho meios-irmãos e irmãs, e até um sobrinho transtornado e encarcerado. A mulher da agência disse que tentaria descobrir mais alguma coisa. Ela finalmente localizou um dos meus meios-irmãos. E, de acordo com o representante da agência, ele disse apenas que eu havia arruinado sua família. Eu era uma destruidora de lares e de corações. Eu, aquele bebê inocente, uma destruidora de lares e de corações. Que imagem. Depois, percebi que tudo o que sempre quis ou precisei era ver qual era a aparência deles.

Mas, de volta ao showbiz... Já fazia dois anos desde o *Rockbird*, meu primeiro disco para a Geffen, que acabou sendo o único, pois não foi bem-sucedido o suficiente para que a gravadora quisesse fazer outro. Stanley Arkin, que me conseguiu o contrato com a Geffen, também não durou muito como meu empresário. Ele era extremamente hábil, bem-intencionado e me ajudou muito em um momento difícil, no entanto, como ele mesmo disse, sabia pouco sobre promover um disco; não era seu mundo. Lembro-me de ter uma enorme queda por Gary Gersh, da Geffen, porém não era uma atração correspondida. Triste.

Finalmente, e afortunadamente, encontrei um ótimo novo empresário, que construiu toda a carreira na indústria musical: Gary Kurfirst. Ele tinha um ótimo gosto musical e os melhores artistas, como os Talking Heads, os Ramones, o Big Audio Dynamite e o Tom Tom Club. Gary foi até Seymour Stein e, de alguma maneira, fui levada para a Sire Records, que, como a Geffen, era distribuída pela Warner Bros. Eu conhecia Seymour muito bem do passado. A Sire Records foi cofundada por ele e nosso primeiro produtor, Richard Gottehrer. Não conversávamos tanto, mas tínhamos uma relação amigável, e os discos que acabei fazendo para eles são espetaculares.

O primeiro foi *Def, Dumb and Blonde*. Foi ideia de Gary que eu trabalhasse em algumas músicas com Alannah Currie e Tom Bailey, do Thompson Twins. Não nos conhecíamos, mas Gary fez sua mágica e eu logo estava a caminho de Londres para me hospedar com eles. Lembro-me de que era junho, pois ansiava pelo verão e por algum calor, mas, quando cheguei na Inglaterra, o clima estava congelante. Ai, meu Deus. E eu havia levado as roupas erradas. Lá estava eu, no enorme apartamento deles, com roupas feitas para o abafado verão nova-iorquino, congelando até os ossos. O que na verdade acabou sendo bom, pois me deu uma desculpa para ir às compras com Alannah. O apartamento era maravilhoso, e meu quarto ficava em uma pequena torre gótica, com o teto em formato de pirâmide. Seguindo a tradição dos grandes prédios de pedra vitorianos, aquele havia sido uma escola ou orfanato para jovens garotas; Alannah e Tom o haviam transformado em um espaço aconchegante, acolhedor e elegante. Eles formavam uma equipe de composição muito bem-sucedida: Tom era focado e sério, enquanto Alannah não tinha limites — e não apenas na composição. Ela era uma pessoa criativa e questionadora, e nos divertimos muito juntas.

Em outra visita, o casal me cedeu um grande quarto no andar superior, enquanto eles ficavam na suíte principal, no andar inferior, segundo lembra Alannah. Ela havia acabado de se tornar mãe. Era seu primeiro filho, e também seu primeiro projeto de composição real. Ela se preocupava que o bebê chorasse e me acordasse, e eu achasse que ela não era profissional. Então, pela manhã, quando o pequeno Jackson acordou às 5h chorando para ser alimentado, ela entrou no closet com ele e se sentou debaixo de todos os vestidos e casacos pendurados, na tentativa de abafar seu choro. Ela não sabia que eu acordava cedo e tinha ouvido toda a movimentação. Na manhã seguinte, quando o bebê chorou, eu desci as escadas, abri a porta do closet e ofereci a ela uma xícara de chá. Peguei Jackson no colo e fui brincar com ele. Enquanto trabalhávamos nas músicas no pequeno estúdio de Alannah e Tom, o bebê dormia em um moisés, que também servia para deixar a porta entreaberta. Agora que Jackson é adulto, Alannah lhe diz que seu primeiro emprego foi como "peso de porta para Debbie Harry".

A casa ficava em Wandsworth Common, do outro lado da prisão. Já que Alannah e eu queríamos perder peso, à noitinha íamos correr nas áreas verdes. Ela levava uma tesoura e, quando voltávamos caminhando pelo bairro, se esgueirava pelos jardins e cortava rosas. Ela era louca por rosas. Quando chegávamos em casa, ela tinha os braços cheios de flores. Às vezes havia paparazzi esperando do lado de fora, tentando tirar fotos minhas suada e desarrumada. Alannah ficava brava com eles por mim, gritando e batendo neles com suas rosas roubadas.

Alannah e eu passeávamos naqueles incríveis ônibus panorâmicos vermelhos de Londres. Também caminhávamos muito, coisa que adoro fazer. Um dia, quando saímos para fazer compras, ela me perguntou como eu conseguia andar sem ser reconhecida. Fácil, respondi. David Bowie havia me ensinado. Eu estava usando um moletom com capuz e tênis de corrida; tirei o capuz, joguei os ombros para trás, levantei a cabeça e sorri. As pessoas começaram a me reconhecer e chamar meu nome. Então, recoloquei o capuz, abaixei os ombros e estava invisível de novo. É bom conseguir sair dos holofotes quando você está fazendo compras com uma amiga. É só uma questão de projeção.

Tenho muitas histórias com Alannah. Fiquei com ela em Londres em outras ocasiões, de novo na torre, onde tive alguns sonhos estranhos. Ela contou que o prédio fora ocupado pelo MI5 ou MI6 durante a Segunda Guerra Mundial, e há rumores de que Rudolf Hess, o vice-führer de Hitler, tenha sido mantido prisioneiro ali. Jackson, o filho dela, era uma criancinha na época, e era um pestinha, correndo por todos os lados e arrancando as roupas. Acostumei-me a ver aquele bumbum fofo pelado andando pela casa. Alannah também ficou comigo em Nova York. Uma vez, levei-a para conhecer minha amiga Vali Myers. Eu adorava Vali. Ela era uma mulher ruiva, rebelde e fabulosa, dançarina, artista e visionária, e, infelizmente, já morreu há muito tempo. Naquela época, ela morava no Chelsea Hotel. Havia jornais por todo o chão e alguns cocôs de cachorro espalhados, então Alannah e eu nos empoleiramos na mesa da cozinha e conversamos com Vali sobre suas pinturas.

A primeira vez que ouvi falar dela foi na década de 1960, quando me mudei para Nova York. Costumava vê-la andando pelas ruas com seus selvagens cabelos ruivos e o rosto tatuado. Não a conhecia naquela época, mas fiquei impressionada com sua aparência. Ela estava muitíssimo à frente de seu tempo. Vali era de Melbourne e dançava na companhia de balé da cidade, mas deixou a Austrália em 1949, aos 19 anos, para seguir carreira como dançarina em Paris. Seus amigos lá englobavam Salvador Dalí, Jean Cocteau, Django Reinhardt, Jean Genet e muitos outros criativos renomados. Ela era uma mulher aventureira e uma artista interessante. Fazia desenhos em *fine line*, com tinta e caneta, muito detalhados e cheios de padrões, assim como retratos e estudos de animais. Tenho um lindo desenho dela de uma mulher selvagem de cabelos ruivos com uma enorme boceta vermelha, é incrível. Chris deu a sua filha o nome de Valentina em homenagem a Vali. Acho que ela gostava muito dele. Óbvio, Chris é um amor, então já viu.

Mas, voltando para Londres e para o *Def, Dumb and Blonde*. Antes de nos conhecermos, Tom e Alannah escreveram uma música para mim: "I Want That Man". Alannah disse que escreveu a letra imaginando que eu fosse uma diva exigente e uma *femme fatale* agressiva. Contou também que inseriu o verso *"I want to dance with Harry Dean"*[2] porque tinha uma admiração antiga por Harry Dean Stanton. O que ela não sabia era que eu também tinha, desde que o vi no fascinante *Paris, Texas*, de Wim Wenders, e, é claro, no hilário *Repo Man*. Eu adorava o fato de ele ter feito escolhas de papéis excepcionalmente boas ao longo de sua carreira. Ele sempre interpretava papéis interessantes, muitas vezes sem apelo comercial óbvio, e sempre funcionava muito bem. Como adorava dizer: "Não há papéis pequenos, há apenas atores pequenos." Ele era muito talentoso e inteligente, além de charmoso e malandro. Também tinha uma aparência dura e gasta, que exalava uma sensualidade expressiva... Eu não o conhecia pessoalmente antes de "I Want That Man" ser lançada, mas, quando saiu, ele se convenceu de que a música era sobre si e que ele era o homem que eu queria. Quando voltei a Londres, Alannah e eu fomos vê-lo cantar "Across the Borderline" com Ry Cooder. Como adoro o jeito que Alannah conta a história, passarei o microfone para ela:

"Nós ficamos descontroladas como duas adolescentes quando ele cantou, e depois o conhecemos nos bastidores. Ele educadamente anotou nossos telefones com um toco de lápis em um caderninho, mas, quando olhei para o lado, Debbie havia desaparecido com ele. Acho que foi o começo do casinho dos dois, mas ainda estou esperando os detalhes! Mas então, ele foi cortês e, no dia seguinte, havia uma mensagem dele na minha secretária eletrônica me convidando para seu quarto no hotel para 'tomarmos um chá' juntos, 'talvez com um pouco de leite'. Ha ha! Ainda tenho essa gravação. Debbie transou com ele e eu fiquei com o convite para o chá. É isso que acontece quando você brinca com a Diaba Harry: ela fica com o homem e você fica com o chá!"

[2] *"Quero dançar com Harry Dean."*

Red Hot + Blue — *Red, Hot e Byrne.*

Harry Dean e eu ficamos juntos algumas vezes. Como eu disse, ele era um sedutor. Porém, morava em L.A., e eu, em Nova York. Mas fico feliz que ele tenha achado que a música era sobre ele. "I Want That Man" foi o primeiro single de *Def, Dumb and Blonde* e também o grande hit do disco. "Kiss It Better", a música que escrevi com Alannah e Tom em Londres, foi o segundo single. Das quinze faixas do disco, escrevi mais da metade com Chris. Não éramos mais um casal, mas ele ainda era meu amigo e parceiro musical mais próximo, e a pessoa mais querida do mundo para mim. Cantei uma das músicas que escrevemos, "Brite Side", em *Wiseguy*, uma série de TV na qual interpretei uma estrela do rock que envelhecia. Rá! Ian Astbury, do The Cult, dividiu os vocais comigo em "Lovelight", música de Chris. Gary Valentine tam-

2006 – Turnê Starliners.

bém aparece como vocalista convidado no disco. Alannah não cantou comigo, mas estou no disco de 1989 do Thompson Twins, *Big Trash*, cantando minha parte pelo telefone, de Nova York para Londres.

Def, Dumb and Blonde foi lançado naquele mesmo ano. Na capa, meu nome aparece como "Deborah Harry". Comecei a sentir uma enorme necessidade de diferenciar o Blondie dos projetos solo, e essa era uma maneira simples de fazê-lo. Além disso, cheguei a um ponto em que achava que Deborah soava melhor que Debbie. O disco se saiu bem no Reino Unido, na Europa e na Austrália, mas não deu em nada nos Estados Unidos. Eu adorei aquele disco e reuni uma banda para pegar a estrada. Chris foi a primeira pessoa com quem falei; depois, nosso baixista, Leigh Foxx, que tocara com Yoko Ono e Iggy Pop, e outra guitarrista, Carla Olla. Talvez você ache que foi estranho para mim, com Chris e eu indo para quartos de hotel diferentes no final da noite. Mas já havia se passado um tempo desde nossa separação, e nós dois estávamos saindo com outras pessoas.

Os quatro anos entre *Def, Dumb and Blonde* e meu quarto disco, *Debravation*, foram muito movimentados. Fiz vários filmes e séries de TV: *New York Stories; Contos da Escuridão*, o filme da série *Tales from the Darkside*; *Ira no Ritmo da Morte; Intimate Stranger*, sobre uma pobre aspirante a cantora de rock que ganha a vida como atendente de telessexo; *Trilogia do Terror*, no qual interpretei uma enfermeira; e *Mother Goose Rock'n'Rhyme*, no qual fui A Velha que Vivia em um Sapato. Ninguém pode dizer que eu tenho um tipo. Apareci em um episódio da série de drama televisiva *Tribeca*, com Dizzy Gillespie. Cantei "Well, Did You Evah", de Cole Porter, com Iggy Pop no *Red Hot + Blue*, um disco beneficente pela causa da AIDS. Em 1993, fiz minha estreia no fabuloso festival drag ao ar livre, o Wigstock, e fiz meu primeiro show no Squeezebox, o novo bar do meu amigo Michael Schmidt. Esse lugar era sempre badalado e lotado de gente. Em uma noite, fizemos um show muito louco — eu e Joan Jett como atrações principais, além dos Toilet Boys, as Lunachicks, Psychotica e algumas performances drag. Em algum momento, Joey Ramone subiu ao palco conosco. Todo o show foi transmitido ao vivo na internet, o que ainda era raro naquela época.

Conheci Michael Schmidt nos anos 1970. O Blondie havia feito um show em Kansas City e estávamos subindo para nossos quartos de hotel quando esse jovem deslumbrante apareceu. Ele era adolescente e seus pais haviam lhe comprado ingressos de aniversário. Ele era tão bonito e falava tão bem, com uma energia enigmática, que me marcou. Anos depois, o vi na mais estranha das circunstâncias: ele estava usando meu vestido com estampa de camuflagem e uma peruca loira, e atuava como meu substituto para os fotógrafos enquanto faziam os testes de iluminação para a capa do *Rockbird*. Mais tarde, Michael ficou chocado por eu me lembrar dele após todos aqueles anos desde o show em Kansas City. Ele desenhava joias e roupas em seu loft na West Fourteenth Street. Naquela época, devido à gentrificação, muitos artistas em Nova York estavam sendo despejados de seus lofts, e os senhorios, aumentando os aluguéis. Ouvi de meu amigo Guy, o vocalista dos Toilet Boys, que Michael havia sido despejado. Meu apartamento em Chelsea era grande e tinha um quarto vago, então o convidei para morar comigo, e ele viveu ali por um tempo no início da década de 1990.

Schmitty criou algumas roupas memoráveis para mim também. O mais famoso vestido foi um longo de festa feito de milhares de lâminas duplas. Ele levou meses para fazê-lo. O próprio Michael cegou cada uma daquelas lâminas, mas ainda era possível se cortar com elas; esse tipo de lâmina é feito para durar muito e não é fácil de cegar. Definitivamente foi uma roupa que tive que vestir com cuidado. Mas, dentro dele, me senti sensual e serpentiforme; Diaba Harry encontra Afiada Harry. Esse vestido foi uma peça atrevida e empolgante. Ele foi exposto no Costume Institute do Metropolitan Museum of Art. Não sei onde está agora, talvez ainda esteja por lá.

Para meu quarto disco, *Debravation*, eu queria tentar algo mais vanguardista e experimental. Nunca quis repetir um hit copiando-o

Bunny... você me ensinou tudo o que sei.

O famoso vestido de lâminas duplas.

em uma nova música. Também nunca tive interesse em fazer algo que fiz no passado, o que é o motivo pelo qual eu, muitas vezes, acabava em situações complicadas com as gravadoras. Tivemos cerca de trinta pessoas naquele disco, e oito produtores diferentes — Chris, é claro; e Anne Dudley, do Art of Noise; e, em "My Last Date with You", o R.E.M. Fizemos uma faixa instrumental: a música-tema de Nino Rota para o filme *8½*, de Fellini. Adoro as músicas de Rota. Cantei "La Dolce Vita" no disco de Hal Willner em tributo a ele. Também fizemos nossa própria versão de "Black Dog", do Led Zeppelin. Quando mostramos o disco finalizado para a gravadora, ele foi rejeitado. Então fizemos algumas mudanças e essa versão do disco foi lançada em 1993. Um ano depois, lançamos o disco original nós mesmos como *Debravation: 8½: The Producer's Cut,* por um selo independente. Este foi o fim do meu relacionamento com a Sire. Sempre senti que Madonna era a única que importava para a gravadora. Quando *Debravation* foi lançado, ela saiu na turnê Blonde Ambition. John Waters dizia: "Debbie piscou por dois minutos enquanto cuidava de Chris e Madonna roubou sua carreira."

Debravation chegou à 24ª posição nas paradas britânicas e o primeiro single, "I Can See Clearly", se saiu muito bem nas boates. O vídeo para o segundo single, "Strike Me Pink", acabou se tornando controverso. O tema era o truque do tanque de água de Houdini, no qual um artista escapista tinha que se libertar de suas amarras antes de se afogar. O vídeo não deveria insinuar nenhum tipo de fatalidade — e ele nunca foi finalizado de verdade. Por alguma razão, não pudemos terminá-lo da maneira como o imaginamos. Eu nunca deveria ter deixado esse vídeo ser gravado, ele não tem nada a ver com a música. Não é uma música raivosa, é *sexy*, com uma letra positiva e meio blues. "Surpreenda-me." Não "Mate-o de surpresa". "*Baby, your touch is magic... Maybe you'll bring me a lucky streak / Well strike me pink.*"[3]

O plano original era que eu chegasse usando um maravilhoso vestido rosa, muito feminina e adorável, e usasse uma varinha mágica

[3] "Querido, seu toque é mágico... Talvez você me traga uma maré de sorte / Bem, surpreenda-me."

para ajudar o cara a escapar. Há algo de poderoso na cor rosa. É algo que vem do berço, um sistema criado para distinguir a sexualidade feminina da masculina, por isso alguns homens adultos têm aquela motivação instintiva para ser "macho" com uma mulher usando rosa. Porque o rosa geralmente é menor, mais fraco e precisa de proteção, e os níveis de testosterona disparam. Usar "Pink" foi uma estratégia inteligente para a cantora Pink, quase ou tão inteligente quanto "Blondie". Sempre achei que o contraste entre a inocência e a sexualidade luxuriosa, assim como entre o bem e o mal, é irresistível.

O problema é que a mulher que deveria enviar esse maravilhoso vestido rosa não o enviou. No último minuto, corri atrás de outro vestido rosa fabulosamente exótico, mas não encontrei nenhum. Por alguma razão, o único outro figurino nas gravações era um terno e gravata masculinos, completamente o oposto do vestido rosa e feminino. Não havia varinha mágica, e o cara se afogou.

Na época, eu namorava o mágico e ilusionista Penn Jillette, então deve ser por isso que estava com o truque do tanque de água de Houdini na cabeça. Penn é um homem muito interessante, tem quase 2m de altura; um homem grande, uma personalidade grande, tudo grande. Ele é um mágico bem conhecido — o Penn da dupla Penn & Teller —, mas também tem uma veia rock que poucas pessoas conheciam. Ele tocava bateria e baixo, e gravava sob o nome Captain Howdy. Apareci como convidada em um de seus dois discos, *Tattoo of Blood*, em 1994.

Penn também é um intelectual, fala bem, tem boas maneiras e é habilmente reservado, então vou contar apenas uma história, pois o próprio Penn já a contou. Estávamos na Flórida, assistindo ao lançamento do ônibus espacial, e, quando terminou, fui para a jacuzzi do hotel. Penn conta que voltei para o nosso quarto reclamando alto e bom som que os homens que projetavam aquelas banheiras colocavam os jatos em lugares muito inconvenientes para as mulheres aproveitarem, o que me deixou em uma posição embaraçosa quando um jovem com o rosto avermelhado passou... Penn perguntou onde os jatos deveriam ficar. No assento, respondi. "Então, quando eu estava construindo minha casa e foram instalar a jacuzzi", relembrou Penn, mais tarde, "pedi para que o fizessem de forma que o jato acertasse o clitóris. O designer perguntou: 'Então você quer atrás e direto?' Respondi: 'Não, eu estava pensando na frente e em um ângulo de 45 graus.' Funcionou! Fiquei esperando a esposa daquele cara pelo menos me mandar flores." Penn patenteou a banheira orgástica e a batizou "Jill-Jet" — a primeira sílaba de seu sobrenome e o equivalente feminino para masturbação, em inglês. Na patente, ela é descrita como um "estimulador hidroterapêutico".

Sempre gostei de brinquedos eróticos. Quem não gosta? São muito divertidos. Da última vez que visitei Alannah, fomos à Sotheby's, em Londres, onde estava acontecendo uma exposição de objetos eróticos disponíveis para leilão. Era uma exposição bonita, com todos os tipos de pinturas, móveis e esculturas. Havia um dildo de jade que tinha mil anos de idade, e fiquei surpresa e encantada que Pamela Anderson estava lá também. Eu a conheci na sessão de fotos para o projeto Viva Glam, da MAC. A empresa de cosméticos promove um evento anual em que escolhe uma diva e cria um novo batom, doando todo o lucro das vendas para instituições voltadas à AIDS. Fui uma das divas da Viva Glam em um ano, junto com Pamela. Mas naquele dia na Sotheby's ela estava dando uma palestra sobre a importância do sexo em um relacionamento. Alannah foi olhar os móveis, já que agora ela própria desenhava e produzia móveis. Tenho duas poltronas tipo bergère dela em minha casa, e elas são lindas. Alannah as criou para personificar duas prostitutas vitorianas. Elas têm as pernas tatuadas e são cobertas de camadas de seda, veludo e couro.

Quanto a Penn e eu, ficamos juntos por alguns anos, entre o final dos anos 1980 e o início dos anos 1990. Depois, ele mudou tudo para Vegas. E eu peguei a estrada com o Blondie.

13

ROTINAS

Será que minhas rotinas poderiam revelar com mais profundidade o que me motiva? Afinal, para que serve um livro de memórias, se não para puxar a cortina e dar uma olhada na senhora que está apertando os botões? E quando você está neste planeta há tanto tempo quanto eu estou, essas rotinas deixam as suas marcas... Deve haver alguns indicativos que delatem minhas predileções e prioridades, certo? Obviamente, "rotinas" vêm em todos os formatos e tamanhos, e, sendo do tipo showbiz, eu imediatamente me encaixo em "música e dança". Mas acho que há muita coisa, até nas rotinas aparentemente mais enfadonhas. E, além disso, onde fixamos o limite entre rotina e ritual?

Acho que podemos começar com qualquer coisa. Certo, o café matinal. Prefiro ter meu café matinal em mãos antes de deixar os cachorros saírem — mas o xixi é quem manda. Sei exatamente o quanto esse primeiro xixi da manhã é importante, logo, deixo os cachorros saírem bem rapidinho. E então, o café: um combo de prensa francesa, torra escura e espresso, meio descafeinado e meio cafeinado. Por que reduzir tudo ao descafeinado? Não estou presa. Quero a euforia — mas em doses lentas, se não se importar. Nada forte demais para começar o dia. Depois, de volta para a cama com o café, os cachorros e um livro. Passo a primeira hora do dia com o nariz enfiado em algum livro... Amo ler desde muito pequena. E o caso de amor continua até hoje. Essa primeira hora é extremamente importante para mim — ela me estimula — e farei tudo o que for necessário para proteger esse momento e assegurar que ele aconteça.

A rotina do resto do dia depende dos compromissos e das incumbências. Fazer shows ou turnês adianta o relógio, e eu tento dormir até às 10h30. Quando estou na estrada, sigo praticamente a mesma rotina de café/xixi/leitura, mas sem os cachorros, com momentos de pânico ocasionais tentando encontrar uma xícara de café decente no meio do nada. Ah, e sinto muita falta dos meus peludos.

Nas turnês, depois dessa primeira hora, minha rotina se torna muito menos pessoal. Fico amarrada a um cronograma coletivo cujo rigor parece muito o de uma fábrica, ou de tropas militares. Onde quer que estejamos, o show geralmente começa às 21h. Durante o dia, talvez haja alguma promoção para fazer, entrevistas ou uma visita a alguma rádio, e depois, direto para o ônibus de turnê: bagagem às 15h em ponto, chamada às 15h30, partida às 15h45, passagem de som às 16h em ponto; também há uma ordem na passagem de som. Então, jantar às 17h, uma pausa das 18h às 19h30, depois encontro com fãs e ganhadores de promoções, ou ainda reuniões relacionadas a negócios com promotores de shows e a mídia. Em seguida, eu me visto e me maquio. Faço aquecimento vocal. Então, avisos de 30, 10 e 5 minutos para o show. E, às 21h em ponto, caminhamos quase em fila indiana para o palco: guitarras ligadas, luzes apagadas, e o show começa. Deixamos o palco aproximadamente às 23h, e retorno ao camarim a fim de trocar de roupa para os encontros pós-show com amigos e convidados. Então, de volta ao ônibus por volta da meia-noite. Viajamos noite afora até a próxima cidade da turnê. A duração da viagem vai determinar se paramos em um hotel para dormir mais um pouco ou ficamos no ônibus até a próxima passagem de som.

Antigamente, shows e turnês eram um caos quase descontrolado. Não tínhamos uma rotina muito clara. Agora, na maior parte, é uma máquina bem azeitada, o que causa menos estresse, mas às vezes também deixa menos oportunidade para que o inesperado aconteça. Bater ponto para entrar, bater ponto para sair, ponto para entrar, ponto para sair... Rotinas assim podem ser uma faca de dois gumes. E, é claro, a loucura pode ser muito mais divertida na memória do que quando estava acontecendo de verdade.

Mas antes mesmo de podermos cair na estrada, há a rotina de ensaios. Geralmente, tentamos fechar um estúdio; assim, podemos montar os equipamentos e o sistema de monitores por uma semana ou mais sem perturbações, a depender de quanto material temos que aprender ou há quanto tempo não tocamos. Tentamos começar no fim da manhã, às 10h30 ou 11h, e trabalhamos até às 18h ou 19h. Às vezes esticamos um pouco, mas 5 ou 6 horas de trabalho compenetrado já está ótimo para mim.

Ensaiar. Não é a minha coisa favorita. Talvez você diga: "Uau, um dia de trabalho de cinco horas é muito bom", mas, antes de tocarmos juntos por essas cinco horas, há o tempo que se gasta sozinho, ouvindo e aprendendo as músicas que serão tocadas no show. Nunca tentei contabilizar essas horas. Apenas toco as músicas em casa ou no carro, deixando-as se fixarem continuamente no meu cérebro.

Fiquei em turnê com o *Debravation* por um ano. Depois, entrei em turnê com os Jazz Passengers — uma banda de jazz de Nova York vanguardista e com estilo. Segundo Roy Nathanson, os Jazz Passengers eram os punks da cena jazz nova-iorquina. Eles tinham o mesmo tipo de ironia que os punk rockers tinham, e suas origens vinham da mesma cena Downtown da qual viemos. Roy, poeta e ator, também era parte de um grupo de teatro do Lower East Side e tocou na Big Apple Circus Band de Nova York com Curtis Fowlkes. Roy e Curtis se conheceram quando ambos faziam parte dos Lounge Lizards, de John Lurie.

Cheguei até eles por intermédio de Hal Willner. Hal tem um conhecimento musical eclético e é um produtor muito criativo. Eu o conheci quando fui convidada para apresentar o *Saturday Night Live* e ele trabalhava no programa. Depois disso, Hal e outros caras do *SNL* iam ao nosso apartamento assistir à TV independente com Chris. Quando estava trabalhando em seu disco em homenagem a Nino Rota, ele me convidou para cantar "La Dolce Vita" no estúdio. Mais tarde, quando estava trabalhando no disco dos Jazz Passengers, intitulado *Jazz Passengers in Love*, e Roy lhe pediu para levar alguns vocalistas, Hal convidou Little Jimmy Scott, Mavis Staples, Jeff Buckley e eu. Ele queria que eu cantasse uma música doce e astuta chamada "Dog in Sand", que Roy havia escrito sobre um velho e seu cachorro. Roy ficou em dúvida. Ele não tinha certeza se eu conseguiria cantar; não conhecia minhas músicas. Mas cheguei lá e arrasei, se é que posso dizer isso. Depois, Roy me convidou para cantar no Knitting Factory, e, em meados de 1995, no verão, eu estava tocando com eles regularmente.

Então, Roy me chamou para cair na estrada com eles. Bom, este foi um grande passo. Significava muitas músicas — e algumas delas eram bastante obscuras, com entradas em tempos estranhos. Em todos aqueles anos em uma banda de rock, eu contava até quatro, agora esperavam que contasse até seis ou sete! Tentei com muito afinco me entender com aquelas músicas, e às vezes massacrava alguma, mas a banda era tranquila quanto a isso — tranquilidade jazz. Esta é uma das coisas sobre músicos de jazz que nem sempre ocorre no rock: eles se orgulham de manter a tranquilidade. Por exemplo, no começo da turnê, o público pedia "The Tide Is High". Então, os Passengers fizeram uma versão dela, com todas aquelas harmonizações que aparecem na original, dos Paragons.

Fomos para a Europa em uma turnê de jazz habitual. Esse tipo de turnê também tem sua própria rotina: entrar no trem, chegar em alguma cidade europeia, arrastar os instrumentos e malas até minúsculos clubes de jazz. Sem roadies e com pouco equipamento; usávamos o sistema de som das casas, logo, menos esforço e menos estresse, e eu gostava da liberdade extra e da sensação de aventura, da espontaneidade de encontros ao acaso e da natureza próxima e intimista dos shows. Era uma proximidade que me lembrava do começo, nos bares e no CBGB's. E, falando em próximo e intimista, lembro-me de um show na Alemanha em que o palco era tão baixo que uma pessoa no público me acertou ao levantar de sua mesa. Caí para trás, em cima do pequeno saxofone soprano de Roy, e o amassei. Mas acho que devo ter me saído bem, porque no disco seguinte da banda, *Individually Twisted*, eu cantei em todas as músicas.

Essa turnê foi muito divertida, e foi uma ótima experiência ser apenas uma cantora. Também foi uma experiência musical empolgante. Depois de um tempo, notei que cada músico tinha uma habilidade em um determinado estilo, e como eles "se deixavam levar", no linguajar do pessoal do jazz, por alguma transformação emocional, e depois voltavam à estrutura básica. No rock'n'roll, isso raramente faz parte do show, e em especial a minha geração, a geração punk rock, se rebelou contra aqueles solos de meia hora chatos, gratuitos, egoicos e terríveis. Os Ramones eram os campeões absolutos desse conceito, com suas músicas de dois minutos e seu formato estrito e simples. Até hoje, no Blondie, temos poucos solos no sentido tradicional, embora Clem sempre improvise em suas deixas no início ou no final de uma música.

Naquela época, eu ainda estava fazendo filmes. Um deles, *Drop Dead Rock*, saiu no mesmo ano que *Individually Twisted*, 1996. Há uma foto minha com Adam Ant no pôster, mas, honestamente, não me lembro de nada do filme. Acontece o mesmo com a maioria dos papéis que fiz. Geralmente eram participações especiais como eu mesma ou papéis mecânicos, nada essenciais, que eram gravados em um dia ou dois. Cair de paraquedas em um filme para uma cena rápida, na verdade, é mais difícil do que as pessoas imaginam. Os outros atores já estão juntos há algum tempo. Eles se entendem, têm tato com o cameraman e construíram uma relação com o diretor. Logo, quebrar essa dinâmica estabelecida por apenas um dia pode ser um pouco desconfortável. Mas houve algumas vezes nesses dias únicos em que gostei da performance, ou algo especial aconteceu entre mim e a câmera, o que é sempre muito empolgante.

Posso contar nos dedos os papéis que considero papéis de verdade. Houve *Spun – Sem Limites*, de Jonas Åkerlund; *Hairspray*, de John Waters; *Videodrome*, de David Cronenberg; os dois filmes dirigidos por Isabel Coixet, *Minha Vida Sem Mim* e *Fatal*; e *Paixão Muda*, filme de 1995 de James Mangold. Este último foi um bom filme e um desafio. Teve bons atores, como Shelley Winters e Liv Tyler, e um orçamento muito baixo. Minha personagem, uma garçonete desmazelada e cansada da vida, parecia real, a qual pude entender e desenvolver. Gravamos o filme próximo ao Lake Mohawk, em High Point, Nova Jersey. O Lake Mohawk foi onde, quarenta anos antes, Shelley Winters gravou *Um Lugar ao Sol*, grande filme de Hollywood. Ela fez o papel de uma trabalhadora de fábrica que engravidava do personagem interpretado por Montgomery Clift, e depois exigia que ele se casasse com ela. Mas ele havia se apaixonado por uma socialite, papel de Elizabeth Taylor, então a afogou no rio. E lá estava ela, no mesmo local, mas agora em um filme independente, interpretando uma dona de restaurante de beira de estrada. Eu fiz a garçonete que trabalhou para ela por quinze anos.

Shelley, com seus dois Oscars de melhor atriz, além de outras duas indicações, era uma presença de peso. Ela tinha uma intensidade contida que era absolutamente poderosa. Desafiava todos a se mostrar e dar o seu melhor. Eu conseguia ver que era assim que ela trabalhava, pondo cada um em suas marcas. Quando chegou ao set, ela me chamou em seu trailer e disse: "Deveríamos nos conhecer um pouco, pois nossas personagens são meio adversárias." Minha personagem supostamente tinha um caso com o marido da personagem dela, e havia uma tensão crescente entre nós. Assim, me sentei e a ouvi falar sem parar; ao final do monólogo/conversa, quando eu estava indo embora — com um pé nos degraus do trailer —, ela disparou: "Trabalhei com cantores antes. Trabalhei com Frank Sinatra. Nenhum deles sabia atuar." Eu sabia exatamente o que ela estava fazendo. Ela é uma atriz do Método, então estava tentando criar um antagonismo entre nós, assim como nossas personagens eram antagonistas no filme. Mas, para mim, não foi difícil interpretar uma garçonete de cidade pequena. No final dos anos 1960, quando fiquei estagnada e deixei Nova York para passar alguns meses com uma amiga em Phoenicia, trabalhei em uma pequena cafeteria na rua principal — um dos cinco, talvez seis, estabelecimentos, no máximo. A dona, Irene, comandava o lugar desde sempre, e eu a cobria, dois dias por semana. Na maioria das vezes, eram apenas entregadores que paravam ali, e sempre perguntavam: "Cadê a Irene?"

Alguns anos depois do lançamento de *Paixão Muda*, ouvi dizer que James Mangold estava fazendo um novo filme que se passava em Jersey, *Cop Land*, e eu queria muito participar. "Por favor, você precisa me pôr em seu próximo filme", implorei. Acho que ele não era muito enlouquecido por mim, mas me pôs em uma cena como barwoman, sem diálogo nem nada, apenas limpando o bar e servindo cerveja a alguém. No entanto, quando ele editou o filme, acabei no chão da sala de edição.

"VOCÊ SÓ PODE ESTAR LOUCO." FOI O QUE RESPONDI QUANDO CHRIS ligou dizendo: "Vamos reunir o Blondie." Eu realmente achei que ele tinha perdido a cabeça. Tivemos aquele sucesso enorme, fenomenal e mundial com o Blondie, com hit atrás de hit e turnê atrás de turnê, e depois passamos por uma experiência terrível com a doença, as drogas e a ruína financeira. E nenhum de nós estava morto. Ainda. Eu tinha certeza de que alguém ia morrer daquela vez, em especial porque muitas das pessoas que surgiram conosco já haviam partido.

Na mesma manhã em que Chris me ligou, eu passara minha primeira hora do dia com o rosto enfiado em um livro fotográfico chamado *Warhol's World*, que minha amiga Romy, uma das garotas "Goody", me dera. Vi muitos rostos conhecidos e muitas daquelas pessoas já estavam mortas. Tendo sobrevivido a toda aquela loucura, pensar em fazer tudo de novo? Deus, não. Ainda tinha muitas péssimas lembranças do que acontecera antes, e não apenas com a banda, mas com os negócios. Trabalhar com os Jazz Passengers foi um enorme alívio e privilégio, além de ter sido uma escola, então a última coisa na minha cabeça era uma reunião do Blondie. Mas, como sempre, Chris me convenceu.

Chris devia quase US$1 milhão em impostos, graças ao nosso antigo consultor financeiro, Bert Padell. Ele vira um anúncio no *Village Voice* de um colecionador procurando memorabilia de rock para comprar, então ligou e disse que tinha alguns discos de ouro e platina para vender. Ed Kosinski, o homem que publicou o anúncio, foi até o loft de Chris e ficou agradavelmente surpreso ao descobrir que o vendedor era o próprio Chris Stein. Então, os dois viraram amigos. Ed era casado com Jackie LeFrak, da famosa família do ramo imobiliário de Nova York. LeFrak City é o conjunto de condomínios de quase 16 hectares que se vê ao ir do Queens ao aeroporto John F. Kennedy. Ele convidou Chris e a mim para jantar em seu apartamento. Descobrimos que a irmã de Jackie LeFrak, Denise, era a musa da música "Denise", dos Randy and the Rainbows, que transformamos em "Denis". A coincidência foi assustadora. Ed nos disse que tinha um amigo na indústria musical que queria que conhecêssemos, Harry Sandler. Foi Harry quem incentivou Chris a reunir o Blondie. Ele foi direto: "Se você não fizer isso agora, não vai acontecer nunca." Aquilo realmente afetou Chris.

Naquela época, Harry estava trabalhando com um empresário chamado Allen Kovac, que tinha uma experiência considerável em trabalhar com bandas mais antigas que se separaram e estavam voltando. Ele era muito persuasivo, então concordamos em nos encontrar. Allen era um cara inteligente e bom de papo. Sua apresentação de como ele poderia contribuir para a reunião do Blondie era direta e convincente. Ele também estava disposto a lidar com a bagunça de péssimos contratos e conflitos entre membros da banda, que faziam uma reunião parecer um show de horrores para mim. Sofremos com empresários que ou não tinham interesse e nem cuidado conosco, ou ativamente se aproveitavam dessa falta de equilíbrio, pois ela os colocava em uma posição vantajosa. Allen tinha um panorama claro do que acontecia com as pessoas nessa situação, as pressões e decepções, e como todos sofriam com isso. Ele não era uma pessoa desse tipo, e sabia se vender extremamente bem.

Chris então começou a contatar aquelas pessoas que não víamos há anos. Ligou para Jimmy Destri — ele e Jimmy sempre se deram bem — e convenceu Clem a ir de L.A. para Nova York. Segundo a memória de Clem: "O engraçado era que todo mundo parecia estranho e fora de sincronia, com dentes faltando, um pouco acima do peso e desgrenhado. Um pouco apreensivo." Hum. Chris também ligou para Gary Valentine, que morava em Londres, onde trabalhava como correspondente de arte para o *Guardian*. Ele o convenceu a voar até Nova York, e Jimmy o encontrou no aeroporto e o levou até o loft de Chris. A memória de Gary é a seguinte: "O mausoléu de Chris, sua caverna em TriBeCa, parecia a casa de Turner, no filme *Performance*, mas piorada. Viajei com a expectativa de encontrar tudo andando, mas as coisas não estavam tão nos trilhos quanto Chris me dissera. O próprio Chris não parecia bem. Fiquei meio que lhe fazendo companhia por algumas semanas, tentando animá-lo. Eu gostava dele. Ele até salvou minha vida uma vez, quando quase fui eletrocutado no loft na Bowery. Foi só depois de um tempo que percebi que Debbie não estava tão animada com a minha presença."

Ao contrário de sua paranoia, eu gosto de Gary. Ele é um homem sensível e multitalentoso, e sua inteligência ampla e inquisitiva lhe dá uma poderosa visão de mundo. Ele ficou em meu apartamento por um tempo e saíamos juntos para passear com meu cachorro. Conversávamos sobre seus livros, e sobre como o escritor de mistérios Cornell Woolrich morara no prédio que eu morava e supostamente escrevera *Janela Indiscreta* ali. Isso não me surpreenderia, pois era realmente possível ver através das janelas das pessoas. Nos jardins, na parte central do prédio, havia muita rotatividade nos apartamentos. Era meio que um gueto gay transitório, e as pessoas não pareciam ter nem um pouco de vergonha de fazer sexo em frente a janelas sem cortinas.

Enquanto Gary esteve conosco, fizemos alguns shows. Um deles foi um tributo a William Burroughs que aconteceu em Lawrence, Kansas, onde Bill passou seus últimos anos. Estar nesse show com Philip Glass, Laurie Anderson e Patti Smith, pessoas que admiro imensamente, significou muito para mim. Chris e eu conhecemos Bill um pouco, de eventos sociais. Uma vez, fomos jantar com ele no Bunker — era assim que chamavam o lugar —, e levei minha cachorrinha Chi Chi comigo. Ela era minúscula, pesava apenas 2kg, mas brigava como cachorro grande quando se sentia encurralada. Eu a batizei Chi Chan porque esse nome aparentemente significava "sangue feroz". Chi Chi era seu apelido. Eu achava que uma criatura tão pequena e frágil precisava de um nome forte. Bill pegou minha cachorrinha e a segurou no colo durante todo o jantar — e Chi Chi comeu em suas mãos ossudas a noite inteira, sem parar. Ele gostava de se anestesiar com "determinadas substâncias", ou talvez gostasse de ser mordido, então acho que a mastigação ruidosa e incessante de Chi Chi não o incomodou muito. Chris e Bill se davam muito bem. Eles compartilhavam vários interesses, inclusive por armas, e tinham gênios iguais; acho que entendiam um ao outro. Hal Willner estava trabalhando em outro de seus projetos únicos, gravando Bill recitando o Pai Nosso. Ele chamou Chris para adicionar o fundo musical e a faixa saiu no *Dead City Radio,* disco de Bill.

A reunião do Blondie estava caminhando, mas aos trancos e barrancos. Estávamos tentando encontrar o melhor equilíbrio com os integrantes do passado e continuávamos verificando se mais alguém tinha interesse. Chris falou com Gary Valentine e ele estava disposto a vir de Londres, onde morava, para dar uma chance ao projeto. Ele se mostrou um escritor profícuo e teve vários livros publicados sobre seus assuntos favoritos, em geral, com um foco filosófico. Não estava tocando tanto e nossa visão para o novo Blondie era um pouco diferente da original. Eu achava que um som mais evoluído seria o esperado nos anos 1990, que não poderíamos continuar com nosso som Downtown original, o que era péssimo, pois Gary era bonito, tinha uma ótima energia e um estilo que lhe vinha naturalmente.

Eu disse a Chris e Allen desde o início que de jeito nenhum estaria em uma banda que só toca coisas antigas — fui inflexível quanto a isso —, então começamos a escrever músicas novas. No começo, trabalhamos com Mike Chapman, mas as circunstâncias não eram ideais. Estávamos hesitantes depois de passar tanto tempo separados, além de não termos terminado da melhor maneira. Precisávamos fazer as pazes. Estávamos no estágio de sentir uns aos outros e descobrir se *conseguiríamos* trabalhar juntos — se *haveria* um futuro para o Blondie e como ele se desenrolaria.

Foi nessa situação complexa, cheia de nuances, frágil e disfuncional que Mike chegou. Ele gostava do Blondie de verdade, e preciso lhe dar o crédito por vir ao nosso resgate. Não seria confortável para ele estar ali como o quinto elemento enquanto aquela entidade de um passado obscuro tentava se refazer — mas Mike tem uma força interior formidável, que acompanha sua criatividade excepcional. Ele foi responsável de várias maneiras por criar o som do Blondie como uma banda de rádio, e embora tenha acabado não produzindo nosso disco de reunião, isso infelizmente teve mais a ver com os empresários e a gravadora.

Também tentamos trabalhar com o Duran Duran. Allen era empresário deles e achou que seria uma boa ideia, então fomos para o estúdio. Mas havia um cara muito doido na banda que parecia fora de si. Era quase risível. Nós tentávamos gravar e ele arrancava as roupas, reclamando que estava com calor demais, o que era engraçado. Ele tinha um corpo bonito e sabia disso, mas também tinha um fedor acre de suor e drogas e parecia estar em outra dimensão. Uma enorme distração. Mas conseguimos gravar duas ou três músicas com eles, incluindo "Amor Fati", de Gary. No entanto, as coisas ainda não pareciam certas. Ainda estávamos brincando com as combinações, esperando que tudo se encaixasse em seu lugar. Aí Clem sugeriu que tentássemos trabalhar com Craig Leon, que produzira o primeiro disco do Blondie. Ele tinha uma visão inovadora em relação à tecnologia, e Chris estava louco por um novo sistema digital chamado Radar, que Craig estava usando. Eles então passaram horas no porão de Chris, o que em algum momento se transmutou no sétimo disco do Blondie, *No Exit*.

Clem surgiu com a ideia do título, então vou deixá-lo explicar: "*No Exit* é o nome em inglês da peça de Jean-Paul Sartre que tem a famosa frase 'O inferno são os outros', o que expressa bem os cenários de muitas bandas de rock estereotipadas. Mas também há a placa escrito 'No Exit' ['Sem Saída'] que vemos em todos os lugares, o que significa que não há como escapar do Blondie. Porque não importa o que façamos, sempre seremos 'alguém do Blondie'. E Debbie sempre vai ser a 'Blondie'."

É verdade que, quando Gary Kurfirst era meu empresário como artista solo, ele ficou muito frustrado com o fato de não poder me chamar de "Blondie", apesar de eu ser amplamente identificada daquela forma pelo público. Mas estava escrito em nosso contrato que o "Blondie" compreende determinados integrantes, e eu não tinha direito de usar esse nome sem o envolvimento dessas outras pessoas. Uma delas era Chris. Eu nunca faria nada chamado "Blondie" sem envolvê-lo, pois ele era a outra metade da origem da banda. Ele e eu éramos parceiros e construímos tudo juntos, do zero. Mas algumas das pessoas que tocaram na banda pelo caminho achavam que também tinham algum direito sobre o nome.

Depois de decidirmos não convidar Frank Infante e Nigel Harrison para a reunião, eles nos processaram. Embora não fossem trabalhar com a banda, eles nos levaram ao tribunal para nos processar por ganhos futuros. Mas o estado de Nova York decidiu a nosso favor. E o Blondie reconstituído voltou ao trabalho com Leigh Foxx e Paul Carbonara se juntando a mim, Chris, Clem e Jimmy.

Tomamos a decisão de ir ao Reino Unido e à Europa para fazer alguns shows antes de lançar o disco. Tommy Hilfiger desenhou todas as roupas da banda para a turnê, e fez um ótimo trabalho. Os rapazes estavam muito elegantes e minhas saias de couro eram maravilhosas. Estávamos indo para a Inglaterra testar o ambiente. Dezessete anos haviam se passado desde o último disco da banda; não tínhamos certeza de como seríamos recebidos. Mas nos deparamos com uma onda de carinho e aprovação. Foi uma sensação maravilhosa ver que o Blondie ainda significava alguma coisa para as pessoas. Acho que nossos fãs apreciavam o fato de que ainda estávamos vivos, mas também de estarmos fazendo novas músicas que eram relevantes para nossas vidas no presente, e não apenas no passado.

A rotina de turnê seguiu o mesmo padrão de antes, embora parecesse muito mais saudável dessa vez. Havia disputas, é claro, mas finalmente tínhamos um bom empresário que compreendia a natureza humana e entrava em cena para cuidar das brigas. E estávamos mais velhos. Talvez não muito mais sensatos, mas acho que percebemos que tínhamos algo importante para nós, em nossa química especial e nosso som único. Era hora de parar de agir como crianças e começar a trabalhar muito para sermos a melhor banda que pudéssemos. Um mês antes de o disco sair, lançamos nosso primeiro single, "Maria". Ele foi direto para a primeira posição no Reino Unido e ficou no topo das paradas em outros treze países. Tudo isso significava que as pessoas esperavam o disco com ansiedade. Lançamos o *No Exit* pelo selo independente de nosso empresário, o Beyond Records, em fevereiro de 1999, e ele chegou à terceira posição no Reino Unido. Chegou até o top vinte nos Estados Unidos. Classificações em paradas não são tudo, mas foi empolgante!

No fim da turnê, aconteceu um casamento. Chris se casou com sua namorada, a atriz Barbara Sicuranza. Estávamos em Las Vegas e eles se esgueiraram para uma das capelas de casamento. Acho que não queriam fazer daquilo uma grande coisa; queriam que fosse íntimo e romântico, com discrição. Admito que fiquei muito chateada. Achei que pelo menos um de nós — eu, em particular — fosse ser convidado. Mas talvez fosse um pouco estranho para Barbara ter a ex onipresente ali. Se eu estivesse no lugar dela, talvez fizesse a mesma coisa. Eles estão casados há quase vinte anos agora, mas no início deve ter sido difícil para ela, sabendo o quanto Chris e eu éramos próximos. Nunca nos sentamos e conversamos em termos de "Ele é meu marido" e "Ele é meu ex". Acho que chegamos a um acordo de forma mais agradável e natural, conhecendo uma à outra e aprendendo a gostar uma da outra como pessoas, apesar dos possíveis medos e angústias. Chris é um amor de pessoa. Não acho que faria nada para deixar Barbara desconfortável, ou a mim, nesse sentido. Ele é um cara generoso e de natureza amável. Obviamente não consigo dizer coisas boas o suficiente sobre ele.

Com o início da turnê do Blondie, me vi de volta à velha rotina de dar entrevistas. O jogo funciona assim. Não consigo dizer quantas vezes me perguntaram sobre minha relação com Chris, e sempre

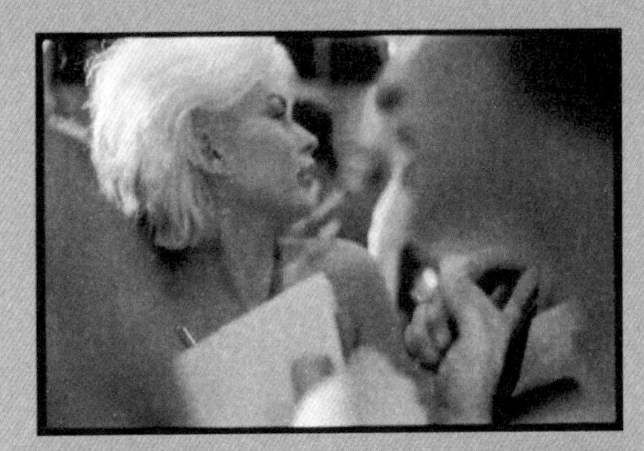

respondi a mesma coisa. Ele é uma das pessoas mais importantes da minha vida, se não *a* mais importante. Eu o amo profundamente, e sempre vou amar. Ele é um ótimo amigo. E sou madrinha das duas filhas deles, Akira e Valentina. Foi péssimo que tenhamos sido tão escrutinados. Pressões financeiras, por si só, bastam para acabar com casamentos e parcerias, e conosco havia muito mais acontecendo além disso. Sempre haverá momentos de dúvida em que pensamos que tudo é impossível e não podemos ir em frente.

COMECEI O MILÊNIO COM UM ACIDENTE IDIOTA. ESTÁVAMOS EM LONDRES, o ônibus de turnê estava prestes a sair, e seria uma longa viagem, então decidi no último minuto comprar um sanduíche para levar. Estávamos na Kensington High Street e havia um lugar — que não existe mais — onde eu comprara bons sanduíches algumas vezes antes. Atravessei a rua correndo em direção à lanchonete, porém, desta vez, a porta de vidro estava fechada e eu fui de cabeça contra meu reflexo, em cheio! O som do impacto ecoou pela lanchonete. Mal vi os clientes assustados me olhando com as bocas cheias de sanduíche antes de desmaiar. Fiquei deitada no chão da entrada em um estado semiconsciente, enquanto Matthew Murphy, nosso gerente de turnê, pairava sobre mim e perguntava se eu estava bem. Fiquei surpresa por *estar* bem. Não lembro se comprei o sanduíche, mas me lembro de entrar no ônibus me sentindo idiota, com o nariz sangrando e um enorme calombo vermelho na testa. Depois vieram os olhos roxos, e então o torcicolo. Não acredito que me arranjei um torcicolo apenas indo de encontro a uma porta.

Você se lembra daquelas dançantes cobras articuladas? Sabe, aqueles brinquedos baratos vendidos em lojas de bugigangas? Lembra-se de como essas cobras podem se mover horizontalmente, não verticalmente, e do som de clique-claque? Bom, depois que dei de cara com a porta de vidro, minha coluna começou a estalar e ranger como essas cobras. Tentei massagens e quiropraxia; às vezes ajudavam, às vezes doíam. E preferia a acupuntura, em parte porque o "pun" me lembra da palavra "punk" (ter uma atitude punk — me agarrar teimosamente à sensibilidade underground — me ajudou muito). Em vez de consertar minhas costas, o que eu faço é me agachar, de forma muito parecida com aquelas mulheres do interior que vendem coisas em feiras de rua, e depois simplesmente me jogar no chão. Dobro-me para trás com alguma força e me deixo cair, ouvindo aquele estalo satisfatório em um movimento. Depois, rolo um pouco e me alongo. Esse sentimento de estar bem ajustada/autoajustada é ótimo. Rá!

Mas as coisas não pareciam tão bem ajustadas quando trabalhamos no próximo disco do Blondie. O problema era o seguinte: eu estava em um clube do bolinha. Eu não tentava estar em um clube do bolinha, mas esta foi uma constante em minha carreira. Havia poucas mulheres na cena nova-iorquina — na verdade, em toda a indústria da música durante a década de 1970 —, e ser uma mulher vocalista em uma banda só de caras era raro. Mas eu queria fazer música, e não dava a mínima se isso significava estar em um clube do bolinha. Minha relação íntima com Chris sem dúvida me ajudou a navegar por toda aquela testosterona. Ele é másculo, mas não é um valentão, não é alguém que está sempre tentando controlar as coisas. Chris é flexível e inteligente. Jimmy, no entanto, era uma pessoa difícil, um verdadeiro machão do Brooklyn, que tinha uma péssima atitude em relação a mulheres.

Allen, nosso empresário, apareceu em um ensaio quando Jimmy estava sendo tipicamente abusivo, e ficou enfurecido com aquela falta de respeito. Com frequência, Jimmy falava comigo com os olhos grudados nos meus seios. Oi! Exasperante, irritante e degradante, com certeza, embora algumas vezes a punk doentia dentro de mim se sentisse lisonjeada. *Ei, eu sei o que você está fazendo, estou vendo você encarando meus peitos e não conseguindo me olhar nos olhos.* É claro, talvez seja retrógrado, mas, como mulher, saber que tenho esse tipo de magnetismo me dá ímpeto. Em geral, eu consegui contornar esse desrespeito sexual e fazê-lo funcionar *a meu favor*, e não contra mim. O jogo dos sexos raramente é simples; é uma dança complicada e oscilante. Somos primitivos em um momento, civilizados no próximo, e tudo pode acontecer aí no meio. Senti certa frustração com algumas de minhas ideias sendo descartadas pela banda, e com frequência eu era voto vencido. Sexismo? De vez em quando, sem dúvida, mas acho que quase sempre era um resultado natural da estrutura democrática da banda. A maioria vencia. Logo, às vezes eu vencia e, outras vezes, perdia. Justo. E talvez, só talvez, minhas ideias fossem péssimas.

Fui eu quem pensou no título do disco seguinte, *The Curse of Blondie*, uma homenagem jocosa aos ótimos filmes B em preto e branco e um comentário irônico sobre tudo o que passamos. O plano era lançá-lo em 2001, mas houve todo tipo de imprevisto e acabamos demorando mais dois anos. Dois mil e um foi um péssimo ano. Em abril, Joey Ramone morreu de câncer, um choque terrível. Fiquei arrasada, eu amava Joey. Não de forma sexual, mas como vocalista e amigo. Ele era amigável e um amor de pessoa. Lembro-me do início, quando a revista *Punk* veiculou uma história em quadrinhos de Joey e eu como amantes malfadados. Nossos pais não aprovavam o relacionamento, então Joey foi sequestrado por alienígenas ou algo assim. Roberta Bayley, a moça da porta e fotógrafa autoproclamada do CBGB's, fez as fotos de nós dois na cama para a história. Foi muito divertido.

Depois veio o 11 de Setembro. Eu estava em meu quarto em Nova York e recebi uma ligação de minha amiga Kerry. Ela perguntou: "Você está vendo TV?" Respondi que não. Na verdade, eu estava vendo pela janela: tinha uma vista clara das Torres Gêmeas dali, e havia fumaça saindo de um dos prédios. Kerry disse: "Ponha nas no-

2001 – Click+Drag 2.0... Nova York estava prestes a mudar.

tícias." Liguei a TV e comecei a assistir à cobertura ao vivo, ao mesmo tempo em que olhava pela janela. Vi o avião acertar a segunda torre. Estava assistindo pela TV e em tempo real, e ver as duas coisas foi muito louco. Uma sensação surreal de não saber exatamente o que estava vendo. Era uma gravação de filme, reportagem ao vivo ou realidade? Depois disso, algumas pessoas que eu conhecia ficaram com muito medo e queriam sair de Nova York quanto antes. Elas falavam de coisas como estocar alimentos e se mudar para o porão porque estávamos sob ataque. Eu não me sentia assim, não sentia esse medo, mas definitivamente estava em estado de choque. Eu estava em um luto real. Estava sofrendo. Nas duas semanas que se seguiram ao ataque às Torres Gêmeas, passei por toda uma série de emoções: choque, depois muita tristeza, muita raiva e muita nostalgia em relação à

RUSH OF SOULS

The slated sky hung over the Hudson

Reached across the wide waters

And continued, a gray lurking potential above New Jersey. Landing lights flashed their warnings onto the tarmac At Newark.

All this doubled in the glassy gliding river.

I wait, weighted by ambitions, by desires,

. . . . . oh what do I do.

Many voices for many melodies confound me.

A problem to speak my mind

So many voices, so many times.

But then there are indelibly clear moments scored plainly

Shaping all time to come.

Recently unsought

My worldly view has stretched

Emotions and instincts long left untouched but still intact

Now roar to the surface surging into my vocabulary

My voice breaks out

I call for survival. Powerless, out of control, saddened

Wakened where sleep kept comfort animal reactions

Racing to live to keep life, the ordinary skills I use every day fall to

A new proportion.

How insignificant these talents will be in a roughened world.

Walking, roaming, pacing the cage was some temporary relief.

Distraction for a heart turned to a different tempo

. . . . . my heart, my heart, my heart. . . . .

Pounding me out of sleep into some static dimension

Between my bed, the sky, the room, earth, the then, the now,

And this space is filled with fluttering— but no birds

And alive with tiny blinking lights— but no bulbs

And it is crowded with new voices

Large and little, near and far,

Those voices the sound of a boiling

Thousands of them in confusion, bubbling, touching me.

I feel the flutter, an electric tingle, not unpleasant

And I know I have felt the rush of souls.

CORRER DAS ALMAS

O céu plúmbeo pairou o Hudson

Estendeu-se sobre as vastas águas

E continuou, um latente espreitador sobre Nova Jersey. Luzes de pouso cintilaram seus avisos no asfalto em Newark.

Tudo se ampliou no rio, deslizante e vítreo.

Eu espero, com o peso das ambições, dos desejos

. . . . . ah, o que fazer?

Muitas vozes para muitas melodias me confundem.

Minha opinião, um dilema

Tantas vozes, tantas vezes.

Mas então, momentos de clareza indelével surgem, simples

Moldando todo o porvir.

Há pouco espontânea,

Minha visão mundana se ampliou

Emoções e instintos há muito intocados, ainda intactos

Agora urram na superfície, explodem em meu vocabulário

Minha voz irrompe

Clamo por sobrevivência. Impotente, sem controle, desolada

Desperta, onde o sono guardou o conforto, reações animais

Disparam para viver, para poupar a vida, minhas capacidades cotidianas ordinárias atingem

Uma nova proporção.

Quão insignificantes serão esses talentos em um mundo endurecido.

Caminhar, vagar, marchar na jaula foi um alívio temporário

Distração para um coração que recorreu a um ritmo diferente

. . . . meu coração, meu coração, meu coração . . . .

Bate e me despertou em alguma dimensão estática

Entre minha cama, o céu, o quarto, a terra, o antes, o agora,

E este espaço está repleto de voejos — nenhum pássaro, no entanto

E vivaz, com diminutas luzes piscantes — nenhuma lâmpada, entretanto

E repleto de novas vozes

Estrondosas e sibilantes, próximas e distantes

Essas vozes, o som da fervura

Milhares delas em confusão, borbulhando, me tocando.

Sinto o alvoroço, um arrepio elétrico, não é desagradável

E sei que senti o correr das almas.

antigamente. Mais ou menos nessa época, escrevi o poema "Rush of Souls" [Correr das Almas].

Enquanto passava por esse período de luto, dizia para mim mesma: *Ai, Deus, queria voltar para os anos 1970.* Eu continuei desejando voltar para aqueles dias até que, por fim, cheguei à inevitável conclusão de que as coisas nunca mais seriam as mesmas.

Chris e Barbara saíram de seu loft na Greenwich Street e se mudaram para o norte do estado de Nova York. O apartamento deles ficava a apenas doze quadras das torres e, durante meses depois do ataque, ainda era possível sentir o cheiro da fumaça ali. Era compreensível, mas fiquei chocada que eles estivessem mesmo pensando em se mudar. Barbara tinha a intenção de sair de Downtown e criar suas filhas em um ambiente mais agradável e seguro. Fazia sentido — e Woodstock era a escolha perfeita. Fiquei magoada quando eles foram embora. A ideia daquele tipo de distância entre nós, da separação... Mas, de certa forma, foi esclarecedor para mim. A partida dos dois me ofereceu uma enorme compreensão de algo que estava profundamente arraigado em mim e que eu nunca entendera por completo antes. Eu estava andando de bicicleta ao longo do rio Hudson quando um sentimento de tristeza esmagadora tomou conta de mim. No entanto, dessa vez, a tristeza estava repleta de compreensão. "Vi" minha tristeza e ela falou comigo: minha mágoa era a mágoa de uma criança abandonada. Abandono, a dor mais persistente que há dentro de mim, esperando seu momento para me consumir mais uma vez. Com essa compreensão, algo finalmente mudou em mim. Uma nova clareza, uma aceitação, um reconhecimento, um tipo de libertação. Esse momento sempre estará comigo.

INDÍCIOS DE AMOR

Chris Stein, 1976.

ENQUANTO EU OLHAVA TODAS ESSAS FANARTS, ME DEPAREI COM um recorte de uma abelha, assinado por Jane. Acho que devo tê-lo recebido recentemente, dada a relação entre o *Pollinator* e projetos que ajudam a salvar abelhas. Mas, se não fosse recente, seria tão sincrônico que se torna oportuno. Fiquei tão encantada com a perfeição do recorte que o coloquei em uma camiseta nova, chamada BEE CONSCIOUS.

Aqui estão algumas fanarts, guardadas com amor desde a década de 1970, uma galeria de pinturas e desenhos feitos para mim, retratos meus por meus fãs. Nesse ponto, já deve ser perceptível o quanto os fãs são importantes para mim e o quanto fico admirada com o que me oferecem. O ato de criar arte é a parte importante, a arte em si é apenas um souvenir... e a beleza está nos olhos de quem vê.

Não consegui livrar minha cara, para o bem ou para o mal. Minha coleção de fanarts não compreende apenas retratos. Os trabalhos incluem outros itens, temas e segmentos, por exemplo, bonecas e outras coisas efêmeras com meu rosto nelas. Isso me emocionou, e me emociona ainda mais o fato de que outra pessoa tenha tido o trabalho e o tempo de criar alguma arte e me oferecer. Muitas delas nem estão assinadas, a não ser pelos indícios de amor.

Lizzie

... We stood in the cold light, though we should be warm - at the back of the lot with me in your arms - the grey rain was pouring the cars were all dirty and slow. We both had our kiss and out of the depth & darkness - with my eyes closed I still see ya fine...
18.10.01
VANITY FAIR 'NOV. 2001

HAPPY BIRTHDAY.

Luca 2014

14

OBSESSÃO/COMPULSÃO

O carvão alimentava as fornalhas que aqueciam as casas em que morei durante a maior parte de minha infância. Eu adorava ver a entrega de carvão: o enorme caminhão basculante parado ao lado da casa; o motorista coberto de pó conectando as canaletas de metal, com a última delas posicionada na janela do porão; o brilho daquelas canaletas — reluzentes como prata polida pelos anos de carvão áspero deslizando por sua goela. Então, a melhor parte de todas — o clímax fascinante e deleitoso —, o som arrebatador de uma tonelada de carvão correndo canaleta abaixo e caindo no fundo da lata no porão.

Deixada à minha própria sorte, como acontecia com as crianças naquela época, eu me esgueirava pela umidade fria e escura do porão para brincar na lata de carvão. Meu pai arremessava aquelas pedras reluzentes na fornalha aberta antes de sair para trabalhar e novamente quando voltava. Não havia final glorioso como diamante brilhante para aqueles pedaços de carbono, que estavam fadados à morte pelo fogo. Minha mãe não ficava muito feliz com minha obsessão pelo carvão, e muito menos com a pequena Debbie toda suja, que não parava de saltitar por sua cozinha impecável. Qual era o problema? Ei, era só pó de carvão nas minhas roupas. Ele apenas caía com facilidade no chão... Aquele era com certeza o mesmo pó que arruinava os pulmões e matava milhares de mineiros por todo o mundo.

A fornalha alimentada a carvão gerava aquecimento a vapor. Depois, quando nos mudamos, evoluímos para um aquecedor a óleo e um sistema de ar forçado. Aqui há uma história sobre a origem da obsessão e da compulsão, se você me acompanhar. A entrega de combustível para nosso aquecedor a óleo não tinha a emoção visual e auditiva da entrega de carvão, além de ter um cheiro forte e desagradável. No entanto, o que *realmente* me prendia era o processo, como ele funcionava. Eu claramente tinha um instinto, ou, como sei agora, algum tipo de intuição genética, talvez até uma vocação, para encanamento e aquecimento. Mas o conceito de ar forçado também me levou a outro talento, ou talvez a outra predisposição genética: cantar. E, ao longo do tempo, conforme aprendi a criar compressão no meu corpo como cantora, eu conseguia me enxergar como um tipo de motor à combustão ou fole. Agora sei que sou parte de um legado de ar forçado. Para mim, no começo, cantar era uma maneira de me fazer companhia e de dizer as coisas sem palavras. Era uma liberação de ar, muitas vezes inspirada pela emoção. A diferença entre o aquecimento e o canto é a quantidade de umidade nesse ar forçado. O canto é quente e úmido, e você pode manipulá-lo da maneira que quiser. Cantar era uma compulsão para mim, algo irresistível que me atraía. A necessidade de criar era uma obsessão, algo que sempre me prendeu.

Estou tentando lembrar se tenho outras compulsões. Com certeza consigo perceber alguns comportamentos obsessivos adicionais. Em uma época, eu juntava todos os meus restos de unhas cortadas e dava descarga na privada — e fazia o mesmo com cada fio de cabelo que conseguia tirar da minha escova. Esses traços da Debbie desapareceram nos encanamentos, cidade após cidade, país após país, conforme eu viajava o mundo. Eliminar todas as evidências. Nenhum traço para me rastrear... Se pudesse, aspiraria cada célula de pele descartada e as jogaria descarga abaixo, mas até eu tenho meus limites obsessivos. (Apesar de que, se pudesse me ver esquadrinhando os banheiros dos hotéis atrás de qualquer gota de saliva perdida, você questionaria essa afirmação.) Na verdade, a mera ideia da minha identidade secreta ser descoberta me deixa ansiosa.

Ah, sim, e não vamos nos esquecer da minha campanha contra os pentelhos. Esses depravados, perversos e enrolados ameaçaram me trair nos lugares mais embaraçosos. Comigo não, seus desgraçados! Afinal, nenhum cuidado é demais. Meu amigo, o negociante de arte vigarista, foi pego em uma acusação de homicídio graças a seus pentelhos... Essas criaturas, tão diferentes umas das outras — e cada pelinho encaracolado fala muito sobre seu dono. Quando os encontro, jogo-os descarga abaixo. Mas fico preocupada com aqueles que sobraram.

E, falando em obsessão criativa, o *No Exit* acabou sendo essencial para todos nós. Essa explosão de aprovação e reconhecimento teve um enorme efeito sobre o Blondie, e sobre mim também. Isso nos deu nova vida, alimentou a fera. Quem imaginaria que permaneceríamos na memória do público depois de tantos anos? Mas, de uma maneira peculiar, foi um feliz solavanco na estrada. Fomos obrigados a parar e, quando voltamos, tivemos que repensar seriamente quem éramos e que direção seguiríamos. Eu nunca quis fazer outra "Heart of Glass" ou "Hanging on the Telephone", e minha única condição para nossa volta era a exigência de fazer novas músicas. No mundo pop dominado pelo comercial, os artistas geralmente são forçados a manter tudo como está. Aqueles que rejeitam a pressão e evoluem — como David Bowie e Lou Reed — são muitas vezes aplaudidos em longo prazo, mas não sem anos de dificuldades, lutando para convencer os donos do dinheiro de que essa nova direção é válida e tem valor. Receber uma resposta tão boa em relação às músicas novas nos inspirou a escrever mais. *The Curse of Blondie* foi lançado em outubro de 2003 e nós voltamos para a estrada, chacoalhando ao redor do mundo como nos velhos tempos (mas agora parecia muito mais fácil do que nos velhos tempos).

Em 2006, recebemos a notícia de que o Blondie entraria para o Rock and Roll Hall of Fame. Não pude acreditar. Havia tantos nomes famosos que eu achava que poderiam ter entrado na lista antes de nós, e o Blondie, inicialmente, nunca foi levado a sério pela indústria musical. Eu também nunca havia levado o Rock and Roll Hall of Fame tão a sério; no entanto, para ser sincera, foi ótimo receber essa validação. Levantamos a bandeira do rock nova-iorquino e ajudamos a levar a cultura, então underground, ao mainstream. Assim, fomos ao Waldorf Astoria Hotel, em Nova York, para a grande cerimônia de gala. Shirley Manson, do Garbage, fez um belíssimo discurso de indução e nós subimos ao palco para receber nossas estatuetas. Cada um de nós tinha um minuto e meio para falar alguma coisa. Fiz meu agradecimento sincero às mulheres que fizeram parte de nossa jornada musical, Tish e Snooky e Julie e Jackie. E aí outra parte do passado do Blondie apareceu, e a confusão tomou conta.

Frankie, Nigel e Gary foram convidados para a cerimônia. Eles estavam na plateia e decidiram subir ao palco. Frankie estava procurando briga. Ele agarrou o microfone e agradeceu ao Hall of Fame por "não apagar Nigel, Gary" e ele da história do rock'n'roll. Saímos do palco da premiação e estávamos prontos para tocar nossa música, mas ele ainda não havia terminado: "Uma coisa que poderia tornar tudo melhor seria se pudéssemos tocar para vocês hoje", disse ele, "mas, por alguma razão, isso não é permitido para alguns de nós". Ele chamou meu nome: "Debbie. É possível? Queríamos tocar com vocês! Nigel e eu. Nem hoje? Por favorzinho?" Por que ele achou que a decisão era minha, só minha? O Blondie sempre funcionou à base do consenso.

"Ah, rapazes, é tarde demais, por favor, não insistam!" Chris ficou furioso. Ele disse: "Eles nos processaram, e foram eles que se retiraram da história da banda. Ninguém deveria ser forçado a tocar com alguém só porque essa pessoa gravou alguns discos com você no passado. Trabalhei com Nigel Harrison por talvez quatro anos e meio. Nosso baixista, Leigh Foxx, está comigo e com Debbie há vinte anos." O Hall of Fame prometera a nosso empresário que não deixaria esse pessoal subir ao palco. Mas talvez alguém na organização achasse que não merecíamos a indução e aprontou essa conosco. Sempre há política. Ou talvez tenham pensado que uma briga daria audiência. Quando a revista *Billboard* fez um artigo sobre os "dez momentos mais controversos do Rock and Roll Hall of Fame", o Blondie entrou na lista, assim como outra banda que estava sendo induzida no mesmo ano que nós. Os Sex Pistols recusaram o convite, e Johnny Rotten enviou uma carta a Jann Wenner, fundador da revista *Rolling Stone*, dizendo que o Rock and Roll Hall of Fame era "uma mancha de mijo".

Clem, em seu discurso, agradeceu ao CBGB's e a Hilly Kristal, afirmando que eles mereciam ser induzidos. Acontece que o toldo da porta da frente e a cabine telefônica interna do CBGB's logo es-

Uma infame indução ao Hall of Fame.

tariam no museu do Hall of Fame. O local fechou em outubro de 2006. O aviso estava na parede há muito tempo; o contrato de locação de Hilly vencera. Os senhorios, como outros senhorios de Nova York, aumentaram o aluguel, e Hilly começou a ter problemas financeiros. Para piorar, ele estava muito doente na época. Aconteceram shows beneficentes e todo tipo de esforço para levantar dinheiro para o aluguel e conscientizar em relação ao local ser um marco cultural, o epicentro e a incubadora de uma cena underground que se tornou influência mundial. Porém, o último aviso de despejo chegou, e o CBGB's fez sua despedida com um último final de semana de shows.

Patti Smith fez o show de domingo. O Blondie e os Dictators fizeram o último show de sábado à noite. O lugar estava se contorcendo e se debatendo como um gigante animal selvagem. O CBGB's comportava cerca de trezentas pessoas, mas devia haver umas quinhentas aglomeradas naquele espaço, experimentando uma grande gama de emoções. Eu mesma estava comovida; afinal, era o fim de uma era e um último adeus a outra enorme parte do meu passado. Era como uma morte na família. Éramos viajantes temporais que apertaram o botão e voltaram para onde tudo começou. Foi ali que trabalhamos nossa imagem, desenvolvemos nosso estilo e crescemos como banda. Tantas memórias me inundaram: as rivalidades, os casos amorosos, as brigas, os shows frenéticos, a energia selvagem, as experimentações, a sensação de que qualquer coisa poderia acontecer, e aconteceu. O punk em estado puro, a intensidade de tudo... Rá! Yeah!!

No ano após o fechamento do bar, Hilly morreu de câncer de pulmão. Ele falava sobre ressuscitar o CBGB's em Las Vegas. Fiquei triste com a morte dele, e muito grata por termos tido a sorte de ter aquele refúgio quando Nova York estava quebrada, nós estávamos quebrados e a cultura do "faça você mesmo" era uma necessidade, não um estilo que seria copiado pelos mundos da moda, da música, do design, do cinema e da arte. O punk havia se tornado uma com-

O fechamento do CBGB's.

modity. O CBGB's é uma commodity diferente agora, uma loja de roupas masculinas exclusivas, e passar pela Bowery, nº 315, parece um passeio por outro mundo.

No mesmo ano, eu estava em uma viagem de divulgação em Las Vegas e assisti ao novo espetáculo do Cirque du Soleil, *Love*. Ele era baseado nas músicas dos Beatles, e Paul e Ringo estavam lá, junto com Yoko Ono, e todos pareciam ter superado suas diferenças. O tempo realmente cura, ou pode curar, se assim permitirmos. O Blondie pode não ter perdido ninguém permanentemente — você sabe, morte —, apenas mentalmente. Vi Sheila E enquanto estava lá, e ela me contou que tocaria com Ringo no Garden State Arts Center. Eu a vi tocar com Prince e ela é uma ótima baterista e cantora incrível, então comprei ingressos e fui com minha irmã, Martha, assistir à Ringo Starr & His All-Starr Band.

Havia vários artistas diferentes tocando com Ringo, e gostei em especial de Edgar Winter. Ele era excêntrico, mas não forçado, e um ótimo músico. Eu não prestara muita atenção à sua música no início da década de 1970 porque soava muito country para mim. Só sabia de Edgar porque andava com uma de suas ex-esposas, talvez a única, até onde sei, Barbara Winter. Quando me sentei ali e ouvi Edgar e os All-Starrs, histórias do passado começaram a pipocar na minha cabeça. Aqueles dias tinham um entusiasmo corpóreo que fazia parecer que a estrutura molecular dos meus sentidos tinha mais espaço. Voltei para quando trabalhava no Max's Kansas City no fim dos anos 1960 e, uma noite, dei uns amassos rápidos em Eric Emerson na cabine telefônica no andar superior.

Eric acabou morando no apartamento de Chris por um tempo. Ele teve muitas namoradas e alguns filhos, mas finalmente conheceu Barbara Winter, que lembro de ser muito *sexy*, com seios fartos e cabelos pretos abundantes, uma verdadeira garota rock'n'roll. Lembrei-me de Elda contando a história de quando Barbara ficou parada na janela da frente do antigo apartamento de Eric na Park Avenue com a Twenty-Seventh Street, balançando um enorme dildo preto. Eram 7h e todos os funcionários dos escritórios do prédio New York Life e de outras empresas se arrastavam para o trabalho, e lá estava a Barbara peituda sacudindo seu dildo. Quase desejei estar indo para o trabalho naquela manhã. Essa visão teria feito meu dia e possivelmente muito mais.

Eric e Barbara se mudaram para um apartamento em um novíssimo complexo de arranha-céus na Greenwich Street, logo ao norte da Chambers Street, e Chris e eu costumávamos visitá-los. O lugar tinha uma vista espetacular do rio Hudson e do porto, incluindo a Ponte Verrazano. Incrível. Verdade seja dita, morar em Nova York tem tudo a ver com essas vistas. Aqueles eram alguns dos primeiros da nova onda de arranha-céus ultramodernos a serem erguidos na cidade. Estava ocorrendo uma renovação intensa em toda uma parte da cidade, por muito tempo dominada por comerciantes importadores e exportadores de temperos, e o aroma rico e inebriante de todos aqueles temperos e cafés estava desaparecendo. Aquele cheiro era divino. Se eu pudesse, o teria transformado em incenso ou algo do tipo.

Uma vez, quando fomos visitar Eric e Barbara, eu estava com um péssimo humor. Quero dizer, péssimo mesmo. "Irracional" seria a descrição mais diplomática para meu temperamento. Eu estava sendo um lixo. O complexo de prédios ainda não estava terminado. O lote vazio ao lado, parcialmente fechado por um alambrado, abrigava o trailer com o escritório da construtora, equipamentos e uma cadela de guarda brava e errante... Bem, aquela infeliz não ia tolerar minhas merdas, e ela mostrou as presas, pulou e mordeu minha bunda. Fiquei calminha na hora. Francamente, não entendo como Chris conseguia tolerar minhas terríveis alterações de humor. Mas ele era muito fofo e engraçado em relação aos meus desvarios, e conseguia me fazer morrer de rir de quase qualquer coisa. E às vezes ele também pulava e mordia minha bunda.

Esses foram os devaneios que me passaram pela cabeça.

Obrigada, Edgar. Eu não tinha ideia de que ia gostar tanto de vê-lo se apresentar quanto gostei. E obrigada por me transportar de volta para esses momentos especiais com Chris, quando não tínhamos dinheiro e andávamos para todo lado, fosse no calor escaldante ou no frio congelante.

Quando a turnê do Blondie terminou e eu repentinamente tinha tempo disponível, senti o desejo de escrever algumas músicas sozinha. Muitas vezes, quando estava trabalhando em material para a banda, eu tinha consciência de que a letra poderia terminar sendo cantada por um homem ou por uma mulher. Sempre foi importante para mim que as músicas do Blondie fossem andróginas. Mas aquelas que estava escrevendo eram muito mais pessoais. Meu trabalho com os Jazz Passengers foi uma enorme influência. Roy Nathanson escreveu uma belíssima música com o terrível tema dos homens-bomba para mim, intitulada "Paradise". Chris e eu escrevemos duas músicas juntos e colaborei com Barb Morrison e Charles Nieland, que estavam trabalhando como Super Buddha. Foi assim que meu primeiro disco solo em catorze anos surgiu. *Necessary Evil* foi lançado em setembro de 2007 e eu voltei para a estrada.

Não tive uma boneca Barbie quando era criança, ela não existia na época. Acho que ela surgiu muito depois de eu parar de brincar de boneca. Então, quando o pessoal da Barbie pediu para se reunir comigo, fiquei um pouco curiosa e respondi: "Claro." O que mais me intrigou nessa reunião foi que eles nunca falavam da Barbie como uma boneca. Todos tinham uma compreensão inabalável e completa da Barbie como uma pessoa real. Quando falavam sobre ela, diziam: "Ah, a Barbie não é assim", ou "A Barbie nunca faria isso!" Na cabeça deles, a Barbie era um ser real, com uma presença real e seu próprio senso de estilo. Achei fascinante. Isso me lembrou dos bonequeiros quando fiz *The Muppet Show*, em particular, Frank Oz. Ele me avisou que Miss Piggy nunca faria o programa comigo, pois causaria muito conflito ter-me por ali, flertando com Kermit.

Quando eles me perguntaram o que eu achava de ter uma Barbie Debbie Harry, primeiro pensei: *Por que diabos eu ia querer uma coisa dessas?* Mas, naquele momento, ela era meio que um fetiche, e não tenho problemas com fetiches. Além disso, havia pessoas que eu respeitava muito e que tinham Barbies, como Cher e Marilyn Monroe. E muito do sucesso da boneca pode ser ligado a quem a empresa escolheu fetichizar. Logo, respondi: "Vamos fazer." E agora tenho uma boneca Barbie. Várias, na verdade, em algum lugar do armário, todas usando o vestido rosa com tiras que fiz na década de 1970. O pessoal da Barbie gostou dele. Acho que eu teria preferido o vestido de zebra. Mas talvez estampa animal seja uma das coisas que a Barbie não usa.

Quando começamos a trabalhar em um novo disco do Blondie em 2009, muitos dos incríveis estúdios de gravação das décadas de 1970 e 1980 em Nova York haviam fechado, vítimas da mudança para o digital. Os que sobraram cobravam mundos e fundos e um pouco mais. Então procuramos uma opção mais barata e encontramos um ótimo lugar em Woodstock, próximo de onde Chris, Barbara e as meninas moravam. Chris batizou o disco: *Panic of Girls*, um substantivo coletivo que ele inventou — como "bando" de corvos — para meninas fora de controle. Já que estávamos mais uma vez sem gravadora, o nono disco de estúdio do Blondie saiu por um selo independente e chegou ao top vinte nas paradas indie do Reino Unido.

Minha canção favorita desse disco é "Mother". Acho que tem uma das minhas melhores letras. Muitas pessoas acharam que é sobre minha mãe, ou até sobre minha mãe biológica, embora eu não tenha certeza se alguma delas gostava de botas de couro envernizado na altura das coxas! Na verdade, é sobre o bar no Meatpacking District chamado Mother, ao qual eu adorava ir em meados e fins dos anos 1990. É um bar underground, literalmente abaixo do nível da rua, muito escuro, ousado e divertido. O Mother foi uma parte importante da minha vida social. Era onde meus amigos estavam. Todas as semanas, nas noites de terça-feira, havia um tema diferente, e todo mundo aparecia com uma fantasia diferente, como noite de Pablo Picasso, noite do robô ou noite das mulheres Klingon — tudo o que você puder imaginar. Adoro me fantasiar, gosto desde criança, e esta era uma das razões pelas quais eu gostava tanto de ir lá. Usar uma fantasia é libertador. É por isso que as pessoas adoram Halloween, porque elas podem interpretar um papel por algumas horas. Em uma noite no Mother, me vesti como uma pintura de Edvard Munch. Eu tinha um chapéu coco e o aproveitei, e me vesti com um anúncio-sanduíche pintado. A fantasia era absurda e era impossível me mover em uma casa noturna lotada, mas não havia lugar melhor para se divertir.

Johnny Dynell e Chi Chi Valenti deram vida ao bar performático Jackie 60, que depois se tornou o Mother, e ambos os locais eram excepcionais para se divertir. Meu amigo Rob Roth, nosso diretor

Jackie 60 — As terças-feiras nunca mais serão as mesmas.

artístico em tantos projetos, era um dos artistas da casa. Ele fazia curtas em *loop* relacionados ao tema da festa e eles passavam em vários telões pelo bar a noite inteira. Alguns frequentadores regulares eram *queens* e também estilistas profissionais, e apareciam com as roupas e criações mais incríveis. Eram obras de arte. Obras de arte reais, que andavam e falavam. Eu sou uma *voyeuse*, adoro observar. Você poderia ser muito visto e ver muito, e ainda beber e dançar a noite inteira. O Mother foi uma parte tão importante da minha vida que, quando fechou, tive uma sensação de perda tão grande que me perguntei: *O que vou fazer nas noites de terça sem o Mother?*

Depois da turnê do *Panic of Girls*, fizemos o *Ghosts of Download*. Nele, nos jogamos com tudo na programação. Chris e eu sempre fomos atraídos por novos desdobramentos na ciência e na tecnologia, curiosos em relação ao "novo", seja lá o que fosse. O novo era misterioso e fascinante, e nós estávamos ávidos por experimentar. Como Chris, nunca tive medo da mudança.

Escrevi uma música no *Ghosts* com minha amiga Miss Guy chamada "Rave" e gravei uma música escrita por Matt Katz-Bohen, que incluía um dueto com Beth Ditto, chamada "A Rose by Any Name": "*If you're a boy or if you're a girl I'll love you just the same.*"[1] Fazíamos parte de uma comunidade que valorizava a androginia e não era atormentada por angústias em relação à sexualidade. Fora desse mundo, no entanto, era necessária muita coragem para ser transexual ou ter alguma sexualidade que fugisse à "norma"... A ciência moderna finalmente está reconhecendo que somos todos um equilíbrio complexo e individual de masculino e feminino, pois cada pessoa é um tipo de combinação de gênero, queira você aceitar ou não. Para mim, sempre foi assim: meio homem, meio mulher. Não transexual, nem cross-dresser ou bi; não a expressão de uma persona sexualmente frustrada ou reprimida. Apenas ambos os sexos. Uma dupla identidade.

[1] *"Se você é menino ou menina, amo você do mesmo jeito."*

No fim, lançamos um disco duplo, o *Blondie 4(0)Ever*. Um dos discos era o *Ghosts of Download* e o outro, novas gravações que fizemos de nossos maiores hits. Retomar o controle sobre nosso material foi complicado e contencioso. Quando contratos de gravação vencem, há uma cláusula que diz que a posse do material voltará para você após um determinado número de anos. As gravadoras lutam com unhas e dentes, e pode ser um pesadelo conseguir esses direitos de volta. Então, uma alternativa é regravar os originais. Além disso, queríamos mostrar nossos clássicos com uma roupagem moderna, com a nova banda. E este era um momento importante para nós: era o aniversário de 40 anos do Blondie. Lançamos o *Blondie 4(0)Ever* em maio de 2014, com o retrato que Andy Warhol fez de mim na capa.

Chris marcou nosso aniversário com seu livro *Negative: Me, Blondie and the advent of punk* [sem publicação no Brasil]. Era uma mistura de seus textos e fotografias, com fotos minhas e da banda, além de outros artistas, cineastas, músicos e amigos. Ele consegue documentar um período especial em Nova York, com a beleza selvagem da cidade suja e deteriorada nos anos 1970. O lixo jogado por toda parte, no qual era possível encontrar coisas incríveis que as pessoas jogavam fora e você podia desconstruir e reunir as peças, usando criatividade e ironia como cola. A estética punk.

Chris fez muitas de suas fotografias em bares e estúdios, em nosso apartamento, na rua e — à medida que o Blondie começou a fazer sucesso — na estrada, o que deu a seu trabalho uma perspectiva universal. Além das que nunca haviam sido publicadas antes, *Negative* inclui algumas das famosas fotos que ele tirou de mim, como aquela em que estou de pé em nossa cozinha incendiada usando o vestido da Marilyn Monroe e segurando uma frigideira em chamas. Eu não mantinha nenhum diário. Hoje em dia, me arrependo um pouco disso, porque seria muito mais fácil escrever este livro, e ele talvez fosse melhor se eu tivesse diários. Mas Chris documentou aquelas

No vestido de Marilyn.

épocas com sua câmera. Quando conheci sua mãe, ela me disse que ele sempre fora observador, mesmo quando bebê. E fiquei tão acostumada a ser observada por ele que aprendi a ficar confortável com ser fotografada, que era algo que eu detestava. Tenho certeza de que foi assim que ganhei confiança para ficar diante de todas as outras câmeras. Mas ainda acho que as fotos que Chris tirou de mim são as mais reais e reveladoras.

EM MARÇO DE 2015, ME OFERECERAM UM SHOW SOLO EM UM CABARÉ E clube de jazz no Upper East Side, o Café Carlyle. Não sou uma diva e nem cantora de fossa, então fiquei surpresa. Mas a ideia de me apresentar em um local intimista era boa. Eu nunca havia feito nada muito parecido com isso antes, embora tenha tido um vislumbre com os Jazz Passengers. Mas, dessa vez, no Carlyle, eu não teria uma banda, apenas um acompanhamento: Matt Katz-Bohen, do Blondie. Eu também estava curiosa em relação a como seria conversar com o público, comentando as músicas. Nos Jazz Passengers, todo o falatório ficava a cargo de Roy Nathanson; com o Blondie, as plateias eram grandes demais para me conectar com mais intimidade. Eu mesma já estive em plateias e festivais, e sei como a conversa sem música se torna confusa se você disser mais de três palavras.

À medida que ia escolhendo o material, comecei a descobrir coisas sobre as músicas que poderia compartilhar com o público. "I Cover the Waterfront", por exemplo, é uma música linda, melancólica e evocativa que sempre associei à cidade de Nova York, mas, quando pesquisei a fundo, descobri que é sobre San Diego, trabalhadores chineses e contrabando. As músicas que escolhi cobriam um vasto território, já que eu fazia um show diferente a cada noite. Os artistas convidados eram pessoas com quem eu havia trabalhado ou composto músicas junto, incluindo Chris, Roy, Barb Morrison, Tommy Kessler e Guy Furrow, e todos eles escolhiam as músicas que queriam tocar, o que adicionava ainda mais sabores à mistura. Pareceu suntuoso tocar coisas como "Imitation of a Kiss", "Strike Me Pink" e "In Love with Love", músicas que eu não tocava com o Blondie, mas que funcionaram perfeitamente só comigo e Matt. E daí eu podia mudar para algo como "Rainbow Connection", do *The Muppet Show*. Fazer dois shows por noite durante dez noites foi difícil. Eu não fazia isso desde o início da carreira. Mas foi uma delícia unir todas essas diferentes facetas em um pacote coerente e cativante. Eu disse sim tantas vezes quando deveria ter dito não; é especial quando o sim traz um resultado tão gratificante.

Nesse meio-tempo, Chris elaborou um conceito de curadoria para o próximo disco do Blondie. Escreveríamos nossas próprias músicas, mas também solicitaríamos compositores externos, de preferência artistas contemporâneos, que poderiam nos enviar suas músicas favoritas. Recebemos cerca de trinta músicas, e Chris, John Congleton e eu tomamos decisões difíceis sobre quais manter. Porém, nunca faríamos uma música sem que todos na banda concordassem sobre o que incluir. Havia músicas de pessoas como Charli XCX, Dev Hynes, Dave Sitek, Johnny Marr e Sia. Pedimos especificamente a Sia para nos mandar algo, porque éramos todos grandes fãs dela. Por sorte, estávamos trabalhando com Nick Valensi, dos Strokes, o que tornou tudo ainda melhor, ainda mais Nova York.

Já que o *Ghosts of Download* havia sido muito baseado no digital, com cada um fazendo suas partes separadamente, dessa vez decidimos fazer um disco da banda, todos nós em uma sala gravando juntos, como no início. Queríamos gravar em Nova York, então reservamos o Magic Shop, na Crosby Street, no Soho, um dos mais antigos e históricos estúdios da cidade. Por trás da porta de entrada coberta de grafites e metal cinza, havia paredes cobertas, do chão ao teto, de capas de discos de artistas que gravaram ali, como Lou Reed e os Ramones. Havia até meu disco de trilha sonora favorito, do filme *E*

Aí, Meu Irmão, Cadê Você?, que não tem nada a ver com rock, mas é maravilhoso. Foi no Magic Shop que David Bowie gravou seus últimos dois discos, *The Next Day* e *Blackstar*.

Começamos a gravar algumas semanas antes do Natal de 2015, depois fizemos uma pausa para as festas de fim de ano. E foi quando David morreu. Janeiro de 2016. Voltar àquele estúdio logo depois de perdê-lo foi mais do que comovente. Ele teve um efeito muito profundo em nós quando começamos, nos dando um ponto de partida ao nos levar ao mundo real quando nos convidou para fazer turnê com ele e Iggy em 1977. Adorávamos David. Ele era um homem visionário e renascentista. Lindo e destemido. Escolher ir embora da forma como ele foi, fazendo uma declaração artística tão poderosa e corajosa, é algo muito raro e inteligente, mas ele era assim. Todos estávamos conscientes de estar no ambiente em que David concluiu sua carreira com *Blackstar*. Acredito que um pouco de seu espírito estava naquela sala quando gravamos nosso disco.

Steve Rosenthal, o dono do estúdio, nos avisara que seríamos a última banda a gravar um disco inteiro ali. A gentrificação e os crescentes preços dos aluguéis estavam forçando-o a sair, e o estúdio fecharia em março daquele ano. Logo, havia um sentimento meio "fim de uma era", mas, ao mesmo tempo, uma empolgação real por gravar todas aquelas canções novas em folha com todos aqueles músicos incríveis. Joan Jett viajou a Nova York para cantar os backing vocals de uma música que eu e Chris escrevemos, "Doom or Destiny", a faixa mais punk rock do disco. Ela é minha amiga desde os anos 1970, da época em que fomos a L.A. e ela estava com as Runaways. Joan é um verdadeiro espírito rock'n'roll e eu a amo de coração.

E Laurie Anderson, nossa amiga de longa data, veio com seu violino e contribuiu para todas aquelas camadas de sons em "Tonight", em um tipo de homenagem louca ao Velvet Underground.

MAIS TARDE, ENQUANTO PENSAVA EM TÍTULOS PARA O DISCO, UMA palavra surgiu na minha cabeça: "*Terminator*". Depois pensei: *Não, "Pollinator".* A palavra tinha uma boa sonoridade, e vários discos do Blondie começavam com a letra "P". Mas o que ressoou mais profundamente foi a polinização cruzada de todos aqueles compositores e músicos diferentes compartilhando sua música e fazendo-a circular. Então, ficou *Pollinator.* E as abelhas não paravam de surgir... Meu nome, Deborah, significa "abelha" em hebraico. E eu já sabia há algum tempo da agonia desesperada das abelhas e de outros insetos polinizadores, lutando para sobreviver com os poluentes e pesticidas que estavam matando-as em massa. Conversei com dois superfãs do Blondie, Barry e Michelle, e um rapaz que cuidava de colmeias desde criança me falou dos desafios. Então, comecei a criar minhas duas colmeias polinizadoras. Uma delas morreu e tivemos que ir em busca de uma nova rainha. Mas a outra sobreviveu ao inverno e parece estar se desenvolvendo. Não quero parecer exagerada, mas a polinização é essencial para a saúde do nosso planeta. Contribuí para muitas instituições ambientais ao longo dos anos, em especial a Riverkeeper, que se dedica a limpar o rio Hudson, além de instituições de apoio a AIDS, câncer e escolas musicais infantis, e fico muito feliz em poder fazer isso. Mas relacionar diretamente uma causa tão importante às músicas que estávamos criando foi fantástico. Com o *Pollinator* e sua turnê, colocamos em pauta o assunto de salvar as abelhas, e conseguimos levantar dinheiro para organizações que tentavam fazê-lo.

Fiquei inspirada. Mandei fazer alguns enfeites de cabeça de abelha diferentes, com designs de Geoffrey Mac, Neon e Michael Schmidt. Eu chegava no início do show com uma capa escrito "STOP FUCKING THE PLANET" [Parem de foder o planeta, em tradução livre] em letras garrafais, feita pelos designers ecofashion Vin + Omi, que produzem roupas com tecidos feitos de sacolas de plástico, que estão fodendo o planeta de verdade. Quando estávamos no Reino

Unido, fizemos um show no Eden Project, em Cornwall. Falei com uma das pesquisadoras de lá, e ela me contou que eles estavam desenvolvendo uma linhagem de abelhas negras que seriam mais resistentes aos minúsculos ácaros varroa que, uma vez dentro da colmeia, sugam tudo e a destroem.

A abelha sentada na flor de lótus na capa do disco foi desenhada por Shepard Fairey, um artista inteligente, maravilhoso, entusiasmado e incansável que produz murais gigantescos ao redor do mundo, muitos deles chamando a atenção para questões ambientais. Shepard é pró-meio ambiente e anti-Trump, e eu também. Seus murais são tão explícitos quanto *Guernica*, contando histórias de genocídios políticos e ambientais. Eles gritam com você silenciosamente. Eu havia comprado alguns trabalhos dele anos atrás e nos tornamos amigos. Depois, decidimos colaborar em uma linha de roupas. Seria uma coleção limitada vendida em lojas pop-up. Da minha parte, eu queria criar roupas baratas, moletons, parcas e leggings, usando estampas de camuflagem com padronagens tiradas de várias superfícies da cidade, como ornamentos de ferro, grades, arame farpado, alambrados e paredes com pedaços de pôsteres que foram rasgados ou se desgastaram. Shepard, por sua vez, estava trabalhando com algumas pessoas que preferiam mexer com camisetas e o imaginário Debbie Harry. Então combinamos as ideias, um pouco de uma coisa, um pouco da outra. Uma das camisetas que criamos diz "Obey Debbie" [Obedeça à Debbie, em tradução livre], sendo que Obey é o nome da empresa dele. Um excelente slogan.

Quando o *Pollinator* foi lançado, em maio de 2017, ele estreou na quarta posição nas paradas do Reino Unido, chegou à primeira posição nas paradas independentes lá, e à quarta nos Estados Unidos. Além disso, a revista *Rolling Stone*, em sua retrospectiva, o colocou na lista dos dez melhores discos pop do ano.

ACHO QUE CHEGUEI NA PARTE EM QUE TODOS SE LEVANTAM E APLAUDEM de pé enquanto eu me curvo e deixo o palco, vitoriosa. Rá! Ainda estou aqui. Tive uma vida interessante para caralho e planejo continuar tendo. Vivemos em um mundo que parece descartável e transitório, e geralmente depois de cinco anos passamos para a próxima tendência (talvez, agora, até menos de cinco anos). Lembro-me de como todos nós admirávamos os velhos artistas de R&B e jazz nos anos 1970; esses veteranos que, pensando bem, nem eram tão velhos. Nossa geração ouviu que pop e rock eram para adolescentes. "Não vai durar", foi o que ouvimos, e depois todos cresceram e decidiram que queriam que aquela música fosse sua, e ela se tornou uma forma de arte por si só.

Envelhecer *é* difícil para a aparência. Como todo mundo, tenho dias bons, dias ruins, e aqueles dias tipo "Merda, espero que ninguém me veja hoje", em que você está exatamente do mesmo jeito do lado de fora, mas se vê através de olhos diferentes. Uma coisa que aprendi é que, muitas vezes, nós somos o nosso pior inimigo. Nunca escondi o fato de que fiz cirurgia plástica. Para mim, é basicamente a mesma coisa de tomar vacina contra a gripe, uma outra forma de cuidar de si. Se o faz se sentir melhor, ter uma aparência melhor e trabalhar melhor, é disso que se trata; é apenas aproveitar as novas possibilidades que surgem em nossas vidas. Acho que finalmente descobri uma maneira de me entender. Alguns dias, estou feliz com minha aparência; em outros, não — e sempre foi assim. Mas não sou cega e nem burra: me aproveito da minha aparência e faço uso dela.

Acabei de receber uma visita de meu empresário, Allen, e ele me disse: "Espero que você fale alguma coisa sobre como abriu caminhos sendo artista feminina em uma indústria dominada por homens, e do quanto foi difícil para você, como mulher, fazer o que fez." Fiquei surpresa com essas palavras. Eu sei que foi difícil, mas não sei se foi difícil *porque* sou mulher. Quero dizer, tenho consciência de que ser mulher nessa indústria na época em que comecei não ajudava, mas, na minha cabeça, nunca usei isso como desculpa. Sei que existe misoginia e sei que existem vieses, mas estou mais preocupada em ser boa no que faço. Este universo *é* dos homens e, infelizmente, eles não serão desapropriados tão cedo, muito embora o número de mulheres na indústria musical agora seja enorme, se comparado à década de 1970. Mas, para mim, pela minha sobrevivência, eu nunca pude me colocar na posição de me lamentar por ser mulher; apenas segui em frente. E, tanto quanto foi possível, encontrei uma maneira de fazer o que eu queria.

Às vezes acho que fiz as coisas de trás para frente. Segundo a grande tradição do rock'n'roll, quando você entra em uma banda, deve enlouquecer e se rebelar, mas fiz tudo isso *antes* de conhecer Chris e nós formarmos uma banda. Eu estava muito feliz em meu relacionamento com ele e muito apaixonada, então, de certa forma, me aquietei para fazer música. Outra coisa: as pessoas dizem que você é mais feliz quando é jovem, mas sou mais feliz agora. Sei quem sou, mesmo que não esteja mais no controle. Mas nunca vou me esquecer daquele início em Nova York. Como artista de rock, vir dessa cidade foi a melhor coisa do mundo que poderia ter me acontecido. O único outro lugar de onde consigo conceber ter vindo é Londres, um lugar com o mesmo tipo de sensibilidade. Mas sou norte-americana e sou uma garota da Costa Leste, então é simples: para mim, é Nova York. Aonde quer que eu vá, sempre comparo com Nova York. Ela não é mais como era (nenhum de nós é), mas ainda floresce e vibra. Meus amigos estão em Nova York, minha vida social é em Nova York, e tudo o que me atrai e eu já quis ser está em Nova York. Nova York é meu pulso. Nova York é meu coração. Ainda sou uma punk de Nova York.

NYC

15

POLEGARES OPOSITORES

Quando penso em mãos, a primeira coisa que me vem à cabeça é aquela brincadeira em que tentamos prender o polegar do outro enquanto os demais dedos estão agarrados aos do oponente. Há também aquela expressão que diz que alguém "tem a mão furada", que traz uma imagem mental peculiar e uma desculpa esfarrapada para falta de coordenação motora. À primeira vista, comparado aos outros, o polegar talvez pareça o irmão feio, mas, na verdade, é o dedo mais importante. Não foi ele que nos ajudou a nos tornarmos mestres do Universo ou, pelo menos, do planeta Terra? Certo, muitos dos alienígenas na ficção científica são retratados com mãos bifurcadas e apenas dois dedos, mais ou menos como as pinças das lagostas, embora pareçam ter dominado o espaço interestelar e desenvolvido habilidades físicas e mentais que vão muito além de qualquer evolução que nós, humanos, tenhamos alcançado. Mas eu ainda amo e sou apegada aos meus polegares.

Ao longo da década de 1960, para os guerreiros da estrada, pedir carona com os polegares era a forma favorita de viajar. Douglas Adams teve uma epifania enquanto contemplava o céu estrelado em uma noite, e a estendeu em uma metáfora gloriosa e ampliada com seu *Guia do Mochileiro das Galáxias*. E Tom Robbins transformou o polegar em um verdadeiro totem em *Até as Vaqueiras Ficam Tristes*. Sissy Hankshaw, a protagonista, é uma jovem com polegares enormes, que têm poderes místicos — são dedos especiais. A moça sempre consegue carona quando mostra o polegar na estrada, com uma delicadeza que desafia a enormidade de seu dedo. Nossa heroína cruza o país em busca de seu lugar no Universo e, possivelmente, de um amor verdadeiro, mas é o polegar que abre o caminho.

Nosso amor por nossos dedos também vem das páginas da história. Rebeldes com ou sem causa tocam corações, contanto que não sejam assassinos em massa. Polegares para cima, polegares para baixo, polegar na ponta do nariz e a "regra do polegar" inglesa são todos gestos e expressões críveis, que resistiram ao teste do tempo e ainda são usados hoje, embora não tanto quanto antigamente e talvez com significados modificados. Originalmente, polegares para cima significavam: "Sim, mate esse gladiador perdedor." Já os polegares para baixo significavam: "Abaixe a espada e poupe-o", então tome cuidado com para quem você mostra o polegar virado para cima. O folclore diz que a "regra de polegar" se referia à largura do bastão com o qual homens podiam bater em suas esposas, mas não vamos para esse lado... Minha mãe, Catherine, que gostava de ser chamada de Caggie, era uma grande defensora do polegar na ponta do nariz, gesto que ela usava com frequência no lugar de dizer "merda", "de jeito nenhum" ou "rá!". Talvez ela quisesse dizer algo completamente diferente, mas, na maioria das vezes, o gesto era acompanhado por um muxoxo ou um barulho de peido, como os personagens do desenho *Uma Família da Pesada*, com a língua para fora, e isso obviamente significava um "uuuuuu", como uma vaia. Fazer esse gesto para alguém ou em relação a alguma coisa é um pouco mais divertido do que mostrar o dedo do meio, mas ele não parece ter feito a transição para o mundo moderno. Podemos amar nossos dedos do meio, e talvez não haja nada mais satisfatório do que mostrá-los, mas, vamos lá, eles não chegam aos pés dos gloriosos polegares.

E por falar em história, preciso mencionar o Pequeno Polegar, que alçou à fama como "Polegarzinho, o Grande" e também como "Polegarzinho, o Pequeno", em algum momento no início do século XVI. No primeiro conto de fadas publicado na Inglaterra, o Polegar acompanha o Rei Arthur, depois de ser engolido e excretado por uma série de corvos, gigantes e peixes. Pessoas pequenas muitas vezes eram tidas em alta consideração pela realeza em toda a Europa, e da próxima vez que eu for ao Reino Unido, quero visitar o Castelo de Tattershall, em Lincolnshire, para ver o túmulo do Polegar, cuja lápide diz: "P. Polegar, 101 anos, morto em 1620." O túmulo tem 16 polegadas [ou 40 centímetros, se convertermos]! Que homem minúsculo ele era... Depois disso, até onde me consta, a próxima menção à pessoa pequena relacionada a polegar é a Polegarzinha, história publicada em 1835 por Hans Christian Andersen — cujas histórias eram, muitas vezes, consideradas anormais e imorais. A pobre Polegarzinha — jogada aos cães em razão de uma vida sexual indiscriminada, acho eu —, no entanto, resistiu ao teste do tempo e se tornou um pouco estrela de cinema. Chega de misoginia! E, por fim, temos o famoso performer do século XIX e protegido de P. T. Barnum, o General Tom Thumb, que foi um talentoso cantor, ator, dançarino e comediante, cujo casamento com outra pessoa pequena reuniu 10 mil convidados e cujo funeral atraiu 20 mil pessoas. Em outras palavras, o General Tom Thumb, com seus 90 centímetros de altura dos pés à cabeça, foi um grande astro do rock.

Existe também o esboço em miniatura, o "*thumbnail sketch*", que é um rascunho ou plano reduzido ao tamanho de um polegar. E agora temos as miniaturas online, as famosas *thumbnails* — aquelas versões comprimidas de imagens, vídeos e memes —, que não eliminaram completamente a referência aos dedos (não em inglês, pelo menos).

Entram os androides e bots, que provavelmente podem dispensar os polegares por completo. Eu? Eu sentiria uma falta imensa dos meus caso os perdesse. Sou uma leitora voraz, sempre fui e sempre serei. Não consigo me imaginar tentando passar as páginas de um livro sem polegares! Credo. Além disso, meu trabalho paralelo como tricoteira profissional iria pelo ralo.

A braquidactilia [em inglês, chamada *strangler's thumb* ou *muderer's thumb*, "dedão de estrangulador" ou "de assassino", em tradução livre] conota um determinado tamanho e formato de polegar. A primeira falange é mais arredondada e larga que o comum; logo, é considerada mais eficiente para fechar a traqueia da pobre vítima. Não conheço nenhum outro dedo que tenha tanto peso nessa luta entre a vida e a morte... O indicador e o dedo do meio são ótimos competidores, com seu ameaçador gesto típico, "Estou de olho em você", à lá Três Patetas. Entretanto, os polegares estranguladores claramente têm uma classificação própria!

Mas, alinhada aos sombrios aspectos de vida e morte, tenho que mencionar um método medieval para arrancar a suposta verdade dos prisioneiros: os anjinhos (que não têm nada de celestiais!). Esses objetos, que parecem muito vis e cruéis, geralmente eram feitos de ferro moldado em cantos obscuros de masmorras ocultas debaixo de castelos e prisões. Eu sei que eu falaria, falaria sem parar sobre qualquer coisa que me perguntassem, mesmo sem ter a menor ideia do que queriam ouvir. Todos aqueles miseráveis coitados ladrões de galinha que tiveram seus dedos esmagados...

Recentemente, no México, Matt Katz-Bohen, meu amigo e baixista do Blondie, me lembrou de outra coisa relacionada a dedos. Sua sugestão foi uma surpresa, e eu agradeço muito essa contribuição à minha linha de raciocínio: as tachinhas. Elas foram projetadas especificamente para serem aplicadas usando os polegares e nos levarem direto ao que importa (pois costumamos usar tachinhas para prender objetos e informações que importam, não é?) — e acredito muito em ir direto ao que importa. Existem outros produtos criados para os polegares que resistiram ao teste do tempo e, em vez de serem substituídos por uma pistola grampeadora, não foram deixados de lado no mundo atual? Deve haver, mas deixo essa reflexão com você. Envie-me por meio da minha editora. Talvez eu ofereça um prêmio para a melhor opção. Ou não.

Era uma vez, quando passávamos o tempo ou esperávamos alguma coisa acontecer, e entrelaçávamos os dedos das mãos e girávamos os polegares. Agora, vivemos em uma época em que ficamos colados aos nossos dispositivos eletrônicos — ao fazer xixi ou atravessar a rua cegamente, com os olhos e dedos grudados em nossos celulares. Como chamamos essa atividade frenética dos polegares, de digitar em um ritmo furioso usando apenas esses dedos naquele teclado minúsculo? Já vi alguns dos polegares mais rápidos do mundo e me lembro das minhas aulas de datilografia, o quanto a velocidade era crucial como referência de sucesso. Sugiro que testes de velocidade de "teclação" se tornem uma medida de aptidão das pessoas, e mais, parte de seu currículo. "Teclo a 105 toques por minuto. E você, meu amigo?"

Há pouco tempo, comecei a dirigir meu carro com os polegares. Uso o piloto automático no volante, o que me permite controlar o carro apenas com os dedos estrada afora. É verdade, isso só funciona em rodovias, autoestradas e estradas com pedágio, e naquelas longas parcelas de pistas com pouco tráfego, mas isso meio que me empolga, e consigo imaginar um tempo em que poderei operar meu veículo apenas com o pensamento.

Achei que um pouco de leveza seria uma boa forma de terminar essas minhas memórias autobiográficas um tanto sombrias, por isso toda essa coisa de dedos. Eu não queria que você me visse como uma completa rabugenta. Chris, eu e vários dos músicos com quem trabalhei rimos muito ao longo do caminho, embora parte desse humor fosse um pouco obscuro para o público geral. Afinal de contas, foi isso que nos tornou os punks que fomos então e que ainda somos hoje. No início, éramos mais filósofos do que músicos de verdade. Mesmo enquanto aprendíamos a tocar e nos apresentar, ainda conseguimos entreter milhares de pessoas e criar um gênero musical. Como Mike Chapman disse depois de nos ver no Whisky, em Los Angeles, ele nunca riu tanto na vida. Fiéis à história do rock, seguimos os passos daqueles pretensiosos quebradores de regras que se afastaram da delicadeza do swing e da tristeza do blues em direção a uma revolta contra os folks, os garotos "certinhos" e os hippies doidões do passado mais recente. Embora "punk" tenha vários significados e as gravadoras tenham mudado o nome da categoria para *new wave*, ainda sabemos a porra do significado.

Ainda tenho muito mais coisas para contar, mas, como sou uma pessoa muito discreta, talvez não conte tudo. No começo, escrever um livro de memórias ou uma autobiografia ia contra o que eu acreditava, mas, a essa altura da minha vida, parece mais apropriado superar isso e recordar. Minha natural mentalidade de sobrevivente me conduz cada vez mais em direção a novas experiências e histórias para contar, e aqui, FACE A FACE, fazendo shows, aprendi que é sempre melhor deixar o público querendo mais...

Muito obrigada e boa noite. Argentina, 2018.

Havana, Cuba, 2019.

CRÉDITOS DAS FOTOGRAFIAS E ARTES

Um agradecimento especial aos seguintes fotógrafos e suas contribuições: Robert Mapplethorpe (Deborah Harry, 1978 © Robert Mapplethorpe Foundation. Usado com permissão.), Mick Rock, Brian Aris e Chris Stein.

A estes fotógrafos, que gentilmente cederam o uso de seus trabalhos para este livro: Jonas Åkerlund (345); Brian Aris (i, iii, 133, 214-215, 260); Amos Chan (180); Pola Esther (204); Guy Furrow (265); Bobby Grossman (79, 120, 171, 197, 199, 221, 258, 288); Bob Gruen (iv-v, 114, 127, 254, 279, 280, 284, 329); Veronica Ibarra (130); Jeff Kravitz/FilmMagic, Inc via Getty Images (327); Dennis McGuire (40, 151, 155, 176, 218, 303, 357-359); George Napolitano (242); Tina Paul (106, 271, 283, 307, 334); Allan Tannenbaum (45, 189, 194, 202); Rob Roth (166, 322, 353); Chris Stein (83, 89, 100-101, 152, 166, 186, 206, 311, 337); Nick Wiesner (354)

Fotografias da infância e de família foram cortesia da família Harry: (6, 9, 18, 23, 27, 34, 39, 76, 94)

Cortesia da coleção pessoal de Debbie Harry: (viii, 5, 109, 110, 146, 346, 360)

Cortesia da coleção pessoal de John Waters: (269)

Fotogramas (249: *Videodrome* [1983], licenciado pela Universal Pictures; *Hairspray* [1988], licenciado pela Warner Bros. Entertainment Inc.; *Minha Vida Sem Mim* [2003])

As contribuições dos seguintes artistas foram um imenso complemento a *Face a Face*:

Jody Morlock (ilustrações nas páginas iii, 83, 94, 115, 171, 186, 214-215, 260-261, 265, 269, 322, 334)

Sean Pryor (ilustrações nas páginas 6, 23, 27, 39, 89, 100-101, 109, 113, 130, 146-147, 283, 345, 357-359)

Robert Williams (pintura nas páginas 52-53)

E aos fãs, que carinhosamente enviaram suas próprias artes à autora ao longo dos anos. Algumas delas estão incluídas nesta obra.

Há muito mais agradecimentos e reconhecimentos que eu poderia incluir, mas tenho que começar minha lista com meu amigo e cúmplice de conspiração Chris Stein, sem o qual o Blondie não existiria.

Depois, a todos os músicos que tocaram conosco, no passado e no presente, incluindo Clem Burke, que nunca nos abandonou. A formação atual da banda inclui Tommy Kessler, Matt Katz-Bohen e Leigh Foxx — muito obrigada a todos os três.

São necessárias muitas pessoas para fazer uma banda acontecer, como empresários, agentes, promoters, gravadoras, assessores de imprensa e merchandisers, como Cathy Cleghorn. Obrigada, Allen Kovac, por nos ajudar a reunir as peças para que o Blondie pudesse voltar à ativa em meados dos anos 1990. Sem a energia e a atenção aos detalhes de Tommy Manzi, nós nunca teríamos chegado tão longe.

Do passado, eu gostaria de incluir Shep Gordon, por nosso breve encontro, e Gary Kurfirst e Stanley Arkin, por me manterem seguindo em frente no fim dos anos 1980 e início dos anos 1990. Nossas primeiras assessoras de imprensa, Carol Ross, Beth Landsman e Harriet Vidal, que lutaram por nós, assim como Linda Carbone e Sarah Usher, da Press Here Productions.

Carrie Thornton, Andrea Molitor, Renata De Oliveira, Ploy Siripant e a todos da Dey Street Books e da HarperCollins Publishers pelo mundo. Gratidão e admiração por Sylvie Simmons, por suas entrevistas atenciosas e perspicazes... e John Du Cane, por seu apoio e interesse contínuo. Por todas as maravilhosas contribuições de ilustrações, Jody Morlock e Sean Pryor. Um agradecimento especial a Rob Roth, por sua criatividade sensível.

Obrigada a todos os fotógrafos com quem trabalhei ao longo dos anos, cujas visões tornaram este livro possível e que também compartilharam comigo seu carinho e talento.

Um agradecimento genuíno ao precioso tempo que os fãs me concederam.

Em minha música “End of the Run”, há um verso que menciona “*a family of choice, not an accident*” [uma família por escolha, não por acidente], mas minha pequena família acidental merece um agradecimento carinhoso por me dar uma criação protetora e bem-intencionada, uma irmãzinha fofa, Martha, e alguns cães vira-latas, tias, tios, primos e as pessoas adoravelmente loucas a quem chamo de amigos. Obrigada.

FACE A FACE -- BLONDIE -- MEMÓRIAS AUTOBIOGRÁFICAS

AGRADECIMENTOS

NÚMERO 1

50¢

AI, M*$#A, TENHO QUE ESCREVER MEUS **AGRADECIMENTOS!!!**

OBRIGADA, JOHN HOLSTROM!

DEBBIE HARRY

O DILEMA DE DEBBIE

QUE P*RR# EU FAÇO PRA ESCAPAR DESSA?

EU ESCAPARIA USANDO UM **DISFARCE.**

QUE ÓTIMA IDEIA. OBRIGADA, GROUCHO!

DEBBIE DECIDE USAR UMA MÁSCARA DE **LUTA** PARA ESCONDER SUA IDENTIDADE.

EI! SOU EU! ESTOU ME ESCONDENDO PARA NÃO TER QUE ESCREVER MEUS AGRADECIMENTOS.

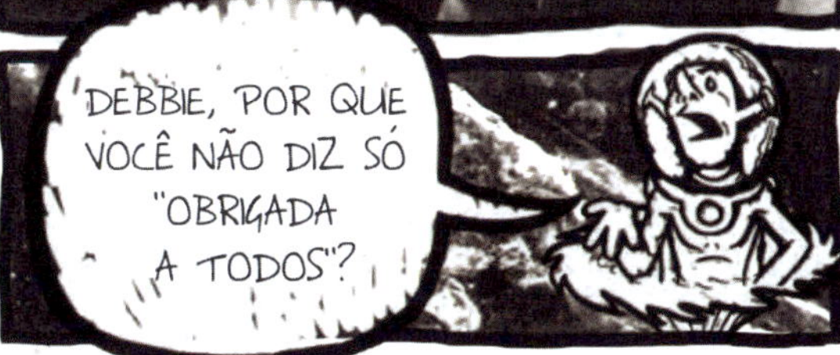
DEBBIE, POR QUE VOCÊ NÃO DIZ SÓ "OBRIGADA A TODOS"?

AH! BOA IDEIA!
OBRIGADA A TODOS!
DEBBIE HARRY